本书获南开大学文学院"争创一流"统筹建设规划（2014—2017）资金资助

RESEARCH ON COURSE HANDOUTS OF CHINESE LITERATURE
IN THE PERIOD OF THE REPUBLIC OF CHINA

民国大学中文学科讲义研究

金鑫 著

北京大学出版社
PEKING UNIVERSITY PRESS

图书在版编目(CIP)数据

民国大学中文学科讲义研究/金鑫著.—北京:北京大学出版社,2016.10
ISBN 978-7-301-27641-9

Ⅰ.①民… Ⅱ.①金… Ⅲ.①大学语文课—教材—研究—民国 Ⅳ.①H193

中国版本图书馆 CIP 数据核字(2016)第 241854 号

书　　　名	民国大学中文学科讲义研究 MINGUO DAXUE ZHONGWEN XUEKE JIANGYI YANJIU
著作责任者	金　鑫　著
责 任 编 辑	闵艳芸
标 准 书 号	ISBN 978-7-301-27641-9
出 版 发 行	北京大学出版社
地　　　址	北京市海淀区成府路 205 号　100871
网　　　址	http://www.pup.cn
电 子 信 箱	minyanyun@163.com
新 浪 微 博	@北京大学出版社
电　　　话	邮购部 62752015　发行部 62750672　编辑部 62750673
印 刷 者	三河市北燕印装有限公司
经 销 者	新华书店 965 毫米×1300 毫米　16 开本　22.25 印张　320 千字 2016 年 10 月第 1 版　2016 年 10 月第 1 次印刷
定　　　价	58.00 元

未经许可,不得以任何方式复制或抄袭本书之部分或全部内容。
版权所有,侵权必究
举报电话: 010-62752024　电子信箱: fd@pup.pku.edu.cn
图书如有印装质量问题,请与出版部联系,电话: 010-62756370

序

李瑞山

研习现代文学者均熟知下列"今典":其一,民国第二个十年,正由文学作家转型为大学教员的鲁迅,曾于《两地书》中屡次跟许广平谈及他"编讲义""做讲义"的劳作,他为此购书、借书,摸索与写小说不同的话语方式,其间还翻看"旧有的讲义",由此增添了做出"较好的文学史"之信心(见1926年10月诸信)——今人从中得见彼时大学教员当作"啖饭之道"或在学院中安身立命的一种"常规动作"。其二,民国末年问世的小说《围城》里写道:"名教授的好梦,得学位是把论文哄过自己的先生,教书是把讲义哄过自己的学生";"教授成为名教授也有两个阶段,第一是讲义当著作,第二,著作当讲义"——"讲义在课堂上适用,没出乱子就作为著作出版,出版以后,当然是指定教本……"(第七章)以上虽为戏谑之谈,亦道出民国时代大学中的一类风景。讲义之为用,首先是在课堂上作为教学生的蓝本、大纲、案头草稿;随之,成熟者也有望升格为学术著作公开出版;一旦出版,又会被所在校或其他校"指定"为教材……此为"现代高等教育在中国"的必然戏码,由此可以窥见大学中"教"与"学"的转换生成,和现代教育与现代学术互生互腴的关系。

而对上述种种,以前并无专门的研究著作。本书专力于此,对民国大学中文学科的讲义现象、讲义生态和代表文本,做了全面梳理、系统揭示、动态呈现和立体分析。这在中文学科史、中文教育史的研究中,尚属首次。对与讲义有关的制度、故实、人事、心曲……,本书有着详细、富学理性的呈现,其中不乏款款道来之笔,读之饶有兴味。所以,这本书既是一本有学术意义的研究著作,又是很有意思和内涵的文史读物。

研治某一学科的大学教育史,特别是其中的教学活动,讲义,可以说是唯一留存下来有实物可据的材料,亦是连接教员与学生、教育与学术、前人与今人的有效的纽带。近年各种老讲义之重刊、讲义记录稿之"出土"面世,既说明这些现代高等教育初建时教学活动之伴生物的生命力,也间接印证了那时大学课堂口授笔追的诸般情状。存留至今的讲义文本,自然会有损耗,但其代表性的、最精彩的部分,无疑所在多有,只是需要悉心搜罗罢了。本书作者目验和书中涉及的讲义,即有三百余部,就"中文"学科而言,足可说明问题的大部,故此书亦称得上史料翔实——这自然是一切研究之可信的基础。

由于作者的学术背景,本书似乎又与专治教育史的著作有所不同,其关注点、看问题的方式、人与书的选择,都自有新意。其论析是有深度的,可以丰富我们的相关认知。例如书中揭示了一些重要的现象:讲义作为史料的特点,民国大学出现的讲义热,出版视角下讲义的命运,讲义的经典化……;也提出了一些有深度的观点,如指出讲义是现代学科教育的伴生物和促进力量,讲义是产生于大学教育实践的独特述学文体,"新文学"进入大学尤仗讲义之力……;还提炼出一些有意义的概念,诸如"讲义生态""讲义体""准出版",等等。再进一步探看,其在方法和视野上亦有开拓,属于跨学科、跨领域的研究——在"中文"学科内部,一定程度上勾连了"中国文学"与"语言学",在"中文"学科的外部,与教育史(大学的学科建构、大学教员、专业课程、教材形态等)有密切结合;而在客观上,则又融入现代学术史的内容。这些,也体现了南开大学自主设置博士学科——"高等中文教育"专业的内在特点。

金鑫君首部专著付梓在即,索序于我。作为他的博士指导人,我目睹了他写作此著的全过程。此书的前身即他的毕业论文,于今春获得敝校评颁的"优秀博士论文"奖,我亦与有荣焉。于今书稿问世,自然为他高兴,乃写就感言如上。金鑫读硕士前后,偏嗜文学写作。参与实务工作数年,幡然一改前辙,究心故纸,追影前贤,而竟能耐于枯坐,不惧覃思,排日草稿,积时而成;而又答辩顺利,多获好评,令人欣慰。此书为他的学术研究铺展了前路,其对大学中文学科的理解,也借此开启了户牖。加之他颖悟多思,亦足称勤奋,期以时日,必有大成。我于此实有厚望焉。

2016 年暑热,写于八里台下

目 录

导 言 …………………………………………………… (1)

第一章 "讲义热":民国时期重要的教育现象 ………… (27)
  第一节 现代教育体系中的"讲义现象" ……………… (30)
  第二节 大学校园"讲义生态"——以北大为中心 …… (37)
  第三节 作为实物史料的民国大学讲义 ……………… (50)

第二章 讲义生成与民国中文学科教育 ………………… (67)
  第一节 讲义:现代中文学科教育的伴生物 …………… (69)
  第二节 表演脚本与口述记录——讲义的基本生成
         方式 ……………………………………………… (80)
  第三节 影响中文学科讲义生成的多重因素 ………… (92)

第三章 由"准出版"到正式出版:民国中文学科讲义的
      出版 ……………………………………………… (104)
  第一节 大学出版部与讲义的"准出版"形态 ………… (104)
  第二节 二三十年代中文学科讲义的集中出版 ……… (114)
  第三节 出版视角下讲义的不同命运 ………………… (128)

第四章 "讲义体":一种产生于教育实践的独特文体 … (142)
  第一节 "讲义体"特征的揭示 ………………………… (143)
  第二节 动态中形成的独特话语——"讲义体"的话语
         解析 ……………………………………………… (152)
  第三节 由"讲义体"看民国中文学科教育发展 ……… (164)

第五章　民国中文学科讲义经典化现象 ……………………（177）
　　第一节　《中国小说史略》：中文学科讲义经典化之
　　　　　　范例 …………………………………………（178）
　　第二节　讲义经典化的学科内部动因 …………………（192）
第六章　"老讲义"与"新文学"：以讲义为视角的现代文学
　　　　教育考察 ……………………………………………（202）
　　第一节　由讲义看新文学在民国大学"中文"课堂的
　　　　　　多样性存在 …………………………………（203）
　　第二节　新文学作家的讲台生涯与讲义编撰 …………（212）
结　　语 ………………………………………………………（228）
附录　本书涉及民国大学中文学科讲义简况表 ……………（245）
参考文献 ………………………………………………………（322）
后记 ……………………………………………………………（348）

导　言

本书以民国时期部分大学的"中文"学科①及领域的讲义为中心，通过对讲义的文化背景、生产方式、体例特征、整理出版、学科贡献诸方面的考察，以散点透视的方式呈现民国中文学科及中文学科教育发生、发展的历史场景和局部情况，从而增进对现代中国大学中文学科形成和发展的认识，丰富对现代大学教育形态和知识生产、传播方式的认识。

一、讲义研究的价值

1912年"中华民国"成立，新政体呼唤新式人才与新式教育，正如著名教育家陶行知先生所说，"教育实建设共和最要之手续，舍教育则共和之险不可避，共和之国不可建，即建亦必终归于劣败"。②民国建立伊始，即不断通过颁布新学制、发布教育令等方式推行教育改革，加快新教育建设，各级各类教育面貌均有深层改变。在高等教育层面，集中表现为全盘借鉴西方分科教育，在激进与反思中推动学科化进程。

民初，各大学一方面借鉴西方较成熟的学科划分方式，厘清各学科的内涵与外延，努力与西方高等教育接轨；另一方面结合本国教育实际，在现实与理想之间寻求平衡，教育实践中采取很多折中、权宜手段，力促学科化顺利推进。授课讲义的使用正是这些手段的典型

---

①　"中文"为现行通用概念，全称"中国语言文学"，民国时期称"中国文学""国文"等不一，但其外延大体与现今相同，除狭义的文学类课程之外，还涵盖汉语言、古典文献、文字、音韵、训诂、修辞等。本文除特殊表述外，一般简称为"中文"。

②　《陶行知全集》第1卷，华中师范大学教育科学研究所主编，湖南教育出版社1985年版，第51页。

代表。

讲义在我国古而有之,初为"解说经义"之意,从唐代开始被用于廷讲,在明清书院教育中达到极盛。作为传统教育的产物,讲义在民国大学分科教育中得以保全和应用,既是应对教本匮乏的权宜之计,也是传统教育文化影响下的主动选择。

讲义授课在民国时期的大学校园普遍存在,与包括中文学科在内的诸多学科的现代化进程相伴同行。讲义生产方式的更迭、形态体例的演进、传播途径的调整,都留下了学科形成和发展的印记。因此,讲义研究是考察民国学科史、教育史的理想途径。

具体说来,以讲义研究为途径考察民国中文学科教育史,主要基于以下几方面的认识。

首先,讲义研究是考察现代学科发生、发展的需要。

"学科"一词,《辞海》中有两解:① 学术的分类。指一定科学领域或一门科学的分支。如自然科学中的化学、物理学,社会科学中的法学、社会学等。② "教学科目"的简称,也称"科目""课程"。我们通常所说的"学科史"属于第一义,即指一定科学领域或一门科学的发展演进的历程,它包含两方面内容,一是学术研究成果的不断涌现和逐步积累,一是该学科在大学中的专业教育与人才培养。两方面的关系非常密切:大学分科教育以学科为划分依据,选择该学科内基础性知识、具有普适性的学术成果,成系统地传授给学生;而一类新知识、新成果的产生,后备力量的培养,也很大程度上依赖大学分科教育。

民国时期,"大学既是培养高深专业人才之基地,亦为汇集专家学者研究高深学问的处所。国民政府教育部曾对中国现代大学作了这样的定位:大学为高等学术之中心,有保存增进社会中最宝贵学术之责任。社会之智慧、思想、文艺、学术虽不能谓完全存在于大学之中,或为大学所专有;但处于今日大学实有大部分之责任。故大学所设置的课程和所设立的学科,体现着近代学术研究之基本科目,主导着学术研究之范围及基本研究趋向"。[①] 可见大学学科教育是民国学科发展史的主河道,民国学科史研究应以大学学科教育为中心。

---

① 左玉河:《中国近代学术体制之创建》,四川人民出版社2008年版,第244页。

就民国时期的中文学科而言,由于学科的现代化进程刚刚起步,独立的学术研究机构尚未成立,学术研究的开展,学术成果的产生,基本依靠大学完成,大学同时承担了学科教育和学术研究的双重使命。将目光锁定在大学校园内的中文学科教育,我们发现,课程讲义同时参与到这双重使命中:教师自编讲义用于学科教育,这些讲义往往是教师多年的学术积累和研究成果,具有很强的学术价值,更有杰出者经整理出版成为学科奠基之作。讲义参与到学科教育的同时,又兼具学术价值,奠定学科基础,实为对学科的双重滋养。因此,民国讲义的研究,利于通览彼时中文学科史的整体演进状况,更可以探索学科史内部学术研究与学科教育两大要素间的互动关系。

其次,讲义研究值得重视,亦是基于对民国大学学科教育状况的认识。

如前所述,现代大学开展的学科教育是民国学科史的重要组成部分,也是学科史研究的主要途径,它由学校、课程、教本、课堂、教师、学生六要素构成。这六要素都与授课讲义密切相关。

解决教科书匮乏所造成的问题,是讲义产生的直接原因。自编讲义作为教本,与教科书相比,更富于学术个性和教学针对性。教师编写的讲义,既是其教学工具也是其学术成果,其中蕴含的不仅是教师的专业知识和学术积累,更承载了教师的学科教育理念与理想。学生是讲义的接受者,他们借助讲义获得学科知识,又以课堂笔记和课后作业的方式记录、追忆、补苴和扩充讲义。学生还是学科的后备力量,讲义通过学生在学科内部传承积淀,因此讲义是学生参与学科建设的第一条路径。讲义伴随着课程由开设到成熟的全过程。新课意味着暂时没有可供使用和参照的教本,因此新课程或者依赖一本相对完备的讲义,或者依靠任课教师一边讲授一边编写讲义的能力。每讲授一个学程,教师都可以结合授课效果和新的研究心得对讲义加以改动使之完善,随着讲义的不断修订,新课程也走向成熟,被纳入学科教育体系。学校是讲义生成的大环境,民国大学多个性鲜明,有些大学提倡讲义,富于讲义传统,有些则不予提倡甚至尽力杜绝。对讲义不同态度的背后,有着深刻而复杂的原因,经济状况,教育理念,管理模式,文化氛围等等,都可通过讲义之施用加以考察。课堂是讲义的起点也是归宿,其文本为课堂讲授而生,其教育价值借助课堂传播得以实现,课堂教学效果又直接影响讲义的修订,课堂教学以讲义为途径推动学科的发展完善。

总之,讲义处于学科教育活动的中间位置,各教育要素的发展变化都会关涉讲义并在讲义形态上留下印记。因此,借助讲义,不仅可以考察各教育要素的情况,更有可能勾勒出较为全面的学科教育演进的图景。

再者,关注讲义还与其作为学科史料的性质有关。

梁启超指出"治玄学者与治神学者或无须资料,因其所致力者在冥想,在直觉,在信仰,不必以客观公认之事实为重也。治科学者——无论其为自然科学,为社会科学,罔不恃客观所能得之资料以为其研究对象。而其资料愈简单愈固定者,则其科学之成立也愈易;愈反是则愈难"。[①] 可见史料的重要意义。民国成立距今已逾百年,进行民国学科史研究,史料的重要性自不待言。依据梁启超对史料的定义"过去人类思想行事所留之痕迹,有证据传留至今日者也"[②],民国学科史研究之史料,主要包括学术研究、专业教育遗留的文献和实物,考据文献和实物史料主要依靠前人日记、回忆录、书信等等,还有彼时的报刊资料。

从史料角度考量讲义,其作为学科史研究资料主要有两方面特点:第一,讲义原稿兼具实物史料和文献史料[③]双重性质。讲义首先是实物,其装订、开本、字体、排版、纸张、印刷及流传、存藏等,都体现了彼时某方面的学科面貌;同时讲义内容又是第一手的文献资料,展示了彼时学术、教育水平;此外,师生在讲义上留下的注释和批注,更是宝贵的学科教育资料。第二,讲义作为学科史资料具有动态性。民国讲义尤其是大学讲义,多数非一成不变,都经过多年课堂洗礼和课后的修订打磨,很多讲义成熟后即正式出版,有些还反复再版。讲义的动态性为学科史研究提供了难得的动态视角,不断的内容修订、出版

---

① 梁启超:《中国历史研究法》,河北教育出版社2000年版,第49页。
② 同上书,第50页。
③ 朗格诺瓦将实物史料称作直接材料,将文献史料称作间接材料,此分类对本文论述没有直接作用,故文中直接使用实物、文献的叫法,不做直接、间接的区分。

前集中的调整、再版修订和内容增删,这一过程,刚好从一个侧面动态呈现了学科发展历程,这是其他史料无法企及的。此外,讲义初版或再版时一般会增补序跋,序跋多为作者本人或其亲属、师友、弟子所作,内容涉及讲义编撰使用、整理出版等情况。按照"史料越远越好,记载史料的人离发生的事实越近越好"①的原则,这些出自亲历者之手的序跋也是珍贵的学科史资料。

凡史料都涉及真实性、有效性问题,就学科史研究而言,学制、政令、学校规程等第一手档案对研究学科发展趋势、框架形成、制度演变等非常有效,但对研究具体专业教育活动则略显宽泛,缺乏针对性;而前人的日记、回忆录等,又带有一定主观色彩,存在主动偏离事实或记忆出现差错的危险。与之相比,讲义就产生于彼时专业教育活动,是无须回忆或主观加工的实物客体。因此研究具体学科教育活动,讲义作为史料,针对性更强,真实性更高。

最后,关注讲义还因其具备的述史优长。

讲义是产生于具体教育活动的独立客体,从讲义角度展开学科史研究,将对学科史的述史方式和基本形态带来两方面影响。

其一,从讲义角度展开学科史研究,可以部分悬置已有学科预设,以更接近"史前史"的研究姿态述史。

"人类的过去要成为有意的,就不能是死的过去,而是活着的过去,死的过去是编年史,活着的过去才是真正的历史。编年史与历史之得以区别开来并非因为它们是两种互相补充的历史形式,也不是因为这一种从属于那一种,而是因为它们是两种不同的精神态度。历史是活的编年史,编年史是死的历史;历史是当前的历史,编年史是过去的历史;历史主要是一种思想活动,编年史主要是一种意志活动。"②这就是克罗齐著名的历史哲学命题——"一切历史都是当代史"。这一带有主观唯心色彩的历史哲学命题,其合理性存在于历史叙述层面:历史书写都是在"当代"语境下展开的,无法摆脱"当代"意识形态的影响,历史的本来面目将永远疏离于历史叙述之外。由此反思民国中文

---

① 谢泳:《中国现代文学史研究法》,广西师范大学出版社2010年版,第31页。
② 〔意〕克罗齐:《历史学的理论和实际》,商务印书馆1997年版,第8页。

学科史研究,彼时处于传统知识与西方舶来新知识碰撞融合,共同经历学科现代化进程的发展阶段,今天意义上的中文学科尚未完全形成,应视作学科的"史前时代"。今天的中文学科史研究,无论是具体考察还是整体梳理,都不可避免地要在学科体系已然完善的前提下展开,带着今日之学科预设,述学科之"史前阶段",遗憾与引发诘问不可避免。例如,民初有以《文心雕龙》为教本讲授文学概论课的情况,用今日之学科眼光考察这一现象,无论是从课名角度将其列为文学概论课的初始形态,还是从内容角度否定其作为文学概论课的合法性,都显得简单而草率。现象背后,学科现代化进程初始阶段独特的新旧更替方式和发展机理,都会随着简单的判断被篡改甚或忽视。

而讲义作为具体而客观的历史存在,其历史合法性不由学科的概念、范畴所决定。换言之,讲义研究的着眼点不在于学科怎样生产了它,而是它体内蕴含了怎样的学科样貌和发展趋势。

其二,讲义研究代表向下的历史眼光与研究视角,可以适当回避学科起源、阶段划分等整体性追溯,以散点透视方式呈现民国中文学科教育样貌,将学科教育史置于民国时期的校园、课堂、师生日常生活中加以考察;不做单纯的述史,而是在营建学科教育历史场景的基础上,任学科教育史在其中"自行发展"。

回避宏阔问题之"理应如此"的叙述方式,借用"谱系学"[①]方法,清理与学科发展相关的历史细节,呈现学科发展历史瞬间的不同侧面,思考其发展走向的不同可能,正是讲义之于学科史的独特述史优长。

二、讲义的搜集整理与讲义研究资料体系的建构

1. 讲义的搜集整理

由于尚未出现对民国时期中文学科讲义做集中梳理、呈现,或以讲义为途径对中文学科教育进行整体研究的成果,本研究需要白手起家,从最基础的讲义搜集整理和讲义研究资料的甄别、梳理做起。

---

① 福柯在《尼采·谱系学·历史》中对"起源"研究作了深刻反思,他认为,将"起源"视为一种精确而高贵的本质,或是在研究中努力排除遮蔽将本源作为真理的一部分进行探求,这两种做法都是不明智的。他同时倡导一种碎片化的历史研究方法。《福柯集》第147页。杜小真编选,上海远东出版社2004年版。

讲义搜集不同于一般的史料挖掘、整理，需要将讲义与教员、课程、施用学校、施用时间等诸多要素对应起来，才能初步确定其讲义身份，然后再查找讲义原稿或相关出版物的存藏情况，获取实物。得到讲义文本后，还需要通过序跋、使用说明等，对讲义和与之相关的教育信息加以验证。经反复尝试和摸索，形成讲义搜集方法如下：

第一步，阅读民国教育史，了解民国教育尤其是高等教育的发展状况，熟悉民国大学的主要类型，从中选取具有代表性、校史资料保存相对完整、中文学科发展势头较好的学校。北京大学、清华大学、中山大学、东南大学、北京高师、燕京大学、辅仁大学、中法大学、南开大学、复旦大学、大夏大学、暨南大学、武汉大学、浙江大学、青岛大学、四川大学、厦门大学、安徽大学、河南大学、兰州中山大学等20所大学是本书研究的重点。

第二步，查阅所选20所大学的校史资料，包括今人编撰的校史、资料汇编，民国时期与教学相关的文件、通知和校园刊物，初步确定每所大学民国时期中文学科有哪些教员，这些教员的任教时间和课程开设情况。

第三步，逐一翻阅教员的生平资料，如自传、回忆录、评传、年谱、年表、纪念文章等，着重掌握他们的任教、著述情况和主要学术贡献。

第四步，以讲义为中心，教员生平为依据，校史资料为辅助，将教员、讲义、施用学校、时间、课程和存藏、出版情况组合起来，形成相对清晰的讲义条目。

第五步，依据整理出的讲义条目，尽可能多的获取、翻阅讲义原稿或相关出版物，利用讲义或相关出版物的序跋、前言、教学说明中蕴含的信息，逐一验证讲义条目，剔除讹误条目，对存疑条目重新查证。

历经两年多的搜集整理，共确定民国20所大学中文学科讲义300余种，其中有百余种获取讲义原稿，超过260种获取相关出版物。

2. 对民国讲义研究现状的分析

搜集整理讲义的同时，笔者还对民国讲义研究现状作了梳理和分析。目前，民国讲义研究，从内容来看，可分为史料性和研究性两大类。

有关讲义的史料性文章主要涉及五方面:

(1) 呈现新发现的讲义原稿。如:张友渔《何谓社论——1932年任教于燕京大学新闻系之讲义》(《新闻研究资料》1981年第6期),老舍《文学的批评——〈老舍文学概论讲义〉第十二讲》(《中国现代文学研究丛刊》1983年第12期),周扬《新文学运动史讲义提纲》(《文学评论》1986年第3期、第4期连载),顾颉刚《〈尚书〉讲义第一编序》(《中文自学指导》1998年第4期),梅光迪讲,杨寿增、欧梁记录整理《文学概论讲义》(《现代中文学刊》2010年第4期),陈汉章《尔雅学讲义》(《传统中国研究集刊》九、十合辑,2012年4月)等,均属此类。

(2) 对所见讲义原稿作内容述要。如:宋方《读鲁迅的〈生理学讲义〉》(《江苏教育》1981年第11期),王志均、王雨诺《欣读鲁迅先生早年编写的生理学讲义》(《生理科学进展》1982年第3期),胡絜青《〈文学概论讲义〉代序》(《中国现代文学研究丛刊》1983年第12期),吴甲丰《傅雷先生早年的一部讲稿〈世界美术名作20讲〉》(《读书》1984年第5期),何懿《珍贵的资料 独到的见解——评老舍先生的〈文学概论讲义〉》(《安徽教育学院学报》1989年第6期),杨福生《姚永朴〈文学研究法〉述论》(《北京大学学报》1998年第5期),刘文瑞《业余读史——介绍三本讲义类史书》(《华夏文化》2007年第6期),黎珂帆《刘师培与中国中古文学史讲义》(《文学界(理论版)》2010年第10期),王丹丹、颜春峰《陈汉章〈尔雅学讲义〉稿本述略》(《江西社会科学》2010年第12期),孙德鹏《历史精神与宪法:严复〈政治讲义〉论析》(《现代法学》2012年第1期),曹小欣《从〈文学概论讲义〉看老舍的文学形式观》(《时代文学》2012年第8期),闫月珍《赵景深佚著〈复旦大学中国诗歌原理讲义〉》(《新文学史料》2014年第3期)。

(3) 讲义版本校勘与考据。如:张瑞麟《一个有意义的发现——老舍〈文学概论讲义〉辨析》(《中国现代文学研究丛刊》1983年第12期),徐雁平《王国维〈经学概论讲义〉小考》(《中国典籍与文化》2003年第2期),戚学民《严复〈政治讲义〉文本溯源》(《历史研究》2004年第4期),周兴陆《从〈讲义〉到〈大纲〉——朱东润早年研究文学批评史的一段经历》(《古典文学知识》2006年第11期),眭睫《新诗讲稿还是新诗讲义》(《出版广角》2008年第10期),姜朝晖、雷恩海《一本难得的好书与几个应该避免的讹误——朱自清〈中国文学批评研究讲义〉订讹》（《聊城大学学报》2008年第12期），肖伊绯《百年"讲义本"疑案》（《中华读书报》2013年5月1日第9版），李云《北大藏鲁迅〈中国小说史大略〉铅印本讲义考》（《中国现代文学研究丛刊》2014年第1期）。

（4）钩沉考辨讲义背后历史。如：元尚《讲义的魅力》（《人民政协报》2000年12月8日第7版），陈鸿祥《王国维与"圣仓明智大学"及其〈经学概论〉——〈王国维新传〉片段》（《嘉兴学院学报》2003年第7期），栾保群《廷杖三题——孟森〈明清史讲义〉读后》（《书屋》2005年第4期），陈平原《早期北大文学史讲义三种》（《博览群书》2005年第10期），白化文《游承泽（国恩）先生〈中国文学史讲义〉读后》（《中国图书评论》2006年第5期），尚小明《孟森北大授课讲义三种编撰考》（《史学史研究》2006年第8期），敬亚萍《被时空遮蔽的声音和表情——徐志摩〈关于女子——苏中女中讲稿〉及其他》（《重庆教育学院学报》2007年第1期），吴中胜《经典原本是讲义——朱东润与〈中国文学批评史大纲〉》（《光明日报》2008年8月4日第12版），眉睫《〈文学概论〉（梅光迪）整理附记》（《现代中文学刊》2010年第4期），丁波《刘家和先生与〈清代学术史讲义〉》（《中华读书报》2013年7月3日第7版），杜宇《讲义逾甲子，学术薪火传——辅仁大学老讲义的故事》（《光明日报》2013年9月9日第7版）。

（5）围绕近几年"老讲义"出版的报道和评论，部分内容涉及民国讲义的史料价值。如国安《珍贵手稿再现"名师讲义"》（《中国新闻出版报》2006年8月8日第2版），彭晓晖《重新踏进大师们的课堂》（《中华读书报》2006年4月19日第2版），樊国安《天津古籍社升级"名师讲义"品牌》（《中国新闻出版报》2007年4月3日第4版）。

关于讲义的研究性文章，其内容也涉及五方面：

（1）以北京大学"讲义费风潮"为核心的民国大学讲义现象研究：张华、公炎冰《一九二二年北京大学讲义费风潮述评》（《鲁迅研究月刊》2000年第12期），张晓夫《我看讲义费风潮》（《鲁迅研究月刊》2001年第12期），张耀杰《北大讲义风潮与鲁迅的不称职》（《粤海风》2002年第6期），马媛媛《留学背景对"五四"知识分子的影响——从北大"讲义费风波"谈起》（《中国教师》2009年第9期），潘清《理想与现实的碰撞——从1922年北大讲义费风潮看蔡元培的不合作主义》(《天水师范学院学报》2013年第3期)。

(2) 由讲义及人,以讲义为途径对讲义作者生平、学术思想的研究:李犁耘《老舍早期对文学特性的思考——从老舍的〈文学概论讲义〉谈起》(《中国现代文学研究丛刊》1986年第4期),何雪英《在唯美与功利之间——从〈文学概论讲义〉看老舍早期的文艺思想》(《上海海运学院学报》1999年第5期),吴硕《浅论陈衍的儒家思想——读陈衍的〈伦理讲义〉》(《近代中国》第17辑,2007年6月),毕苑《林纾和他的〈修身讲义〉》(《团结报》2010年5月13日第7版),王天根《严复译著牛津、剑桥讲义及其对中国政治变革的学理想象》(《史学理论研究》2012年第7期),赵灿鹏《徐中舒与暨南大学——由其佚著〈尚书讲义〉的新发现说起》(《暨南大学学报》2013年第5期),宁可《回忆邓广铭先生和他的〈隋唐五代史讲义〉》(《中华读书报》2013年12月11日第10版),周荣《刘掞藜的古史思想——以武汉大学图书馆藏民国老讲义为蓝本》(《武汉大学学报》2014年第1期),徐红《论方壮猷的史学贡献——以武汉大学图书馆藏〈元史讲义〉为中心》(《武汉大学学报》2014年第1期)。

(3) 从学术史角度,探讨讲义内容的学术价值:林维民《汉魏文学变迁的认识——〈中国中古文学史讲义〉札记》(《温州师范学院学报》1987年第2期),眉睫《新发现的一封废名佚信——兼评〈新诗十二讲——废名的老北大讲义〉》(《博览群书》2007年第2期),张军《文学理论的书写范式与现代意识——读老舍〈文学概论讲义〉》(《湖北大学学报》2007年第9期),彭义《章太炎〈文心雕龙〉讲义二种胜说》(《〈文心雕龙〉与21世纪文论研究国际学术研讨会论文集》,2008年10月出版),胡佳《梅光迪〈文学概论讲义〉的发现及其意义》(《中国图书评论》2011年第6期),刘神生《试论冯叔鸾〈啸虹轩话剧〉和〈戏学讲义〉中的戏剧美学思想》(《内蒙古农业大学学报》2011年第10期),吴叶霞《章太炎〈说文解字〉授课笔记述例》(硕士学位论文,杭州师范大学,2011年),刘家和《试谈研究史学的一些基本功——读柴德赓先生〈清代学术史讲义〉等的一些体会》(《史学史研究》2013年第1期),徐志强《老舍〈文学概论讲义〉中的"文学批评"观述评》(《山花》2013年第3期),

马克东《朱德熙〈语法讲义〉述评》(《河北北方学院学报》2013年第4期),江玉梅《陈望道〈作文法讲义〉写作思想研究》(硕士学位论文,西南大学,2013年),陈尚君《朱东润先生研治中国文学批评史的历程——以先生自存讲义为中心》(《复旦学报》2013年第6期)。

(4) 从民国教育研究的角度,将讲义作为教育研究的途径:万献初《章太炎的〈说文〉讲授笔记及其文化阐释》(《中国典籍与文化》2001年第2期),黄安年《融中外史学于一体的课程新体系——读〈齐思和史学概论讲义〉》(《云梦学刊》2007年第7期),龙宪华、周向阳《近代化背景下的律学教育——以〈大清律讲义〉为视角》(《凯里学院学报》2009年第10期),李凯《关于大学〈文学理论〉教材编写的再思考——以老舍先生〈文学概论讲义〉为例》(《宜宾学院学报》2012年第1期)。

(5) "述学体"研究。此类研究虽不是专门的讲义研究,但讲义作为民国"述学体"的重要形式,在"述学"研究中经常被用作例证,"述学体"的基本特征多为讲义所具备。此类成果有:陈平原《现代中国的述学文体——以"引经据典"为中心》(《文学评论》2001年第4期),陈平原《胡适的述学文体(上、下)》(《学术月刊》2002年第7期、第8期连载),陈平原《分裂的趣味与抵抗的立场——鲁迅的述学文体及其接受》(《文学评论》2005年第5期),郭万金《范式转换中的述学理念——章太炎学术思想的范式意义》(《天津社会科学》2009年第4期),胡全章《章太炎的白话述学文》(《淮阴师范学院学报》2012年第4期),刘奎《朱自清的述学文体》(《枣庄学院学报》2012年第8期),仝十一妹《梁启超〈中国近三百年学术史〉的述学文体》(《文史知识》2012年第11期),侯晓晨《王国维〈宋元戏曲史〉述学文体初探》(《文史知识》2013年第1期),王靖楠《朱光潜〈诗论〉在述学文体上的意义与价值》(《文史知识》2013年第5期),于谦《刘半农的述学文体——以〈四声实验〉为例》(《文史知识》2013年第9期)。

从现有民国讲义研究的成果看,史料性的成果更多,影响更大;但这类研究较多依赖新文献的发现或亲历者的回忆,研究成果呈现出不定期集中涌现的特征,缺乏持续性;研究性的成果多围绕某一部讲义展开,得出的结论多是孤立的,讲义研究成为个案研究,削弱了研究的系统性。也有少量文章将讲义置于学术、教育背景中加以考察,但基本思路多由学术、教育角度解读讲义,忽略了讲义与学术、教育之间的互动关系,研究缺乏层次感,视野略显局狭。

3. 讲义研究资料体系的建构

目前民国讲义研究尚处于零散的个案研究阶段,讲义的史料价值、述史优长都未得到充分挖掘,更无法为系统的讲义研究提供方法借鉴或资料积累。系统研究民国大学中文学科讲义,必须将讲义置于民国大学中文学科教育活动中,借鉴现有民国高等教育史、中文学科史和教育活动研究的有关成果和经验,探索新的研究理念与方法,建构与系统研究相配套、史料与研究成果相结合的讲义研究资料体系。笔者着力围绕讲义在教育活动中呈现的两方面特征,建构讲义研究资料体系。

讲义的第一方面特征,是其作为教育要素,位于教育活动的中间位置,与学校、课程、教员、学生、课堂等诸多要素都直接相关,讲义研究不能脱离教育活动孤立进行。就民国大学中文学科讲义研究而言,设有中文学科的重要大学,中文学科开设的主要课程和任课教师,学生修业情况,课堂情形等史料和相关研究成果,都可纳入讲义研究资料体系。

史料类,包括所选20所大学校史、中文系科史共计46部,校史资料汇编13部,校刊、校报等31种,通知、会议记录、课表、教职员名录等原始文件110余种;教员回忆录、自传、评传、谱表等500余种,日记、信札等80余种;学生作业22种,回忆录60种,学习感想、教育评论110余种;《教育杂志》《高等教育季刊》《教育部公报》、各省、地区教育公报等报刊31类。这些史料不仅为搜集讲义服务,还使讲义研究从一开始就置于民国高等教育和现代中文学科萌生、发展的历史语境中,将讲义作为教育活动的一个环节进行考察,避免了孤立的讲义研究与学术史研究的趋同。

研究成果方面,笔者将目光主要集中于中文学科史研究,从中选取学校、教员、课程、课堂、学生研究等与讲义研究相关联的部分,做了较为细致的梳理,基本情况如下:

(1) 学校研究

民国大学种类很多,按生成可分为教会大学、由学堂转型而成的官办大学、官办新式大学、私立大学;按隶属关系可分为部属大学与地方大学;按教育性质又可分为综合大学、师范大学、专科大学,除此之外还有因抗战而出现的临时大学以及作为一种教育尝试的复古书院。各类大学教育风格迥异,教育教学水平参差,这些都会对学科发展产生影响,因此学校是学科史研究的一个重要角度。

就中文学科史而言,现有研究成果主要集中于北大、清华等重点高校,内容以整理系史资料、呈现专业发展历程、挖掘突出成果、标榜教育个性为主,成果的史料价值和研究价值兼具,而前者更值得重视。例如马越编著《北京大学中文系简史》[①]、温儒敏著《书香五院:北大中文系叙录》[②],温儒敏编著《北京大学中文系百年图史1910—2010》[③],陈以爱著《中国现代学术研究机构的兴起——以北京大学研究所国学门为中心的探讨》[④],孙敦恒编著《清华国学研究院史话》[⑤]、郑家建著《清华国学研究院述论》[⑥];反映西南联大文学教育情况的,有姚丹著《西南联大历史情境中的文学活动》[⑦],谢泳著《西南联大与中国现代知识分子》[⑧],〔美〕易社强著、饶佳荣译《战争与革命中的西南联大》[⑨];以及新近出版的浙江大学中文系于建系百年时出版的《浙江大学中文系系史》[⑩]等。论文成果,如:沈卫威《现代大学的两大学统——以民国时期的北京大学、东南大学—中央大学为主线考察》[⑪],刘超《从联大国文系到北大中文系——兼及现代文学研究的学科嬗变与校际转移》[⑫],胡

---

① 马越编著:《北京大学中文系简史》,北京大学出版社1998年版。
② 温儒敏:《书香五院:北大中文系叙录》,北京大学出版社2008年版。
③ 温儒敏:《北京大学中文系百年图史1910—2010》,北京大学出版社2010年版。
④ 陈以爱:《中国现代学术研究机构的兴起——以北京大学研究所国学门为中心的探讨》,江西教育出版社2002年版。
⑤ 孙敦恒:《清华国学研究院史话》,清华大学出版社2002年版。
⑥ 郑家建:《清华国学研究院述论》,海峡文艺出版社2010年版。
⑦ 姚丹:《西南联大历史情境中的文学活动》,广西师范大学出版社2000年版。
⑧ 谢泳:《西南联大与中国现代知识分子》,福建教育出版社2009年版。
⑨ 〔美〕易社强著、饶佳荣译:《战争与革命中的西南联大》,九州出版社2012年版。
⑩ 吴秀明:《浙江大学中文系系史》,浙江大学出版社2011年版。
⑪ 沈卫威:《现代大学的两大学统——以民国时期的北京大学、东南大学—中央大学为主线考察》,《学术月刊》2010年第1期。
⑫ 刘超:《从联大国文系到北大中文系——兼及现代文学研究的学科嬗变与校际转移》,《社会科学论坛》2010年第2期。

逢祥《从北大国学门到清华国学研究院——对现代高校学术机构体制与功能的一项考察》①,孙敦恒《浅谈清华国学研究院的教学》②,戴家祥、林在勇《清华国学研究院·导师·治学》③,蒋宝麟《文学·国学·旧学:民国时期的南方学术与学派建构——以东南大学、中央大学中文系为中心》④等。

　　中文学科作为传统深厚的基础学科,几乎民国所有大学都有开设,因此各大学校史中都会设有关于中文学科的专节或专题,这也可视为一类研究成果。此外,受专业影响,国文系师生在参与社会文化活动、推动校园文化发展方面都表现突出,因此在大学教育研究或回忆钩沉类著作中,对中文学科的教育情况多有涉及。此类成果较有代表性的如:汇聚民国大学教育先进理念的杨东平主编的《大学精神》⑤;以大学教育现代化进程为主要考察对象的陈平原所著《中国大学十讲》⑥,苏云峰《从清华学堂到清华大学:1912—1929 近代中国高等教育研究》《从清华学堂到清华大学:1929—1937 近代中国高等教育研究》等⑦;由各教育要素考察民国大学国学、国文教育的沈卫威著《大学之大》⑧《"学衡派"谱系——历史与叙事》⑨,高恒文《"学衡派"与东南大学》⑩等;对民国大学校园生活、学业切磋、师友风谊作概览式呈现的李子迟编著《晚清民国大学之旅》⑪,陈平原等著《民国大学·遥想大学

---

①　胡逢祥:《从北大国学门到清华国学研究院——对现代高校学术机构体制与功能的一项考察》,《中国图书评论》2010 年第 10 期。
②　孙敦恒:《浅谈清华国学研究院的教学》,《清华大学学报(哲学社会科学版)》1995 年第 2 期。
③　林在勇:《清华国学研究院·导师·治学》,《文艺理论研究》1997 年第 4 期。
④　蒋宝麟:《文学·国学·旧学:民国时期的南方学术与学派建构——以东南大学、中央大学中文系为中心》,《社会科学》2010 年第 2 期。
⑤　杨东平:《大学精神》,文汇出版社 2003 年版。
⑥　陈平原:《中国大学十讲》,复旦大学出版社 2002 年版。
⑦　苏云峰:《从清华学堂到清华大学:1912—1929 近代中国高等教育研究》《从清华学堂到清华大学:1929—1937 近代中国高等教育研究》,生活·读书·新知三联书店 2001 年版。
⑧　沈卫威:《大学之大》,人民文学出版社 2007 年版。
⑨　沈卫威:《"学衡派"谱系——历史与叙事》,江西教育出版社 2007 年版。
⑩　高恒文:《"学衡派"与东南大学》,广西师范大学出版社 2002 年版。
⑪　李子迟:《晚清民国大学之旅》,中国致公出版社 2010 年版。

当年》①,钟叔河、朱纯编《过去的大学》②,储朝晖著《中国大学精神的历史与省思》③等。

(2) 课程研究

课程是学科教育的核心环节,课程研究近年越发受到学界重视,产生了一些具有一定创新性的成果,例如:贺昌盛著《晚清民初"文学"学科的学术谱系》④,季剑青著《北平的大学教育与文学生产:1928—1937》⑤,栗永清著《知识生产与学科规训:晚清以来的中国文学学科史探微》⑥,张传敏著《民国时期的大学新文学课程研究》⑦,王彬彬主编《中国现代大学中国现代文学》⑧,罗岗著《危机时刻的文化想象——文学·文学史·文学教育》⑨,程正民、程凯著《中国现代文学理论知识体系的建构——文学理论教材与教学的历史沿革》⑩,戴燕著《文学史的权利》⑪。代表性的研究文章有:沈卫威《现代大学的新文学空间——以二三十年代大学中文系的师资与课程为视点》⑫,罗岗《"校园内外"和"课堂上下"——论现代中国文学与现代教育的内在关联》⑬,《现代文学、教育体制、知识生产》⑭,姜涛《1930年代的大学课堂与新诗的历

---

① 陈平原等:《民国大学·遥想大学当年》,东方出版社2012年版。
② 钟叔河、朱纯:《过去的大学》,同心出版社2011年版。
③ 储朝晖:《中国大学精神的历史与省思》,山西教育出版社2010年版。
④ 贺昌盛:《晚清民初"文学"学科的学术谱系》,中国社会科学出版社2012年版。
⑤ 季剑青:《北平大学教育与文学生产:1928—1937》,北京大学出版社2011年版。
⑥ 栗永清:《知识生产与学科规训:晚清以来的中国文学学科史探微》,中国社会科学出版社2012年版。
⑦ 张传敏:《民国时期的大学新文学课程研究》,人民出版社2010年版。
⑧ 王彬彬:《中国现代大学中国现代文学》,上海人民出版社2011年版。
⑨ 罗岗:《危机时刻的文化想象——文学·文学史·文学教育》,江西教育出版社2005年版。
⑩ 程正民、程凯:《中国现代文学理论知识体系的建构——文学理论教材与教学的历史沿革》,北京大学出版社2005年版。
⑪ 戴燕:《文学史的权利》,北京大学出版社2002年版。
⑫ 沈卫威:《现代大学的新文学空间——以二三十年代大学中文系的师资与课程为视点》,《文艺争鸣》2007年第11期。
⑬ 罗岗:《"校园内外"和"课堂上下"——论现代中国文学与现代教育的内在关联》,《当代作家评论》2002年第4期。
⑭ 罗岗:《现代文学、教育体制、知识生产》,《湖北大学学报》2003年第4期。

史讲述》①,钱理群《现当代文学与大学教育关系的历史考察》②,谢泳《北大中文系的文学史传统——从刘景晨的〈中国文学变迁史〉说起》③等。

除直接成果外,一些学术史研究成果也间接涉及中文学科课程,比如,关于现代中国文学史书写的著作,一般都会涉及文学史类课程研究:黄修己著《中国新文学史编撰史》④,陈国球著《文学史书写形态与文化政治》⑤,罗云峰著《现代中国文学史书写的历史建构——从清末至抗战前的一个历史考察》⑥,陈平原著《文学史的形成与建构》⑦;关于20世纪文艺理论研究的著作,则会涉及文学理论类课程的发展流变:《中国20世纪文艺学学术史》⑧,傅莹《中国现代文学理论发生史》⑨,孟繁华《中国20世纪文艺学学术史》⑩,杜书瀛、钱竞《中国20世纪文艺学学术史》⑪,马睿《从经学到美学:中国近代文论知识话语的嬗变》⑫等。

(3) 教师研究

民国时期中文学科教师研究,最具代表性的成果是王瑶主编《中国文学研究现代化进程》⑬和陈平原主编《中国文学研究现代化进程二

---

① 姜涛:《1930年代的大学课堂与新诗的历史讲述》,收入《巴枯宁的手》,北京大学出版社2010年版。
② 钱理群:《现当代文学与大学教育关系的历史考察》,收入《都市文化与中国现当代文学》,人民文学出版社2005年版。
③ 谢泳:《北大中文系的文学史传统——从刘景晨的〈中国文学变迁史〉说起》,《博览群书》2004年第6期。
④ 黄修己:《中国新文学史编撰史》,北京大学出版社1995年版。
⑤ 陈国球:《文学史书写形态与文化政治》,北京大学出版社2004年版。
⑥ 罗云峰:《现代中国文学史书写的历史建构——从清末至抗战前的一个历史考察》,法律出版社2009年版。
⑦ 陈平原:《文学史的形成与建构》,广西教育出版社1999年版。
⑧ 《中国20世纪文艺学学术史》,中国社会科学出版社2007年版。
⑨ 傅莹:《中国现代文学理论发生史》,上海文艺出版社2008年版。
⑩ 孟繁华:《中国20世纪文艺学学术史》,中国社会科学出版社2003年版。
⑪ 杜书瀛、钱竞:《中国20世纪文艺学学术史》,上海文艺出版社2001年版。
⑫ 马睿:《从经学到美学:中国近代文论知识话语的嬗变》,四川民族出版社2002年版。
⑬ 王瑶:《中国文学研究现代化进程》,北京大学出版社1996年版。

编》①。这两部著作虽着眼于文学研究,但以人为线索作专题论述,其中多数为大学中文学科教员,研究内容又多与教学相关,因此可视为中文学科教师研究的成果。

其他成果主要有两种形式,一种是作为民国高校教师整体研究或回忆类著作的一部分。其中研究性成果有吴民祥著《流动与求索:中国近代大学教师流动》②,张斌贤、王辰主编《大学:社会分层与社会流动》③,田正平、商丽浩主编《中国高等教育百年史论:制度变迁、财政运作与教师流动》④,张晓唯著《旧时的大学和学人》⑤,王全林著《知识分子视角下的大学教师研究》⑥等;回忆钩沉性成果有谢泳著《教授当年》⑦,藏东主编《民国教授》⑧,张意忠主编《民国记忆:教授在当年》⑨,刘克选、周全海主编《大师、大学》⑩,民国文林主编《细说民国大文人:那些国学大师们》⑪,徐百柯著《民国风度》⑫等。

另一类成果是从学术史、思想史角度对某些学人的研究,其中部分内容涉及中文学科。较有代表性的如:李帆著《古今中西交汇处的近代学术》⑬,高恒文著《京派文人:学院派的风采》⑭,陈平原著《中国现代学术之建立:以章太炎、胡适之为中心》⑮,桑兵著《晚清民国的学

---

① 陈平原:《中国文学研究现代化进程二编》,北京大学出版社2002年版。
② 吴民祥:《流动与求索:中国近代大学教师流动》,浙江教育出版社2006年版。
③ 张斌贤、王辰:《大学:社会分层与社会流动》,北京师范大学出版社2007年版。
④ 田正平、商丽浩:《中国高等教育百年史论:制度变迁、财政运作与教师流动》,人民教育出版社2006年版。
⑤ 张晓唯:《旧时的大学和学人》,中国工人出版社2006年版。
⑥ 王全林:《知识分子视角下的大学教师研究》,博士学位论文,南京师范大学,2005年。
⑦ 谢泳:《教授当年》,百花文艺出版社1998年版。
⑧ 藏东:《民国教授》,中国妇女出版社2008年版。
⑨ 张意忠:《民国记忆:教授在当年》,北京航空航天大学出版社2011年版。
⑩ 刘克选、周全海:《大师、大学》,凤凰出版社2011年版。
⑪ 民国文林:《细说民国大文人:那些国学大师们》,现代出版社2010年版。
⑫ 徐百柯:《民国风度》,九州出版社2011年版。
⑬ 李帆:《古今中西交汇处的近代学术》,北京师范大学出版社2010年版。
⑭ 高恒文:《京派文人:学院派的风采》,上海教育出版社2000年版。
⑮ 陈平原:《中国现代学术之建立:以章太炎、胡适之为中心》,北京大学出版社2010年版。

人与学术》①,陈平原著《从文人之文到学者之文》②等。

(4) 学生研究

从学生角度展开中文学科研究,无论是直接成果还是间接成果都非常有限,究其原因,客观上由于在校学生留下的史料较少不利于研究的展开,主观上则由于目前对民国学生的研究多将其视为一个特殊的社会群体,研究着眼点多在留学制度、管理方式、思想倾向以及社会活动,忽略了学生作为接受学科教育的主体和学科传承人的基本身份,造成了研究重心的偏移。学生研究的重心、策略调整后,可能成为今后民国教育研究着力拓展的方向。

目前只有少量研究民国师承关系的著作兼及中文学科学生研究,例如费孝通著《师承、补课、治学》③,卢毅著《章门弟子与近代文化》④,陈汉才著《康门弟子述略》⑤,王学典著《顾颉刚和他的弟子们》⑥等。

(5) 课堂研究

近几年兴起的课堂研究,与其说是学科史研究的一个具体角度和方面,不如说体现一种研究理念和范式。它以"重现民国课堂"为研究目标,将教师、教本、学生都纳入其研究范畴,借助日记、回忆录等文献,对民国大学教学情况进行钩沉,将学科史研究情景化。课堂研究代表了一种目光向下的历史研究态度,放弃宏大历史研究,转而关注具体的历史情景和细节,以丰富研究内涵。具体到中文学科,课堂研究为中文学科史演进提供了历史场景,既拓展了学科史研究思路,也一定程度上弥补了因影音资料所限无法直观感受学科教育的遗憾。

陈平原是课堂研究的主要倡导者,"重现文学课堂"是其大学研究与现代文学研究相结合的产物。其著作《作为学科的文学史》⑦第四章以"'文学'如何'教育'——关于'文学课堂'的追怀、重构与阐释"为

---

① 桑兵:《晚清民国的学人与学术》,中华书局2008年版。
② 陈平原:《从文人之文到学者之文》,生活·读书·新知三联书店2004年版。
③ 费孝通:《师承、补课、治学》,生活·读书·新知三联书店2001年版。
④ 卢毅:《章门弟子与近代文化》,广西师范大学出版社2009年版。
⑤ 陈汉才:《康门弟子述略》,广东高等教育出版社1991年版。
⑥ 王学典:《顾颉刚和他的弟子们》,山东画报出版社2000年版。
⑦ 陈平原:《作为学科的文学史》,北京大学出版社2011年版。

题,对文学课堂作了深入探讨,同时还围绕这一章的内容作了多次演讲①,演讲稿也被多家报刊登载,在学界产生了反响。

除以陈平原为代表的课堂研究外,新近出版了一部以民国文学课堂为叙述核心的著作——潘剑冰著《民国课堂》②。该书以著名教授的课堂趣闻为主体,呈现民国课堂某些鲜为人知的片段,一定程度上增强了"课堂"这一概念的质感。但该书以及其他很多以民国教授、民国校园文化为书写对象的著作,都存在一个共同问题,即过多关注趣闻掌故。这对丰富教授形象颇为有利,但相应也忽略了教学内容,削弱了此类著作的学科史价值。

就讲义研究而言,上述中文学科史研究成果不仅提供了范式、方法的借鉴,也为讲义研究与其他各教育要素的衔接提供了最当下、最丰富的可能。同时还应该看到现有成果存在的不足:第一,间接成果多,直接成果少,说明中文学科史研究尚处于学界边缘,其独立价值尚未得到足够重视;第二,中文学科由语言和文学两大部分构成,现有成果全部以文学为研究对象,语言学在中文学科史研究中严重缺席;第三,作为教育史研究,无论是学校、课程、教师还是学生角度的研究,都以外围研究为主,教学内容在这几类研究中失位,减弱了研究成果的学术价值;第四,资料上,回忆、日记、访谈的使用要多于校史资料、报刊文章的使用,加重了学科教育研究的主观色彩,减弱了研究的客观性,削弱了相关研究成果的再利用价值;第五,随着"民国热"的出现,大量关于民国大学、学人的书籍出版,作为文化消费产品,这类书籍热衷于趣闻掌故的挖掘和士人风度的标榜,文化消费气息转化为一种"魅",渗透进学科教育研究领域,对中文学科史研究的目的、思路和手段都产生了一定负面影响。因此,讲义研究不仅需要在方法、理念上避免上述不足,同时还要立足自身优长,为现有中文学科史研究提供有益补充。

讲义第二方面特征,是具动态性。一方面,讲义编写完成后,并非

---

① 2011年陈平原围绕"文学课堂"这一主题,先后在北京大学才斋讲堂、深圳读书论坛等多个论坛演讲,演讲稿在《中国教育报》《光明日报》等报刊刊发。
② 潘剑冰:《民国课堂》,广西师范大学出版社2013年版。

一成不变,随研究的深入和实际施用效果,教员会不断修订内容;另一方面,部分讲义会经由出版公司正式出版成为学术著作或教材,其中还有一小部分会反复再版重印,成为学术经典。因此,研究民国大学中文学科讲义,必须将教员的讲义编写与修订、大学出版部的讲义印制、图书公司的讲义出版与再版、少数讲义的经典化都纳入研究范围,才能实现对讲义的动态性考察。相应的,关于民国大学出版部、民国学术著作与教材出版的史料和研究成果应纳入讲义研究资料体系。

史料方面,笔者着重搜集整理两类:其一,民国时期北京大学、清华大学等20所大学出版部的相关文献资料,如出版部办事规程、讲义印制规定、与印刷厂签订的讲义印制合同、出版部人事任免和广告通知等,共计320多种。其二,民国时期与学术著作和教材出版相关的制度、法规,商务印书馆、中华书局、世界书局、北新书局、大东书局、光明书店等30余家重要出版公司的史料文献,如出版合同、出版策划、会议记录、图书出版名录等。

研究成果方面,笔者着重梳理了民国出版史研究、民国教科书出版研究、出版与教育互动研究三类成果,其中仅少量成果涉及现代中文学科。教科书研究有王建军著《中国近代教科书发展研究》[①]、汪家熔著《民族魂——教科书变迁》[②]、吴小鸥著《中国近代教科书的启蒙价值》[③]等,设有专门章节讨论大学教科书情况,对中文学科教科书有所论及。出版研究方面,出版史以吴永贵著《民国出版史》[④]和叶再生著《中国近代现代出版通史》[⑤]对大学教材的论述最为集中,都设有专门章节,但对中文学科涉及有限。出版专题研究以商务印书馆研究和王云五研究的成果涉及最多,王云五著《商务印书馆与新教育年谱》[⑥]、戴仁著《上海商务印书馆1897—1949》[⑦]论及高等教育教科书比较集中,

---

① 王建军:《中国近代教科书发展研究》,广东教育出版社1996年版。
② 汪家熔:《民族魂——教科书变迁》,商务印书馆2008年版。
③ 吴小鸥:《中国近代教科书的启蒙价值》,福建教育出版社2012年版。
④ 吴永贵:《民国出版史》,福建人民出版社2011年版。
⑤ 叶再生:《中国近代现代出版通史》,华文出版社2002年版。
⑥ 王云五:《商务印书馆与新教育年谱》,《王云五文集》第4、5卷,江西教育出版社2008年版。
⑦ 戴仁:《上海商务印书馆1897—1949》,商务印书馆2000年版。

其中不乏中文学科用书出版的例证;杨扬著《商务印书馆:民间出版业的兴衰》①,李家驹著《商务印书馆与近代知识文化的传播》②,商务印书馆编《商务印书馆一百年:1897—1997》③,蒋复璁著《王云五先生与近代中国》④,郭太风著《王云五评传》⑤等对中文学科教学用书有少量涉及。硕士学位论文《近代商务印书馆教科书出版研究》⑥有专节论述大学教科书,个别例证涉及中文学科。

讲义由校内印行到正式出版,往往会添加序跋,这些序跋文章产生于讲义的动态变化过程中,兼具研究成果和文献史料的双重属性,是对讲义做动态考察的重要依据和参考。笔者共搜集到中文学科讲义出版序、跋330多种,以下可分初版序跋和再版序跋两类举例呈现。

讲义初版序跋,或介绍讲义编撰经过、成书过程,或论说讲义的基本框架、学术价值,或由讲义内容说开去兼及学科前沿、个人学术理念。

(1)回忆授课经历、梳理讲义编撰成书经过、澄清版本情况。例如刘麟生在金陵女子文理学院讲授文学史之课程讲义《中国文学史》⑦,1932年在世界书局初版,作者自序就是以介绍讲义编撰、成书经过为主。此类还有陆侃如《中国文学史简编》⑧序例,朱维之《中国文艺思潮史略》⑨自序,刘毓盘《词史》⑩之曹聚仁跋,萧涤非《汉魏六朝乐府文学史》⑪引言,朱东润《中国文学批评史大纲》⑫自序,王力《中国语

---

① 杨扬:《商务印书馆民间出版业的兴衰》,上海教育出版社2000年版。
② 李家驹:《商务印书馆与近代知识文化的传播》,商务印书馆2005年版。
③ 商务印书馆:《商务印书馆一百年:1897—1997》,商务印书馆1998年版。
④ 蒋复璁:《王云五先生与近代中国》,台湾商务印书馆1987年版。
⑤ 郭太风:《王云五评传》,上海书店1999年版。
⑥ 宋军令:《近代商务印书馆教科书出版研究》,四川大学硕士学位论文,2004年。
⑦ 刘麟生:《中国文学史》,世界书局1932年版。
⑧ 陆侃如:《中国文学史简编》,开明书店1932年版。
⑨ 朱维之:《中国文艺思潮史略》,合作出版社1939年版。
⑩ 刘毓盘:《词史》,上海书店出版社1985年版。
⑪ 萧涤非:《汉魏六朝乐府文学史》,人民文学出版社2011年版。
⑫ 朱东润:《中国文学批评史大纲》,上海古籍出版社2001年版。

文概论》①序,岑麟祥《语音学概论》②序等。

(2) 介绍讲义基本框架、主要内容和学术价值。例如1922年北京大学出版部再次印行《文字学音篇、形义篇讲义》③时钱玄同作序,介绍音篇部分主要内容和修订情况。此类还有刘复《中国文法通论》④自序,郑宾于《中国文学流变史》⑤题讲,方光焘《文学入门》⑥之章克标例言,卢前《何谓文学》⑦之廖世承序言等。

(3) 以讲义为起点,侧重介绍其他相关成果情况,梳理学科发展概况,阐发个人学术观点。例如顾实在东南大学讲授文字学的课程讲义,1925年由商务印书馆初版⑧,他在自序中未对该讲义进行任何介绍,而是着重讨论了文字学研究的基本思路和发展趋向。此类序跋在语言学课程讲义中比较集中,如唐兰《古文字学导论》⑨自序,姜亮夫《中国声韵学》⑩自序,王力《汉语音韵学》⑪自序及罗常培序,魏建功《古音系研究》⑫自序,胡朴安《中国训诂学史》⑬自序,张世禄《言语学概论》⑭自序,龚自知《文章学初编》⑮例言,黎锦熙《修辞学比兴篇》⑯序

---

① 王力:《中国语文概论》,商务印书馆1939年版。
② 岑麟祥:《语音学概论》,科学出版社1959年版。
③ 钱玄同:《文字学音篇形义篇》,台湾学生书局1969年版。
④ 刘复:《中国文法通论》,上海书店"民国丛书"第2编第55卷,根据中华书局1939年版影印,1990年版。
⑤ 郑宾于:《中国文学流变史》,中州古籍出版社1991年版。
⑥ 方光焘:《文学入门》,开明书店1933年版。
⑦ 卢前:《何谓文学》,《卢前文史论稿》收录版本,中华书局2005年版。
⑧ 顾实:《中国文字学》,商务印书馆1925年版。
⑨ 唐兰:《古文字学导论》,齐鲁书社1981年版。
⑩ 姜亮夫:《中国声韵学》,上海书店"民国丛书"第2编第53卷,1990年版。
⑪ 王力:《汉语音韵学》,《王力文集》第四卷收录版本,山东教育出版社1986年版。
⑫ 魏建功:《古音系研究》,中华书局1996年版。
⑬ 胡朴安:《中国训诂学史》,上海书店"民国丛书"第3编第48卷,根据商务印书馆1939年版影印本,1990年版。
⑭ 张世禄:《言语学概论》,上海书店"民国丛书"第1编第51卷,根据中华书局1941年版影印本,1989年版。
⑮ 龚自知:《文章学初编》,商务印书馆1926年版。
⑯ 黎锦熙:《修辞学比兴篇》,商务印书馆1935年版。

等。非语言学类的则有龚道耕《中国文学史略论》①自序,容肇祖《中国文学史大纲》②自序等。

需要说明的是,多数讲义初版之序跋对以上三方面内容均有涉及,只是各有侧重,这里分类只为表述方便、轮廓清晰。

再版序跋,是指一些重要讲义成书后会反复再版,再版时一般都会保留原序,增加新的序言,追忆作者,肯定讲义价值,站在新的学科发展背景下重新解读诠释讲义内涵。新时期以来,随着学术研究的不断深入,很多讲义作为学术著作再版时,前面多会加上很长的前言或专题研究文章作为导读,多数导读重视对讲义内容的学理阐发。例如胡小石《中国文学史讲稿》收入《胡小石论文集续编》③时,增加了其学生吴徵铸的后记;刘永济《十四朝文学要略》④1954年再版时增加了前言和凡例;"蓬莱阁丛书"⑤为鲁迅《中国小说史略》⑥、黄侃《文心雕龙札记》⑦等讲义增加了导读;凤凰出版集团2009年再版鲁迅厦门大学任教期间讲义《汉文学史纲要》⑧时增加了顾农的研究文章《鲁迅与〈汉文学史纲要〉》,2011年再版刘师培《中国中古文学史讲义》⑨时增加了刘跃进的研究文章《刘师培及其汉魏六朝文学研究引论》等。

三、研究目标与基本思路

全书将努力实现以下四方面目标:

第一,努力实现对中文学科讲义及讲义现象的集中梳理与立体呈现。授课讲义既是一种学科史料也是一类学科教育现象,借助校史资料、民国报刊、出版年鉴、学人传记、日记、回忆录等多种文献,尽可能

---

① 龚道耕:《中国文学史略论》,李冬梅选编《龚道耕儒学论集》收录版本,四川大学出版社2010年版。
② 容肇祖:《中国文学史大纲》,开明书店1947年版。
③ 胡小石:《胡小石论文集续编》,上海古籍出版社1996年版。
④ 刘永济:《十四朝文学要略》,黑龙江人民出版社1954年版。
⑤ 上海古籍出版社1997年起陆续出版近代学术名著,并请当代学术名家作导读,至2010年已有57部面世,其中部分著作最初为中文学科授课讲义。
⑥ 鲁迅:《中国小说史略》,上海古籍出版社1998年版,郭豫适导读。
⑦ 黄侃:《文心雕龙札记》,上海古籍出版社2000年版,周勋初导读。
⑧ 鲁迅:《汉文学史纲要》,凤凰出版集团2009年版。
⑨ 刘师培:《中国中古文学史讲义》,凤凰出版集团2011年版。

多地搜集民国大学中文学科授课讲义的线索,在掌握讲义的编撰人、施用学校、施用课程、使用时间、出版与存藏等情况的基础上,实现对民国中文学科讲义现象的全面体现、呈现。注意讲义的动态性特征,将初始编撰、校内印发、逐年修订、整理出版、著作经典化全部纳入考察范畴,努力做到呈现的立体性和动态性。

第二,尝试将授课讲义建构为中文学科史研究的新途径和突破口。本研究将始终以民国中文学科发展史作为最终指向,通过对讲义史料价值、体例特征、形态演进的深层次挖掘,呈现民国学科史,尤其是学科教育的情况。总体思路上,尽量搁置已有的学科预设,持"史前史"研究姿态,以谱系学的方式清理历史碎片,呈现学科史的"真实片段";具体做法上,利用讲义位于学科教育中心位置的特性,在研究中注意打通讲义与其他教育要素的关系,使中文学科教育的面貌得到较为全面的呈现,将学科发展与大学师生日常学习生活联系起来,为学科史研究构建生动的历史场景。

第三,将讲义研究作为一种研究范式,应用于具体的民国中文学科教育研究,探索这一新研究范式可能带来的突破。例如,将讲义作为方法,考察民国大学新文学教育情况,梳理新文学作为一种新的学科方向初入大学课堂的几种形式,呈现新文学作家在学科教育中扮演的角色、发挥的作用、心态的流变及其课堂讲授风貌等。从大学教育和学科史角度丰富现代文学研究的内容。

第四,对民国时期一些教育现象的挖掘和定义,对某些新的理论方法的引入与尝试。注意归纳和定义学科发展现象,尝试在学科史研究中建立新范畴,丰富中文学科史研究的视角和方法。例如将大学出版部校内印发的讲义定义为"准出版物"并加以研究;参照"述学体"将讲义及由讲义出版的著作的体例定义为"讲义体",并站在学科教育角度加以剖析;将讲义编撰、著作出版、用作教本的过程定义为"讲义动态性",站在学科建构角度探索其对学科的多重滋养作用等。以讲义为纽带,尝试将社会表演理论、口述史方法、语篇理论、"话语"及"话语"分析等理论方法引入学科史和学科教育研究,以新方法作为寻求突破的基础。

全书的基本研究思路是:首先,借助各大学校史资料、教员(学者)

个人学术年谱与传记资料,配合相关报刊、日记、回忆录等,整理出较完整的民国大学中文学科讲义目录,并尽可能多地获取讲义文本。其次,围绕中文学科讲义的产生和施用,描述再现其生动的历史语境,了解彼时社会尤其是教育界对讲义的接受程度,重构贴近史实的大学校园讲义生态,呈现民国大学讲义编撰、印发、出版的基本流程。再次,翻阅中文学科讲义的文本及相关研究资料,整体把握中文学科讲义生产、传播、体例、话语等方面的特征,归纳其特征。最后,以讲义特征为线索,考察彼时中文学科在学程设置、课程安排、授课方式、课堂氛围、教学效果等方面的情况,中文学科学术成果生产和积累的主要方式,准确描述"中文"教育与学术研究互动的历史场景。

全书基本框架如下:

第一章"'讲义热':一种重要的民国教育现象",以呈现民国大学讲义基本样貌,建构讲义研究历史背景、时代氛围为目标:考察民国"讲义热"现象在社会教育和大学教育领域的不同表现,分析其背后的原因;以最具"讲义传统"的北京大学为例,呈现民国大学校园之"讲义生态",重新解析北大"讲义费风潮";整体概述与举例描写相结合,呈现民国大学讲义的基本样貌。

第二章"讲义:现代中文学科教育的伴生物",以历时性梳理、共时性分析、特例研究相结合的方式,考察民国中文学科讲义生成。历时性梳理以"癸卯学制""壬子癸丑学制"、1922年学校系统改革和1929年《大学规程》颁布为限,划分时段,在掌握讲义生成与学科教育关系的基础上,推演不同时段讲义的生成情况。共时性分析以课堂为界,将讲义生成划分为教员课前编写生成和学生课堂笔记整理生成两种基本方式,借用社会表演和口述史研究的理论方法,探究两种生成方式的内部机制。最后选取大学教员流动、兼课和参与社会教育等事例,归纳影响讲义生成的主要因素。

第三章"由'准出版'到正式出版:民国中文学科讲义的传播",以出版为主要线索,考察讲义的基本运行机制。以大学出版部为关注中心,借助校刊校报上的史料,重现民国大学出版部的讲义生产机制,突出讲义的"准出版"特征;描述民国大学讲义正式出版的基本情况,重点分析20世纪二三十年代出现的大学讲义出版高潮;以出版为视角对民国以来讲义的出版情况作分类整理,分析影响讲义出版的主要因素。

第四章"'讲义体':产生于教育实践的独特文体",以讲义文体特征为研究对象,以学科教育状况为根本指向,实现讲义研究与学科教育研究的互动。以中文学科讲义为例,概述民国大学讲义"分章节立标目""弹性结构"等体例特征;引入"话语"概念,分析"讲义话语"特征及其成因;从教学实践角度分析"讲义体"成因,再通过"讲义体"考察民国中文学科教育在学程、学时、课堂讲授等方面的情况。

第五章"从讲稿到名著:民国'中文'讲义的经典化",从"经典化"角度重新审视中文学科讲义的动态性,以鲁迅《中国小说史略》为范本,完整展现中文学科讲义经典化历程;同时以《史略》为标尺,概述讲义经典化的主要表现,着重分析讲义经典化的学科内部动因。

第六章"'老讲义'与'新文学':从讲义看现代文学教育",将讲义应用于现代中国文学"史前史"研究,通过讲义,探究新文学最初在民国中文学科教育中的存在方式,及其被纳入现代学科教育体系的过程;同时考察这一过程中任教于国文系的新文学作家在学科教育中的表现与心态,从教员角度探析现代中国文学与教育的互动关系。

结语集中归纳本文主要观点,对部分讲义现象作深一层的讨论,从中文学科史和学科教育研究角度,对讲义的史料价值作较深入的思考和解析。

附录部分为"本论文涉及民国大学中文学科讲义简况表",以时间为序,对论文涉及的民国大学中文学科讲义的基本信息作集中呈现,包括:讲义名称、编写人、使用时间、施用学校、施用课程、出版与存藏等项目。

第一章 "讲义热":民国时期重要的教育现象

"讲义"作为独立词条最早出现于晋代,晋人陆士龙有"郎中令臣云,言闻古之君子,既圣德在身,又外求诸物,是以广纳俊士,博□观载籍朝夕,师传夙夜勤礼,宾友嘉客讲义于前,往古来今日闻于耳,故知积德广而流芳"①的表述。这里,"讲义"作为动宾结构的合成词,是讲说经义的意思,这构成了"讲义"最早、最基础的词义。南北朝时期,随着佛教传入,"讲义"的含义有所扩充,除指讲说儒家经典外,还有讲说佛学经典之意。此义最早见于《求那跋陀罗传》,"辞小乘师进学大乘,大乘师试令探取经匣,既得大品华。严师喜而叹曰:汝于大乘有重缘矣。于是读诵讲义,莫能酬抗,进受菩萨戒法。乃奉书父母劝归正法。"②

南北朝以降,"讲义"一词在使用中逐步呈现名词化趋向,"解经"的意味也越发明显,"讲义"在实际应用中产生了偏正结构的名词词义——解释经典的书。北宋邢昺在《〈孝经注疏〉序》中对"讲义"的名词化过程有比较明确的描述:"今特窜裁元疏,旁引诸书,分义错经,会合归趣,一依讲说,次第解释,号之为讲义也。"③

到了宋代,"讲义"的教育意味日渐凸显,这首先表现在帝王教育方面。"经筵"是我国古代一种帝王教育制度,由经筵(狭义的经筵指帝王讲席的开学典礼)、日讲(每日正规功课)和讲义进呈三部分构成。讲义进呈是指将讲章直接递呈给帝王,供帝王在宫内自行阅读学习。后经筵、日讲逐渐废止,但讲义进呈一直延续到清乾隆年间。朱彝尊

---

① 《陆士龙文集》卷九,四库丛刊景明正德刊本,第48页。
② 《求那跋陀罗传》,《出三藏记集》传中卷十四,大正新修大藏经本,第218页。
③ 《孝经义疏补》卷首,清道光九年刻本,第7页。

《经义考》:"古之讲经者,执卷而口说,未尝有讲义也。元丰间①,陆农师在经筵始进讲义。自时厥后,上而经筵下而学校,皆为支离蔓衍之辞说者,徒以资口耳听者,不复相问难。道愈□而习愈薄矣。"②这段话记录了讲义进呈之肇始,梳理了讲义应用于教育的过程。

随后,讲义在朱熹为宋宁宗讲授《大学》的过程中,完成了由供阅读到随讲随编供现场教学使用的蜕变。"是日命朱熹讲大学,除待制兼伺讲辞不久,熹寻奏云:臣伏见近制,每遇单日早晚进讲,及至两日或值假,故即行权罢。……。熹每进讲,务积诚意以感格上心。以平日所论著者敷陈开析,坦然明白可举。而行讲必有可以开益上德者,罄竭无隐,上亦虚心嘉纳焉。"③"越三日,晚讲因奏曰:臣所进讲大学口义不审,曾经圣览,否上得其甚好,无可疑。又奏万机事烦,恐讲义卷轴大,难于披览,欲写成册子进入以便反复观考,上欣然曰:正欲与卿做册子,来可速进入。"④后人于此作了通俗说明:"南宋时,宁宗做了皇帝,委朱熹做侍讲。朱熹教宁宗读大学一书。每讲一章,必编成讲义,每有讲义且传及宫中诵读。这是中国有讲义的开始。"⑤

另一方面,讲义也在民间书院教育中发挥着重要作用。我国的书院教育到宋代已基本成形,其教学方式主要有升堂讲学、自行理会、质疑问难和展礼四种。其中,升堂讲学一般都要编写讲义,宋代著名的书院讲义有朱熹《中庸首章》《大学或问》,陆象山《白鹿洞书院讲义》,吕祖谦《丽泽讲义》,陈文蔚《南轩书院讲义》,文天祥《西涧书院释菜讲义》,王柏《上蔡书院讲义》,明道书院系列讲义等。元代讲义有程端礼《集庆路江东书院讲义》,明代有高攀龙《虞山书院商语序》,吕柟《东林书院语》《解梁书院语》,王廷相《石龙书院学辩》等。清代是书院普及和发展的时期,但受科举盛行的影响,其教学方式已由升堂讲学等四种逐步转变为以考课为主,并将前朝讲义交于学生自学,山长则以批

---

① 元丰(1078—1085年),宋神宗赵顼年号之一,共8年。元丰八年二月宋哲宗即位沿用。
② 《经义考》卷二百九十六通说,文渊阁四库全书本,第2552页。
③ 《宋史》卷二十八,文渊阁四库全书本,第1198页。
④ 《两朝纲目备要》卷三,清文渊阁四库全书本,第35页。
⑤ 引自《我国最早的"讲义"和"积分法"》,见《人民教育》1961年8月,第57页。

阅课卷的方式指导学生,因此清代书院教育留下了很多著名课卷。《清史稿》中有"令诸生有心得或疑义逐条剳记,呈助教批判按期呈堂。季考月课改四书题一,五经讲义题各一,治事策问"①"外场试就学堂举行,择各科讲义精要一二条摘问,令诸生答述"②等记载。由此观之,清代书院已将讲义作为教材使用。

清末,"学西方"之风日盛,1903 年癸卯学制的颁布从政策上宣告了传统教育的终结,书院纷纷改制为学堂,教学内容也有所调整。"其教法当以四书五经纲常大义为主,以历代史鉴及中外政治艺学为辅,务使心术纯正,文行交修,博通时务,讲求实学,庶几植基立本,成德达材,用副朕图治作人之至意。"③1904 年,清政府颁布《奏定学堂章程》之《学务纲要》,其中有"官编教科书未经出版以前,各省中小学堂亟需应用,应准各学堂各学科教员按照教授详细节目,自编讲义。每一学级终,即将所编讲义汇订成册,由各省咨送学务大臣审定,择其宗旨纯正,说理明显,繁简合法,善于措辞,合用于讲授者,即准作为暂时通行之本"④。"讲义"解说经义的含义随着教育体制的转变逐步褪去,而越来越多地以教科书替代品的身份出现在各类教育中。

此外,教员课后整理出的讲稿和学生的随堂笔记也可视为一种重要的"讲义"类型。课后整理作为讲义生产的重要方式,古已有之。著名的《白鹿书堂讲义》是陆九渊宋淳熙八年在白鹿洞书院讲学时留下的,该讲义是陆九渊应朱熹要求在讲学后复又整理而成。"十日丁亥,熹率寮友诸生,与俱至于白鹿书院,请得一言以警学者。子静既不鄙而惠许之。至其所以发明敷畅,则又恳到明白,而皆有以切中学者隐微深痼之病,盖听者莫不悚然动心焉。熹犹惧其久而或忘之也,复请子静笔之于简,而受藏之。"⑤

通过以上文献考古不难发现,讲义经历了由帝王教育到平民教

---

① 《清史稿》志八十八,选举志一,民国十七年清史馆本,第 1653 页。
② 《清史稿》志八十九,选举志二,民国十七年清史馆本,第 1676 页。
③ 《改书院为学堂上谕》,引自《中国书院史资料》,浙江教育出版社 1998 年版,第 2489 页。
④ 《中国近代学术史资料》第一辑(下册),华东师范大学出版社 1983 年版,第 511 页。
⑤ 《晦庵集》,四部丛刊景明嘉靖本,第 1840—1841 页。

育,由仅限解说经典到用于普遍教学的变化过程。民国始建,教育改革迅速铺开,讲义这一传统教育的产物很好地适应了教育转型需要,在充实新的教育课程体系、调动固有教育资源、弥补教科书短缺等方面都发挥了重要作用。随之而来的,"讲义热"成为民国教育转型过程中的独特现象,它伴随着现代教育体系的发展在民国校园铺开,并借助出版、报刊等现代传播手段将影响范围扩大到整个社会。

第一节 现代教育体系中的"讲义现象"

编写和印发课程讲义是民国教育界非常普遍的现象,这一时期的讲义数量大,涉及的教育领域多,课程类型广。由于对教学的重要作用,教育界产生了许多讲义交流的专门性刊物,如商务印书馆定期出版的《新体师范讲义》,各暑期学校创办的《讲义汇刊》等。讲义经由课堂教学,为越来越多的知识分子所熟悉和接受,很多学术著作也开始以讲义形式撰写,形成了非常重要的一种著述形式。"讲义热"不仅限于教育界,随着现代传播的发展,讲义通过出版和报刊逐步走出校园走向社会,成为社会民众了解和获取知识的重要方式。民国的"讲义热"不单纯表现在数量和规模上,而是一种全方位的"热",人们不仅看讲义、用讲义,还适应了讲义的阅读方式。这里选取高等教育和社会教育两个领域,呈现其中"讲义热"的不同表现形式,并揭示其背后的动力所在。

一、实现高等教育"本国化"的手段

1912年"中华民国"成立,新政权需要新的教育体系,南京临时政府成立伊始即通过颁布《普通教育暂行办法》《普通教育课程标准》等政令,确立了"注重道德教育,以实利教育、军国民教育辅之,更以美感教育完成其道德"的新的教育宗旨,进而形成了民国首个学制"壬子学制"。1912年3月北洋政府成立,为配合复辟帝制,在教育界出现了一股复古逆流,1915年以大总统令形式公布的《特定教育纲要》《颁定教育要旨》全面否定了民初的教育宗旨,将尊孔读经、恢复儒学正统地位作为教育的根本目标,这股文化教育逆流最终在与新文化精英的论战

中归于沉寂。1922年11月,以大总统令形式颁布的《学校系统改革案》再次对教育体制进行调整,此次自下而上的学制改革奠定了我国教育体系的基本形态,史称"壬戌学制"。

民初十年,频繁的教育调整,不是单纯的教育改革,其根本目的是巩固新政权、维护民族资产阶级和实业者的利益,因此具有较为广泛的群众基础,尤其在北京、上海、南京等经济发达地区,教育改革与新政府、新制度、新政令一起受到社会各界的关注,成为城市民众对现代化国家憧憬和想象的一部分。"讲义热"正是在这样的社会背景下产生的,这决定了民国"讲义热"不是简单的规模大、数量多,而是教育界乃至整个社会参与新教育、参与新国家建设的一种表现。

代替教材,解决教材紧缺的难题,是讲义在民国学校教育中最突出的作用。高等教育领域,讲义不仅替代课本,还代表着一种教育中国化的努力,在与西文书及其译本的对抗中,"讲义热"持续升温。

民国高等教育呈现多元特点,学校类型分为教会学校、清末大学堂转制的大学、民国政府创建的新式大学和民办私立大学等;大学内部设有本土的传统学科和西方舶来的新学科;教员有些是海外留学归来的新式知识分子,有些是传统书院走出来的教书先生。此外,教育部一直无力规范大学教科书编审制度,这造成大学用书的混乱,其中以西文教科书及其译本和自编讲义最为普遍。20年代中期兴起的新教育运动,将"教育中国化"列为教育发展的第一要务,在高等教育界掀起了对使用西文教材的反思和批判,讲义之优长在这一过程中为更多人所认识。

创刊于1909年的《教育杂志》几乎贯穿了我国教育现代化的全过程,作为近代历史悠久、影响巨大的教育期刊,它刊发了大量近代著名教育家的真知灼见,也记录了我国教育现代化进程中的很多片段与场景。1926年第3期《教育杂志》上刊发了题为"大学教育用书问题评议"的文章,记录了彼时大学用书状况:

> 我国兴学二十年,无论于声光化电、政治社会终不能和人竞争,却连中等以上教科书还不能自己供给。这是何等的'自甘暴弃'!有人或说:我的话太鲁莽了,与事实相反,是无的放矢,衡量了中等以上教育学诸公,是不知道中等以上教育界正在那里孜孜

砳砳,各就自己所担任的或研究的范围,做精密的探讨,教起人来,不重讲义的或书本的,而是重口头的、实验的、学生自我活动的、师生间人格的感应的,就是为万不得已而有讲义或书本,编起来也是参引了好多种专家的书编的,并且也不失自国的精神,不过他们事物繁忙,或为'慎重将事'起见,没有把他们穷年累月努力的结果,成部著作发表出来,所以坊间只有译本多,而学校中却有许多佳作。我诚望我的话是与事实相违,是无的放矢。我没有到各大学去访问过,也并没有通函去征求过教育用教科书现状。实际的现状,只有个中人能知道。但是,我仍有一句话要说:他们的不肯公表,视学术为私有,总是学术进步的一个障害。①

可见,彼时大学将西文课本用作教本非常普遍,这有切实需要的一面,但也充斥着赶时髦、图省力的私心,造成西文课本的过度使用。就这一问题,《教育杂志》另有一篇文章,分析了原因:

查国内各大学以西书为课本者十之八九,大有喧宾夺主之势。考其原因,不外七端(一)因无适用之中文课本。(二)因西人之著作较优于我国人之著作。(三)因各大学教授多自英美留学归来,教中文书或不如教西文书为易。(四)因近来各校学生对于留学生之批评多以其英语之流畅与否为标准,故采用西文课本,易以迎合学生之心理。(五)因晚近我国学生之有志留学海外者颇不乏人,则采用西书并以英语教授之,实又为学生他日出洋便利计。(六)因我国统计不发达,名词不统一,下手著书,殊不易易。(七)因处今之世,不能不晓英文,而用西书讲英语,即所以助进学生之英文智识。(八)因教授与学生,言语每不统一,故不如以英语代之。②

随后该文还给出了使用本国教本的四条理由:

我国各大学之教科,应以采用中文课本为原则,而以西文课本为例外。一中书为主而辅之一西文书,则可;以西文书为主而

---

① 华超:《大学教育用书问题评议》,《教育杂志》1926年第3期。
② 斋勉成:《我国大学之教材问题》,《教育杂志》1925年第3期。

弃中文书如敝屣,置本国事实于不问不闻,则万万不可。果能如是,则有四益:(甲)教育之效率得以增加也。一因读中文书快,读英文书慢,如以读英文书时间读中文书,其时间之节省自不待智者而知;二因能读中文者多,能读英文者少,今能如以中文为科学之演述,则国人得科学智识之机会自必加多。(乙)教育之经济得以增进也——买西书固贵,以银洋买西书则更贵。今如能以中文课本代西文课本而仅置西文书于图书馆以供参考,则其金钱之节省又岂浅鲜?(丙)教育之体统得以保全也。夫一国有一国之文字,即一国有一国之书籍,亦即一国有一国之学校,俾得发扬文化保存国粹。今我国各大学几半为西人所代办,已甚可耻,如并我国人自办之学校,而亦一概洋化,岂不可耻可痛哉?(丁)留学之结果可以较优也。夫一国之派留外学生,原无例行公事之性质。必也此事待考察,彼事待实习,而后选派之。否则年复一年,愈派愈多,亦犹利权之外溢耳。①

在本国大学课本尚未成形的阶段,上述四条理由亦可视为讲义用于大学教学之优长。

处于转型期的民国大学呈现出鲜明的多元特征,这造成了教学用书难以统一,讲义和西文课本是教员最常使用的教本,因此民初之大学使用讲义即非常普遍。随着高等教育的发展,教育界对大学用书的本土化追求日益强烈,在对过度使用西文书的批判和反思中,讲义作为本国教科书的替代品,优长得以凸显,也得到更多的重视和应用。因此,在高等教育领域,"讲义热"民初即有之,在教育本国化潮流中,热度不断提升。

二、适宜社会教育的平民教本

民国"讲义热"不仅存在于学校教育领域,还通过出版、报刊等现代传播途径走出校园走向社会,出现在社会教育和文化娱乐领域。通过报纸杂志面世,供市民阅读消费的讲义大体可分为两类:一类是利于普及知识技能的科普读物,因采用了便于阅读学习的"讲义体",被

---

① 斋勉成:《我国大学之教材问题》,《教育杂志》1925年第3期。

冠以"讲义"之名,以增强讲教意味突出其权威性;另一类实为社会演讲的讲稿,报刊多会刊发讲稿全文或经整理的现场记录。

据笔者粗略统计,1912年至1949年间,有近40种报刊累计刊发讲义300余部,内容涉及军事、建筑、工业、服务业、文学艺术、医药卫生、职业教育、社会科普等40多个领域。以下列举几种与市民生活关系紧密领域的讲义,借以呈现讲义在民国社会和民众当中的影响力。

第一,文娱类,此类讲义有:《涤绾美术讲义》①,介绍结绳技艺,讲义中插有大量配合文字的图片;《戏学讲义》②分七期,以专题形式介绍戏曲种类、角色、技艺等;《扑克讲义》③分章节介绍扑克的起源、种类、规则等;《魔术讲义》④每期介绍二至三种魔术技法,配合插图讲解魔术的原理、过程、成功要诀等;《舞蹈讲义》⑤讲授西方交谊舞的各种舞步技法,穿插有大量图片;《围棋讲义》⑥介绍围棋的历史、规则和基本战法;《调手讲义》⑦介绍调手练习和中国呼吸的调整方法;《大鼓书词讲义》⑧呈现大鼓书词的原文,以行间批注介绍表演技法。还有一类文娱讲义,旁逸斜出,借讲义的形式写作幽默小品文,类似今之文化随笔,其本质是供读者消遣,如《膀子讲义》《诛蚊讲义》《媚学讲义》⑨《摩登讲义》⑩等。这些文娱类讲义,将讲义进一步平民化、生活化,可见彼时民众对讲义的熟悉程度,尤其是借讲义之体例写文化随笔,读起来风趣幽默兴味盎然,足见作者和读者对讲义认识之深刻。

第二,职业教育类,这类讲义包括:《近世桥梁学讲义》⑪《教授法讲

---

① 《涤绾美术讲义》,《女子世界》1914年第1期。
② 《戏学讲义》,《游戏杂志》1914年至1915年7期连载。
③ 《扑克讲义》,《游戏杂志》1915年至1916年2期连载。
④ 《魔术讲义》,《繁华杂志》1914年第2、4、6期连载。
⑤ 《舞蹈讲义》,《眉语》1915年第4期。
⑥ 《围棋讲义》,《寸心》1917年第3、4、6期连载。
⑦ 《调手讲义》,《体育季刊》1918年第1期。
⑧ 《大鼓书词讲义》,《红》1923年第17期。
⑨ 《膀子讲义》《诛蚊讲义》《媚学讲义》分别刊于《余兴》1915年第7期,1916年第19、21期。
⑩ 《摩登讲义》,《社会评论》1933年第9、11期连载。
⑪ 《近世桥梁学讲义》,《铁道》1912年第2期。

义》①《会计学讲义提要》②《电话学讲义》③《电码讲义》④《电报学讲义》⑤《商品木材的分等讲义》⑥《旅馆侍应学讲义》⑦《唱歌作曲法讲义》⑧《旅馆侍者学讲义》⑨《成本会计学讲义》⑩《毛纺工程讲义》⑪等。这些讲义不应用于学校教育,是随着各行业系统的形成,其系统内部对从业人员进行职业技能培训的一种材料,同时还兼具行业内部交流沟通的作用。加强行业内部交流,是民国时期各行业创建之初讲义的一项重要职能,它促进了各行业新知识新技术的共享,加快了现代行业体系的形成,还奠定了社会各行业内最主要的交流方式——技术交流。

　　第三,文化科普类。这类讲义传递的知识较浅,表述方式通俗易懂,主要是配合国家文教发展需要,面向社会民众普及科技文化常识。以1922年为例,为顺应国语推广政策,报刊上出现了《国音讲义》⑫《国语文讲义》⑬等语言学讲义;为向民众普及基本的科学文化知识,提升国民素质,刊发了《算数讲义》⑭《实用救护讲义》⑮《地球讲义》⑯《孝经讲义》⑰等。讲义在平民教育中所起作用可见一斑。通俗易懂,喜闻乐见是此类讲义编撰的首要原则,其作用与科普读物类似。

---

① 《教授法讲义》,《教育公报》1920年第9期。
② 《会计学讲义提要》,《南浔铁路月报》1928年第10期。
③ 《电话学讲义》,《电信杂志》1935年第2、3、4期连载。
④ 《电码讲义》,《中国无线电》1937年第3、8、9、12、13、14期连载。
⑤ 《电报学讲义》,《电信杂志》1937年第1期。
⑥ 《商品木材的分等讲义》,《木业界》1940年第1期。
⑦ 《旅馆侍应学讲义》,《帆声月刊》1943年第1期,1944年第2、3、4、5期连载。
⑧ 《唱歌作曲法讲义》,《乐教》1943年第1、2期。
⑨ 《旅馆侍者学讲义》,《新都周刊》1943年第24、25、26、27、28、29期连载。
⑩ 《成本会计学讲义》,《会计读物》1943年第4、5期,1944年第1期连载。
⑪ 《毛纺工程讲义》,《纤维工业》1947年第7期。
⑫ 《国音讲义》,《国语月刊》1922年第2、3期连载。
⑬ 《国语文讲义》,《国语月刊》1922年第1、2、3期连载。
⑭ 《算数讲义》,《学报》1912年第1期。
⑮ 《实用社会讲义》,《社会学讯》1937年第8、9期连载。
⑯ 《地球讲义》,《春秋》1943年第2期。
⑰ 《孝经讲义》,《大众》1944年第22、23、24、25、26期,1945年第27、28、29、30期连载。

第四，文学艺术类。此类讲义内容为"准专业"性，讲义的深度可满足专业研究人员、教师、学生和程度较好的文艺爱好者阅读学习需要。此类讲义如《小泉云八的文学讲义》①《书学讲义》②《中国美术史讲义》③《书画学讲义》④《画学讲义》⑤《词学讲义》⑥《作文法讲义》⑦等。这些讲义的内容已达到一定专业深度，但仍在大众读物刊发，体现了一种教育平民化趋向，讲义也随传播途径的调整，在社会教育中发挥作用。

此外，民国时期还有很多医药方面的讲义，由于专业的特殊性和封闭性，这类讲义主要刊发于《民国医学杂志》《医界春秋》等专业刊物，在大众阅读类刊物上鲜有刊登。这说明，民国社会教育的推进有非常明确的领域性，像医药等专业性很强的领域，其教育社会化进程相对较慢。

1919年，教育部发布了《教育部全国教育计划书》，该计划书在"社会教育"部分提出："通俗讲演所之扩充及辅助。讲演所以授人一般国民之普通知识，收效极宏。拟就京师原有之讲演所加以扩充，于各省区之讲演所予以辅助"⑧，希望通过社会演讲推进社会教育。此后，各类社会演讲数量明显增加，报纸杂志也经常整理刊发演讲笔录：时政类如《外交讲演录》(《国民外交杂志》1933年至1934年四期连载)、《精神演讲录》(《民鸣》1936年二期连载)、《新年演讲录》(《浙赣月刊》1940年第2期)、《柏女士演讲录》(《晨报副刊》1925年第1241期)；军事类如《军事航空讲演录》(《武铎》1924年第3期)、《蒋主席在陆军大学校讲演》《民十九年剧战经过讲演录》《蒋主席军事演讲录》《世界列强各国全武装概况讲演录》《毒瓦斯演讲录》(分别载于《军事杂志》1929年

---

① 《小泉云八的文学讲义》，《小说月刊》1926年第9期。
② 《书学讲义》，《湖社月刊》1929年第19、21期，1930年第32期，1931年第42期连载。
③ 《中国美术史讲义》，《湖社月刊》1930年第28、29、30期连载。
④ 《书画学讲义》，《湖社月刊》1930年第31期。
⑤ 《画学讲义》，《湖社月刊》1930年第27期，1934年第80—96期连载。
⑥ 《词学讲义》，《湖社月刊》1934年第80、81、82、83、84期连载。
⑦ 《作文法讲义》，《绸缪月刊》1935年第9期。
⑧ 《教育部全国教育计划书》丙部分第3条，引自《教育杂志》1919年第3期。

第 13 期,1931 年第 32、35、38 期,1932 年第 44 期)等;宗教类如《三元一贯丹法英文演讲录》(《仙道月刊》1939 年第 7、8 期)、《佛学研究会讲演录》(《佛化新青年》1923 年第 6 期)、《瑜伽菩萨戒本讲演录》(《海潮音》1932 年第 8 期)等。

将社会讲演整理成文章刊发,供更多未到场民众阅读,此举使演讲的社会教育职能得以更好地发挥。在学校教育中将课堂笔记整理成讲义是讲义的基本生成方式之一,与之相类似的还有学术讲座后整理出的演讲录,据笔者统计,1919—1931 年《北京大学日刊》累计刊发演讲录 460 余篇,可见这一形式在高等教育领域的重要作用。社会刊物刊发讲演录,使一种重要的大学教育方式和讲义形态为广大社会民众所熟悉和接受。与之相关,还有报刊刊发大学校内演讲录,大学内部刊物面向社会销售等。这些,都使"讲义方式"流向社会民众,推动了讲义的社会化、平民化进程。

中西教育的碰撞,传统与现代的冲突,层出不穷的政令法规是影响民国教育发展的三大动力。讲义作为民国教育实践的重要构成,也受到这三股力量的影响:高等教育领域讲义作为教育本土化的重要手段,与西文教科书形成对应;社会教育领域,讲义在教育部政令的推动下走出校园走向民众,迈开了自己的"平民化"步伐。明了当时讲义社会化的情状与大势,再来反观大学校园中的"讲义热",感受会更加强烈。

第二节　大学校园"讲义生态"——以北大为中心

"分科"是我国高等教育现代化进程中的关键词,晚清学部就有"壬寅学制""大学分七科"、科下设目的设想,亦有"癸丑学制""大学分八科"、科下设门的初步实践。这引发了教育界对传统分科、师承门规的反思和对现代大学分科教育的期待。

"中华民国"成立后,大学分科教育发展速度加快:1912 年 10 月 24 日教育部公布的《大学令》对大学分科作出调整,将"大学分为文科、理科、法科、商科、医科、农科、工科"①七科,1913年1月12日《教育部公布大学规程》又细化了《大学令》内容,对各学科下设门作了具体规定。1922年11月1日颁布的《大总统颁布施行之学校系统改革案》,基本沿用了之前的分科办法和课程设置,但作了如下补充:"大学校设数科或一科,均可。其单设一科者称某科大学校,如医科大学校,法科大学校之类。……大学校用选科制。"②至此,民国大学分科制基本成形。回顾这段历程,民国高等教育学科化大抵可分为两步:第一步,基于对传统混沌学科体系的不满,积极接纳西方已经相对成熟有序的学科体系,将全部精力投入到"分科之学"和"分科治学";第二步,从1919年蔡元培在北京大学推行"选科制"开始,学科化重点转向学科内部的实证、分析与系统整理,将学科化推向深入。

　　大学教育的学科化进程营造了大学校园内的讲义文化生态。分科教育初兴,传统教学模式和教学内容被拆分、摒弃、重组,旧有教本无法适应新式分科,大学校园对新教本的需求空前强烈。教师或选用西文教科书及其译本,或根据个人积累自编讲义,大学课堂成为西文书和自编讲义的二分天下。选科制施行,学生有了自行架构知识体系的机会,同时也使教师压力增大,竞争意识增强,很多教师通过自编讲义突出其专业个性和业务水平,以此吸引更多的学生,加上"新教育运动"的兴起,"教育中国化"浪潮席卷教育界,放弃西文书自编讲义的情况越来越多。讲义数量激增,出版部业务繁忙,学校的讲义开销不断增大,各学校均出台政策对讲义印发予以限制。不仅数量增大,大学讲义的学术质量也有所提升,在教育部政策激励和各出版社邀约下,二三十年代各知名大学讲义或以大学丛书名义出版,或独立出版,成为各学科的奠基之作。抗日战争爆发后,因图书资料保存条件受限,自编讲义成为很多内迁学校的普遍做法,其中很多讲义增加了抗战内容,具有鲜明的时代特征。

　　上述根据政令、原理、社会风潮梳理呈现的高等教育领域之"讲义热",只是一种总体趋势。其实民国各大学的讲义施用存在较大差异:

---

① 《中国近代教育史资料汇编 学制演变》,上海教育出版社2007年版,第673页。
② 同上书,第1011页。

北京、南京、上海等地的知名学府,学术精英荟萃,吸引全国优秀学子,讲义传统深厚,因此较符合上述趋势。位于各省会的省立大学次之。各地方性大学则情况各异,难于纳入这一趋势。但讲义在大学的普遍施用,无疑是中国大学现代化转型中引人注目而颇具代表性的现象。本节以民国教育史上最著名的讲义事件——北大"讲义费风潮"为中心,以具体事例呈现民国大学校园内的讲义生态,可更具体生动地传达民国大学的"讲义热"氛围。

一、北大的"讲义费风潮"

发生于1922年秋的北大讲义费风潮,是民国高等教育史上的一件大事。时任北大校长的蔡元培在事发后的辞呈中勾勒了该事件的轮廓:"近年来以多数职员之助力,对于整饬校风,提高程度等项,正在积极进行。上届评议会开会,议决以本校经费支绌,此后所发之讲义,须一律征费,以备购买参考书之用。乃一部分学生不加谅解而反对,经元培一再明白解释,该生等一概置之不理。本月十七日下午有学生数十人,群拥至会计课,对于职员肆口谩骂,并加恫吓。及元培闻风到校,该生等也已散去。十八日晨复有学生数十人,群拥至校长室,要求将讲义费废止。复经详为解释,而该生等始终不受理喻。复有教职员多人出而劝解,该生等威迫狂号,秩序荡然。"[①]此即北大"讲义费风潮"之大概。

胡适在日记中对讲义费风潮也有所记录,其日记粘贴的《昨日学生会议情形》中有:

> 一时主张挽留蔡氏者与反对挽留蔡氏者争辩颇烈。……以上两派之外,又有主张附带条件挽留蔡氏者。所谓条件,即取消讲义费、实行财政公开二事是也。当时三方辩论达一小时之久,主席乃宣告讨论终结,请众至操场,以上记之三种主张,排队表决。众至操场,秩序更为紊乱,表决之结果遂不可得。惟据主席

---

① 蔡元培:《为北大讲义费风潮辞职呈》,中国蔡元培研究会编《蔡元培全集》第4卷,浙江教育出版社1997年版,第785页。

之报告,则谓挽留与有条件的挽留者占数较多。①

学生最终选择挽留校长,并将在西山修养的蔡元培请回北大。风潮的最终结果可由《北大评议会之四项决议》得知:

> (一)本日上午有一部分学生藉口讲义费事,捣毁会计科室门,继群集校长室,胁迫暴动,肆口谩骂,不服理喻。内中有学生冯省三,并唆使学生入室殴打,按照校章第四十六条规定,应即除名。(二)校长因学生暴动,已决定辞职。本会议同人对于学生此种行为深致不满,已请求校长于脱离关系之前,允许同人随同辞职。惟因查得暴动分子实属少数,未便以少数人之行动,牺牲多数人之学业,决议下列办法暂行继续授课。(三)查此次暴动时,大部分之学生照常上课,显系少数人借端捣乱。兹为确知暴动责任者之姓名起见,要求本校全体学生于本星期内各以书面向系主任声明曾否与闻;如不声明,认为与闻暴动,应请校长照章惩戒。……②

随后胡适在日记上还粘贴了《教务会议布告》,基本与评议会决议相同,在胡适的协调下,学生们最终也接受了这一结果,北大讲义费风潮就此平息。

"讲义费风潮"与民国大学制度、教育生态、校园文化等问题都密切相关,因此可供研究的角度颇多。现有成果以考察彼时北京大学管理制度与校园风气,以及蔡元培、胡适、鲁迅等几位文化巨匠在事件中的反应与文化心态最为集中。笔者认为,"讲义费风潮"因"讲义"之施用而起,而此点尚未引发足够注意。该风潮之根源在于民国大学广泛使用授课讲义,事件中学生之激进、教师之温和、校方之坚决,实为大学校园讲义生态的极端表现。站在讲义角度审视"风潮",不仅可以深入认识这一教育事件,分析促成"风潮"之各方因素,还可以透过它对民国大学校园独特的"讲义生态"有所了解。

---

① 曹伯言整理《胡适日记全编(三)》,安徽教育出版社2001年版,第852页。
② 同上书,第853—854页。

二、北大师生的讲义习惯

北大素有使用讲义的传统,上课必先编讲义,不仅是对教师的要求,也养成了北大学生的"讲义习惯":学生课堂听课、期末复习,都离不开讲义。收取讲义费能够酿成学运风潮,正基于北大学生的讲义习惯。北大的讲义印发由出版部负责,主要有两种形式。第一种,主要用于新开设课程,教师随编随讲,讲义随堂零散发放,供学生听课使用;至课程结束,学校出版部统一装订,供学生期末复习使用。《北京大学日刊》经常刊出装订讲义的告白,如"前发之经济原论,现拟收回装订,以三月八日至十日为收集期,望领有此书者注意速将全书交来,以便汇齐装订。特此通告"[1]。第二种,主要用于讲授过几轮的课程。这种课程的讲义多已整理成册,教师会在新一学程开始前将修订过的讲义交送出版部印刷,由学生到出版部自行领取,课堂听课、课后复习都要使用。足见讲义已成为北大学生学业之亟须。

北京大学的讲义传统,一方面自然是现代大学新的知识传授方式对授课内容精确化、系统化的要求使然;另一方面也是为了满足课堂教学的客观需要。"民国的高等院校彼此之间在质量和名望上无疑存在水平上的差异,这区分了全国性和地区性高校,也区分了地区性和纯粹省级高校。北方的北京大学、清华大学和燕京大学,属于全国性精英学校,吸引了全国各地的学生。私立的上海复旦大学、大夏大学和圣约翰大学是跨地区的高校,其生源的地理分布包括中国中部和南部许多地区。20世纪20年代国民党主办的公立高校——广州中山大学,南京的中央大学,武汉的武汉大学,成都的四川大学——都是地区性高校,吸引了好几个省的学生。在北平—天津和江南核心地带以外的私立、公立的省级高校——例如,福建的厦门大学,梧州的广西大学,开封的河南大学——吸引着本地精英的后代。"[2]大学的性质直接决定了其生源情况,从上述分类描述可见,在国语尚未充分推广的情

---

[1] 《北京大学日刊》1920年3月8日。
[2] 〔美〕叶文心著,冯夏根等译:《民国时期大学校园文化(1919—1937)》,中国人民大学出版社2012年版,第3页。

况下,北京大学作为全国性招生的高校,师生间、学生间会因方言差异造成沟通不畅;在密集传达知识的课堂上,教师的方言更是直接影响授课。这也促成了北大学生对讲义的依赖,至少是重要原因之一。这种情形与学生来源均为同一方言区的高校有所区别。

曾在北京大学旁听的日本人仓石武四郎回忆:

> 那时北京大学的老师,大多是江浙一带的人,如要学习浙江的方言,再没有比这更好的机会了,因为每天都有许多浙江方言充斥你的耳膜。不过,要想明白它的意思,可就不那么容易了。其中有一位名叫朱希祖的老师,听说他后来在战争中去世了,他的下巴上留着浓密的胡须,被人叫做朱大胡子。聊起这位老师时,我们就把手横着贴在胸前,表示胡子已经长到那里了;他教授文学史方面的课,但他说的话实在是太难听明白了。……不过我又想,中国的学生们怎么样呢? 就问了问旁边的同学,他回答说完全听不懂……几乎所有的老师都使用课堂资料,但这位朱希祖老师却不用,上来就讲,所以学生们都听不太懂。不过,"完全听不懂"却还如此镇定自若,我真是十分地惊讶。①

朱希祖不发放讲义酿成"完全听不懂"的后果,后来甚至成为"排朱运动"导火索②。可见讲义印发之必要。

学科实力强,课程种类多,教师学术个性突出,知识更新快,是北大讲义传统的根本动力;而方言纷杂造成师生间的交流障碍,则在客观上加剧了学生对讲义的依赖。北大学生不仅需要讲义,且数量巨大。学生对讲义的"刚性"需求,造成了他们在讲义费风潮中的激进表现。

北大讲义费风潮中,教师的态度比较温和。他们一方面作为中间

---

① 〔日〕仓石武四郎著,荣新江、朱玉麟辑注:《仓石武四郎中国留学记》,中华书局2002年版,第233—234页。

② 据吉川幸次郎在《我的留学记》中的回忆,"本来,当时中国的大学,上课前都要把讲课的要点印刷出来交给学生。这在他们那里叫'讲义'。一般是到事务室去取讲义,从一个小窗口,交验学生证,而我,则是交验旁听证,然后,事务员就发给我们讲义。但是,朱希祖先生马虎了事地经常拖延讲义,而其讲话又难以听懂,所以,这成了'排朱'的理由之一"。见《我的留学记》,中华书局2008年版,第58—59页。

人调和学生与学校的矛盾,一方面流露出对学生的同情与支持。胡适在日记中写道:"因此次暴动而被开除的学生冯省三来;他是山东人,世界语学会的干事,是一个无政府党。……但到了末了,他要求我准他回校作旁听生! 我劝他作好汉要作到底,不要对我们作什么请求了。"①周氏兄弟对冯省三也有所关照,鲁迅1923年5月10日的日记中有"省三将出京,以五元赠行"②的记录,1925年5月18日写给许广平的信中更是旧事重提,写道:"提起牺牲,就使我记起前两三年被北大开除的冯省三。他是闹讲义风潮之一人,后来讲义费撤销了,却没有一个同学再提起他。我那时曾在《晨报副刊》上做过一则杂感,意思是:牺牲为群众祈福,祀了神道之后,群众就分了他的肉,散胙。"③可见,此事件也为鲁迅一贯的不愿他人"作牺牲"做了有力注脚。

教师的温和态度与他们的留学经历、教育理念和思想倾向有关,已有学者从这些方面展开研究。笔者认为,教师处于授课一线,他们深知讲义对学生的重要,讲义也在他们的职业行为中扮演重要角色,他们不希望在讲义印发上有任何控制和变化干扰教学。其对学生的理解、同情正基于此。

1917年下半年,北京大学因讲义印发量过大,财务负担过重,曾提出"减发讲义案",并面向全校教师征求意见,《北京大学日刊》分别于1917年12月21日和1918年1月5日刊发理科教师和文科教师的反馈意见,透过这些意见可以看出讲义对于北大教员的重要性。

《减发讲义案(评议会议决)理科各教员之意见》④有如下内容:

前经通函各教员,请其将对于所发讲义可否节减情形二十日前分则通知各科学长,今已满期,兹将理科各教员意见汇录于左,其理科尚未答复诸教员务请于年内通知学长至祷。

张菊人君:物理实验讲义不能停发,因此项讲义系就本校仪品编订,坊间所售课本概不适用也。

---

① 曹伯言整理《胡适日记全编(三)》,安徽教育出版社2001年版,第862—863页。
② 《鲁迅日记(上卷)》,人民文学出版社1959年版,第390页。
③ 《两地书》,人民文学出版社2006年版,第74页。
④ 《北京大学日刊》1917年12月21日。

> 王子敏君：物理及物理实验讲义均须继续印发。
> 俞星枢君：化学及二三年物理化学讲义均须继续发印。
> 胡雪琴君：关于数论之英文书籍极为稀少，讲义仍拟照旧印发。
> 陈聘丞君：卫生化学现无适当之教科书仍发讲义。
> 亚当士君：有时印发数纸，惟甚少，不成问题。
> 李毅士君：未发讲义。
> 郭绛侯君：所授功课苦无善本，简单者因不适用，稍繁者又为时间所限，仅可作为参考书，仍□缮发讲义。

我们看到，反馈意见的理科教员只要已使用讲义的，都以缺乏理想教本为由认为讲义不能停发，课程涉及物理、物理实验、化学、物理化学、数论、卫生化学等多种。

《减发讲义案(续前)文科各教员之意见》[①]实仅为钱玄同一人之意见。文科教员多个性十足，他们不予回应也可视为一种态度。而钱玄同的回应也是在使用讲义的前提下，介绍个人授课的讲义印发情况。

> 奉书敬悉。弟所讲授之文字学，既无教科书又无简要适当之参考书，此科又为学生未入大学以前所不习，若专用口讲，学生必致茫然不解所谓。故油印讲义在本年暑假以前只能照旧印发，计本学年各班所有油印讲义如左：
> 国文门三年级(声韵学、古音说文段注小笺)(两种同时并讲)
> 二年级(音韵学、古音文字源流、六书论)(三种以次递讲)
> 一年级声韵学(今音、古音)(两种以次递讲)
> 惟弟之讲义，均系民国四五年间所编，当时本属草创□之，随编随教，体例内容之讹误，繁简详略之失宜□处皆是。现方着手重编，须至本年五六月间，方可告竣。此重编之本即当付诸排印，其内容分为(1)声韵(2)形体(3)训诂之三编。现在预计本年九月以后(即明学年)之各班讲义如左：
> 一年级声韵 用排印本第一编

---

① 《北京大学日刊》1918年1月5日。

二年级即现在一年级之形体 用排印本第二编

三年级即现在二年级之训诂 用排印本第三编

依次所说是从明学年起,可以完全废止油印矣。惟有难说者,即现在之二年级之（六书论）本学年若讲不完,则于明学年制第一学期尚须继续油印,以印完（六书论）为油印废止之期,至训诂一部分当然即用排印之本。

又现在之一年级在本学年讲授之声韵学,因重编本尚未成书,故暂用旧讲义油印,惟此旧讲义罅漏甚多。俟排印本出版以后其第一编声韵之部,此班学生仍以讲义为宜。

至现在三年级之（说文段注小笺）此本是从前对于讲授训诂未得良法,因讲解说文以期了解字义之统系,遂编此种（小笺）,以辅段注之阙。此种讲法笨拙已极,（小笺）一种破碎琐屑亦不合讲义体裁,现在之二年级至明学年讲训诂时不再讲说文全书,故此（小笺）亦不用第二次。合并奉闻。

由此可见,文科教员中至少是一部分,其授课乃高度依赖讲义。在北大这样的学校,不仅是学生,教师同样养成了"讲义习惯"。无论是逐年修订力求完备,还是一成不变照本宣科,对讲义的依赖都显而易见。西南联大时期,很多课程都是根据物质条件和人员情况随机开设的,条件再艰苦,教师的"讲义习惯"也不曾断绝,很多教师凭记忆编写讲义,维持教学。此前,南开大学外文系主任柳无忌在长沙临时大学写下了80天的"南岳日记",其中多次谈到在资料缺乏情况下编写讲义的情况,1397年11月24日的日记中有"编英国戏剧讲义,此将为我在山上之主要工作"[①]。沈从文在"联大"讲授《中国小说史》,"有些资料不易找到,他就自己抄,用'夺金标'毛笔,筷子头大小的行书抄在云南竹纸上。这种竹纸高一尺,长四尺,并不裁断,卷成一卷,上课时分发给学生"[②]。西南联大在云南期间秉着"诗书丧,犹有舌"的教育理念,面向当地中学及社会工作人员开坛授课,讲义也随之运用

---

① 《南岳日记》,《柳无忌散文选——古稀话旧》,中国友谊出版公司1984年版,第99页。

② 汪曾祺:《沈从文先生在西南联大》,《人民文学》1986年第5期,第122页。

到社会教育中。罗庸为中学生讲《习坎庸言》,"手边始终没有任何书籍。只是一个巴掌大小的小本子,上面写着纲目,偶尔翻翻"[①]。此类文本,无疑亦为讲义之一种。

学校减发讲义,会遭到教师的一致反对。即使在西南联大困难条件下,编写讲义之风也不曾断绝,足见教师"讲义习惯"的根深蒂固。基于与学生相同的"讲义习惯",教师们对学生的激进举动产生了理解和同情,他们调和矛盾、施以援手的做法,实为对一种稳定有效的教学方式的维护。

三、"风潮"的化解与"讲义生态"之营建

与教师的温和态度不同,北大讲义费风潮中,校方的态度则格外强硬。蔡元培一方面坚持收取讲义费,一方面矛头直指学生的"暴动"行为。蔡元培与普通教师不同,影响他对讲义态度的首要因素是经济。虽然蔡元培在风潮过程中反复强调"收取讲义费本是小事",但从北大多次尝试废止或减发讲义的做法看,印发讲义已给北大造成了很大的经济负担。可见,对于成长发展中的北大来说,讲义费也绝非如蔡所说"本是小事",校方亦有苦衷。

北京大学早在 1917 年就因讲义使用量过大,提出《减发讲义案》[②],对减发讲义的原因做了说明,并提出了减发讲义的办法和实施细则:

> 分发讲义之风,原为欧美各大学所无。本校印发讲义之俗,历年已久,颇有无从改革之势。本校印刷部规模原甚简陋,而近来发印之讲义较前尤多,稿本积压,甚至误期逾月犹未印出。若此情形不特妨碍教授之进行,即学生方面温习功课亦多困难。补救之法拟不宜缓。查本校近来所刊印之讲义,门类至多,大学功课繁颐,若各种科目尽发讲义,则大学与一编译印刷所何以异?窃意预科各门功课暨其普通方言等学科皆可采用教科书,殊无印

[①] 周定一:《罗庸先生和他的两本书》,《我心中的西南联大——西南联大建校 70 周年纪念文集》,清华大学出版社 2008 年版,第 79 页。

[②] 《北京大学日刊》1917 年 12 月 6 日。

发讲义之必要。大学每年印发讲义之费藉此可省一半。以之作扩充图书馆之用,将来各种参考书逐年增长,则教授与学生同受其益。根本改良之法有二:

(甲)大学各科教授会,应速选定明年应用教科书及参考书,预向书店订购,以备下学年之用。

(乙)应用评议会拟定减发讲义办法,征集各教授讲师之意见,决定后,凡可不发讲义之学科,自下学期起即实行停止。

附:减发讲义办法五则

(一)各科预科各项功课及本科之方言等学科,应用教授会审定之教科书,一律不发讲义。

(二)本科各科目凡有适宜之教科书者,一概用教科书为蓝本,不另发讲义。

(三)各科目如无适宜之教科书,而有别种相当书籍可资参考者,可由教授将该项功课编一节略,以供学生考查之助,不另发详细讲义。

(四)专门科学及他高等学术无适宜之教科书或参考书时,可由教授随时酌定印发讲义。

(五)如遇不得已须翻印刻本而原书篇幅过多者,应由教授摘要发印,不可任意翻印全书,致学校财政大受影响。

《减发讲义案》发布十几天之后,文科学长陈独秀发表《致文科全体教员诸君公函》,结合文科教学情况对减发讲义案作了分析,并提出了废止讲义的办法:

大学印发讲义实非正当办法,文科业已有数种学科由教员口授学生笔述未发讲义,亦无十分困苦难行之处。自下学期起,预科倘能一律采用教科书,本科倘能一律改用口授笔述不发讲义,固属至善,如有阻碍难行之处,如需续编讲义者,希示以所编讲义准于何时完结,以便由校中付印作为教科书或学生笔述时参考之用。何种讲义完全出版后,即不续发何种讲义。倘有增改,当可

> 由学生笔录不至难行也。①

陈独秀的公函比议案更加具体，态度也更加坚决，放弃了之前的引导态度，为讲义的废止制订了详细的时间表。但从实际效果看，议案和公函都未能发挥作用，讲义印发不减反增，1920年代初，北大还出现了讲义印发的高峰。

讲义无法废止，实因"讲义习惯"根深蒂固，也与北大经济状况逐步改善能够承受这笔开销直接相关。但到了1922年，北大等高校经济状况不佳，甚至出现欠薪。是年国立八校教员还因此成立联谊会向政府讨薪，足见其所承受的经济压力。与此同时，大学开放程度提高，北大课堂上除了正式生、旁听生，还出现了大量的"偷听生"②，讲义用量激增，致使蔡元培不得不以收取讲义费的方式减轻学校财政压力。

与1917年减发、废止的做法相比，收取讲义费实际是蔡元培认清讲义短时间内无法废止而采取的减轻学校财政负担的做法。他曾在《北京大学日刊》上公开表示："因购书无费，于讲义未废以前，即以所收讲义费为补助购书之款。"③可见，讲义费绝非小事，而是缓解学校财政压力的重要措施。于北大而言，讲义在教学方面的优长与经济方面的压力同样重要，讲义的欲罢不能，印发讲义的不堪重负，共同决定了风潮中校方的强硬态度。

北大"讲义费风潮"以讲义费停止收征结束，北大也再未采取废止或限制讲义的做法，但这并不能说明学生得了胜利或校方作了妥协。笔者认为"讲义费风潮"平息，是北大逐渐形成了良好的校园"讲义生态"的结果。

风潮过后，首先，北大出版部采取措施降低讲义印制成本，比如出

---

① 《北京大学日刊》1917年12月2日。
② 蔡元培主张大学向社会开放，一方面扩大了北大的社会影响力，但也吸引大量社会人员进入北大听课，对教学造成了负面影响。例如胡适就曾在日记中写道"第一次上课，——短篇小说。我只预备三十人一班，现在竟有七十人之多，几乎无法教授"。见《胡适日记全编》，安徽教育出版社2001年版，第863页。
③ 《北京大学日刊》1922年10月18日。

台细则规范讲义印发流程,减少浪费,由交商人承印改为印刷所自印①,统一采用国产纸以降低自印成本②;制定讲义印制周期表,缓解集中印制的压力,同时减少印量③,将讲义交由学生自行校对降低人力成本④等等。其次,讲义的形态也发生了变化。经过十余年的教育实践,课程内容已基本稳定,随讲随编讲义的情况基本消失,代之以开学前印制装订,开学初统一发放的方式,这与教材的使用已非常接近,减少了"偷听生"对讲义的消耗。最后是"开源"。随着北大在教育界、文化界的影响日益增强,装订成册的讲义颇受读者青睐,出版部抓住这一商机,设立售书处尝试讲义经营,北大日刊常常登载新出讲义名目,如:"鲍参军诗注,黄节著,每部定价洋一元五角;汉魏乐府风笺,黄节著,每部定价洋一元六角;谢康乐诗注,黄节著,每部定价洋一元。凡本校教职员及学生来购者,均按八折收价。"⑤除了在日刊上刊登广告,出版部还在售书处准备简要书目,以便读者选购。即使讲义正式出版后,出版部售书科仍继续销售自印讲义本,价钱会略低于正式出版物。例如周作人的《欧洲文学史》,讲义本售价为 0.60 元,正式出版本售价为 0.64 元⑥。实惠的价格加上北大的讲义传统,为自印讲义赢得了比正式出版物更大的市场,形成了以讲义养讲义的良性循环。

北大"讲义费风潮"是民国大学校园"讲义热"一个极端性样本。学生、教师、学校出于不同感受、不同立场围绕讲义问题产生分歧和对

---

① 1929 年 9 月 27 日,《北京大学日刊》刊出《国立北京大学出版部与商人瞿文镕订定印刷讲义合同》,其中对讲义的印刷方式、用纸、价格等都做了明确规定,可见到 1929 年北大讲义还处于外包付印阶段。1930 年 8 月 16 日,出版部在北大日刊发布告白,宣布出版部印刷课已经完竣,北大至此可以自印讲义,降低了讲义的印制成本。

② 1931 年 10 月 26 日,《北京大学日刊》刊发出版组启事,称"本组于八月初旬向商店订购洋毛边及报纸多件,以备开学后印刷讲义及日刊等之用。查前项纸张截至现在止尚存有洋毛边一百十三令,报纸九十八令,洋宣纸四令。一俟所存之纸用完,即采用国产纸张印制以资提倡。此启"。

③ 1929 年 11 月 15 日,《北京大学日刊》刊发出版部启事称"本校各种讲义,为某平均出版起见,特编周期表四种,自本月十一日起,轮流付印,惟当此改组之始,第一周之丙丁二种,稍有迟缓,请原谅为荷"。并在后面附上讲义印制周期表。

④ 1929 年 10 月 20 日,《北京大学日刊》刊发出版部启事称"本部为减少讲义错误起见,盖改由学生自行校对讲义"。

⑤ 《出版部讲义课新出讲义》,《北京大学日刊》1925 年 9 月 12 日。

⑥ 依据《国立北京大学一览(民国二十四年度)》附页"本校出版书籍"中的价目表。

抗,这是讲义随现代学科教育发展的一个必经阶段;因此化解分歧的途径也不是某一方的败退或妥协,而是讲义生态机制内部的自我调整。当其与教育需要、学校实际相适应时,所有问题都迎刃而解。良好的"讲义生态"不仅满足了现实需要,还构成了一道独特的校园"讲义热"风景。总之,如果更细致地考察1922年北大"讲义费风潮"的初因和始末,既可以更具体地了解该事件中各方当事人立场、情感、态度之由来,也能帮助我们深入体察民国大学校园"讲义热"的生动场景,进而了解现代大学发展初期学科教育生态的一个侧面。

第三节 作为实物史料的民国大学讲义

作为学科史研究资料,民国大学讲义之原稿兼具文献史料和实物史料双重属性。作为文献史料,讲义保留了学科教育现场的痕迹,记录了学科知识的传承方式与过程,也提供了从教育角度探寻学科发展动力的可能;讲义实物则是讲义内容的依托,同时也是课堂环境的组成部分,可以传达彼时课堂教学氛围和学生的学习感受,一定程度上将人们带回学科教育的历史现场,在琐细处寻觅学科发展轨迹。本研究的目的之一,就是在大学教育层面为学科史演进营建历史场景,因此讲义原本的实物史料特性就显得更为重要,下面就以中文学科为中心,对作为实物史料的民国大学讲义加以呈现。

一、讲义的印制

民国大学讲义样貌,总体上可分为手稿和印制两大类。分此两类与教师个人的授课习惯有关:有些教师习惯口授笔录的授课方式,上课时以手写讲义作为参考,讲义仅供自己参照,不印发给学生。因无须印发,此类手写稿讲义编写起来比较随意,形态样貌也千差万别,知名教授的讲义手稿往往会整理收入个人文集,也有由学生整理课堂笔记出版的情况。讲义手稿多是孤本,存世量有限,多藏于大学档案馆或为著者后人家藏。

另一类为印制讲义。这类讲义由教员编写,课前印好发放给听课学生。印制讲义按装订方式可分为两种:第一种为散页印制,随堂发放,学期末统一整理装订;第二种是学程开始前统一印制,装订成册后发给学生,形态与著述和教科书较接近。两种印制方式基本属于前后相继的关系:课程初创讲义多为散页,待课程成熟稳定后,讲义则可提前装订成册发放。由于散页讲义多只在课程初创阶段使用,施用时间较短,较为零散不宜保存,且内容多为后来成册讲义所代替,学术价值减弱,因此现存不多,多为民间个人收藏。装订成册的讲义多由各大学出版部统一印制装订,与正式出版物的形态已非常接近,知名学府的讲义多被作为学术著作面向社会销售。随着制作技术的提高和社会影响力的扩大,这些名校讲义有了固定的封面、版式和装订方式,形成了各自的品牌风格。由于印量大,装订成册的讲义现存较多,在各地大型综合图书馆、历史久远大学的图书馆都有存藏,尤其在北京大学、东南大学、清华大学、武汉大学、中山大学等有讲义传统的知名学府中,存藏量更大。

  装订成册的讲义,按照印制单位可分为私人印制和学校出版部印制两种。私人印制主要出现在分科教育初期的地方性大学,这类大学的讲义使用并不普遍,出版部也欠发达,想用讲义的教师只得课前将讲义送到私人书局进行刻印,课上再发给学生。此类情况如四川大学的前身成都大学、成都高师,当时该大学未成立出版部,个别使用讲义的教员会选择私人书局刻印,最著名的当属成都薛崇礼堂。中文学科方面,在成都地区使用很广泛的龚道耕文学史讲义《中国文学史略论》,就是该书局刻印的。还有商承祚《甲骨文字研究》讲义,曾在北京大学、清华大学、北平师范大学等多所高校使用,该讲义就是商承祚交由北京聚魁堂讲义装订部印制的。这类讲义与旧式自印图书非常相像,一般没有学校、课程等信息,只有讲义名称、著者姓名和刊印书局名号等。

  大学出版部印制的成册讲义,分为出版部自印和委托印刷厂印制两种。印刷厂只是单纯印刷,因此在最终的讲义形态上两种方式并无差别。这里摘录 1929 年北京大学与某印刷厂签订的讲义印制合同,借以呈现民国大学讲义印制的一般流程与基本形态。

国立北京大学出版部与商人瞿文镕订定印刷讲义合同[①]

一排版款式:讲义款式分左列四种

甲 直行中文讲义 直行中文讲义用四号字排版,每面十三行,每行四十字,号圈点排在行内,合二面为一页,外加边栏。

乙 横行中文讲义 横行中文讲义用四号字排版,初校名题额外,每面二十五行,每行二十五字,所占面积净长八英寸宽五英寸。此款分单面讲与双面印两种。

……

二印刷纸张:纸张规定用左列五种

甲 洋毛太纸 洋毛太用天利字号,每菱二十五磅、每菱二十一磅,每张开八页

乙 洋毛边纸 用大美人牌,美菱二十八磅,每张开八页

丙 报纸 用仁记或杂丝字号,美菱三十七磅,每张开十六页

丁 中国毛边纸 毛边纸用立和爱或源记字号,每捆六刀半,每张开八页

戊 洋宣纸 洋宣纸用六十磅,每张开十六页

……

私人印刷公司服务范围不仅限于某一所学校,它会提供多种版式、纸张,供各大学选择,因此合同中提到的四种排版版式和五种印刷纸张基本可涵盖当时讲义的情况:当时大学中文汉字讲义有直行双面每面 520 字、横行单面每面 625 字和横行双面每面 625 字三种;纸张按质量分为五种,大小分八开和十六开两种。

学校出版部自印或交由印刷公司印制的成册讲义,封面上都印有讲义名称、编撰者姓名和大学出版部名称。如果是使用他人讲义还会加印讲授者姓名,即:某某课程讲义,某某著,某某述,某某大学出版部印。内文多以目录开篇,目录后为讲义正文,在正文的页脚或中缝处会标注该讲义施用的专业、年级等信息。个别讲义还会在目录前添加讲义的使用说明、编辑大意、体例介绍等内容。

---

① 《北京大学日刊》1929 年 9 月 27 日。

如果按照印制方式，大学讲义又可分为三类：油印、石印和铅印。油印是誊写版的俗称，由日本传入中国，"油印不具备普通印刷品的字体易读性和墨色稳定性，所以不把它看做印刷工业的组成部分。但是油印操作简便，印刷费用低，在中国应用也很广泛"①。正是基于操作简便、费用低廉等特性，油印被各大学广泛应用于讲义印制，但油墨稳定性较差，这类讲义保存下来的非常少，加之油印效果不佳，很多教师在油印讲义后都会寻求机会以铅印或石印方式进行重印。容肇祖在《中国文学史大纲》自序中就曾提到，"这部书，本来是我在岭南大学时的讲稿，依照这大纲去讨论中国文学史上的问题。去年来北平辅仁大学，油印了一些，印得不太好，今年为讨论方便，便要铅印出来"②。可见，油印讲义虽然在大学普遍存在，但多作为应急的权宜之计，并不是非常理想、正规的印制方式。

石印是平版印刷术的一种，"为一七九六年奥人施纳飞而特氏所发明。……吾国之有石印术，发端于上海徐家汇土山湾印刷所，时在光绪二年（即西历一八七六年）"。③ 石印是利用石材吸墨且油水互不相溶的原理，其基本印制流程如下：先将文稿平铺在石版上，上面涂上脂肪性的油墨，使原稿在石版上显印出来，然后涂上含酸性的药水，使字画以外的石质略为酸化再开始印刷，因酸化的石材受水拒墨而无色，未酸化的部分拒水着墨而显色，这样便将字画按原样印在空白纸页上。石印印制出的副本"文字原形，不爽毫厘，书版尺寸又可随意缩小，蝇头小字，比画清楚"④，因此石印技术在我国的使用范围很广，尤其 1908 年商务印书馆用铝版和铅版替代石版，并采用了轮转方式后，大大提高了印刷速度，石印技术随之受到更多青睐。在讲义印制方面，因为石印是直接印刷，纸张一旦受潮，所印文字内容就会出现大小伸缩，加之石印的便利程度不及油印，因此出版部或印刷厂具备铅印技术后一般就会放弃石印技术。还有一些印刷单位，在引进铅印设备

---

① 陈燕主编《穿越时空：媒介科技史论》，河北大学出版社 2002 年版，第 36—37 页。
② 容肇祖：《中国文学史大纲》，开明书店 1935 年版，自序第 1 页。
③ 赖彦于、贺圣鼐编，王云五主编，张景松编译《近代印刷术》，台湾商务印书馆股份有限公司 1973 年版，第 18 页。
④ 同上书，第 19 页。

前全部使用油印,没有使用石印的经历,因此石印讲义总量上不是很大,多集中于1920年代的北京、上海等地。

铅印是对我国印刷工业影响最大的一种印刷方式,民国以铅印讲义数量最多,现存世量也最大。欧洲的铅活字印刷技术早在1590年即传入我国,但当时没有中文字模,印制的是拉丁文。1807年,澳门东印度公司制造出第一套中文字模,直到1860年前后美国姜利别在上海改进了中文字模的规格,中文字模才得以上排字架,铅印效率大幅提升。铅印字体的固定,直接影响了讲义的样貌。铅印字体最早出现的是宋体,1824年至1875年间由日本人本目昌造研制成功,"这种字体取法于宋刻,因而得名为宋体。它的特点是横平竖直、横细竖粗,比较稳重。……1909年楷体铅活字创制,此字体近似于手写体,笔致运转自如,所以又有活体之称。1915年创制了仿宋体铅活字。仿宋体最大的优点是秀美、生动、清晰。黑体铅活字字体是引进的,它直接按照日本黑体铅活字仿制,间接采用外文字母的等线体。它的笔画粗重、横竖一致,又称方体字"。① 铅印的使用,对讲义形态产生了较大影响,使讲义文字形态上更加规范。

需要说明的是,三种讲义印制方式在便捷程度、印制效果等方面存在差异,一般认为油印较落后,石印属于过渡阶段,铅印比较成熟。但三种印制方式并不是简单的前后相继,尤其在讲义印制上,它们是共存的状态。所谓"共存"有两层含义,第一层,指在同一单位共存,即有了铅印设备后,仍保留油印,在讲义实际印制过程中,根据数量的多少和质量要求,选择合适的印制方式,以控制讲义印制成本。据白化文回忆:"老北大出版组还规定,教师要报选课人数,以定印刷讲义额数。讲义印刷以十份为底数。如果只能印十份,则不能铅印与石印,而是刻蜡版油印。"②1919年11月26日,《北京大学日刊》刊登《出版部致本校教员公函》,要求:

> 各科教员诸公均鉴敬启者,印刷讲义从前出版部成例铅印者,是于应用前七日交稿,油印者,是于应用前三日交稿。因为印

---

① 陈燕主编《穿越时空:媒介科技史论》,河北大学出版社2002年版,第35—36页。
② 白化文:《北大熏习录》,北京大学出版社2010年版,第216页。

刷局所做交易非只本校一家,而油印付印刷之件亦甚不少,不能随时印出之,故此皆事实上之阻碍。无可如何,以后请教员诸公将所须铅印或油印之讲义按照从前定期,先期交稿,以免临时贻误。①

可见北大出版部讲义印制一直是铅印与油印并行。同样,在《北京师大周刊》1924年第222期刊有《讲义股暂行办事规则》,对讲义印发提出诸多限制,其中一条指出"铅印讲义须经系主任庶务主任之同意始能付印"②,可见铅印讲义成本较高,学校管理也相对严格,对成本相对较低的油印限制较少。

"共存"的第二层意思是指民国各大学出版部发展水平不一,油印、石印、铅印在各大学中均有使用。北京大学、清华大学、北京师范大学等高校在20年代初都已拥有了石印和铅印设备,但很多地方性高校仍在使用油印讲义,《厦大校刊》1946年第7期刊发《校务会议决定限制印刷讲义》的文章指出:

> 本校油印讲义甚多,每月所需经费颇巨,教务处以节省油墨纸张及人力期间,特拟定限制印刷讲义办法,提交第一四一次校务会议讨论,当经议决通过:今后油印讲义以国文或外国文及实验实习类目为限,其他学程必须油印讲义者,于同一学期内同一学程,不得超过五十张□纸,超过者停印③。

可见直到1946年,厦门大学仍以油印讲义为主,其他规模名气更小的高校,情况可想而知。

二、"老讲义"存藏

民国大学讲义作为一类实物史料,不仅是彼时学科教育内容的载体,其原稿还保留了丰富的历史信息,在呈现学科教育细节、传递时代氛围等方面都能发挥积极作用。因此,民国大学讲义研究,原稿的搜

---

① 《北京大学日刊》1919年11月26日。
② 《北京师大周刊》1924年第222期。
③ 《厦大校刊》1946年第7期。

集、查阅是一项重要内容。以笔者重点考察的中文学科为例,讲义原稿现存比较分散,各地图书馆、各大学图书馆档案馆均有存藏,尤以国家图书馆的存藏最为集中,不仅原稿的数量较大,而且基本涵盖了讲义原稿的主要样式,是了解民国大学讲义基本样貌的有效途径。下为国家图书馆存藏中文学科讲义原稿的基本情况。

表 1.1　国家图书馆存藏中文学科讲义原稿一览表

讲义名称	主讲人	使用时间	学校	课程名称	国家图书馆存藏信息
文学概论	陈介白	约 1930 后	北京大学	文学概论	国家图书馆古籍馆普通古籍阅览室,索书号 79181\。北京大学校内印行铅印本。
声韵概要	马裕藻	1913—1937	北京大学	声韵学	国家图书馆古籍馆库本,索书号/字 150/92334。北京大学校内印铅印黄纸本。
文字学音篇	钱玄同	1917 起	北京大学	文字学(预科)	国家图书馆古籍馆普通古籍阅览室存藏,索书号 XD8208\。北京大学 1918、1924、1927、1934 年校内印制铅印本。
声韵学表解	刘赜	1929 起	武汉大学	音韵学	国家图书馆古籍馆库本,索书号/字 158/957。武汉大学 1931 年校内使用手抄本。
文字形义学	沈兼士	1913 起	北京大学	文字学大义	国家图书馆古籍馆库本,索书号/字 100/92464。北京大学校内印行铅印本。
文字学形义篇	朱宗莱	1917—1920	北京大学	文字学(预科)	国家图书馆古籍馆普通阅览室存藏,索书号 XD8206。北京大学 1918、1922、1923、1925、1929、1931、1936 年校内印行铅印本。

(续表)

讲义名称	主讲人	使用时间	学校	课程名称	国家图书馆存藏信息
简体字典	容庚	1926 起	燕京大学	简笔字	国家图书馆古籍馆库本,索书号/字 159/953/。课堂讲授并师生共同逐字讨论,整理成书,1936 年哈佛燕京学社印行石印本。
中国文字学	容庚	1926 起	燕京大学	文字学	国家图书馆古籍馆库本,索书号/字 100/9532。1931 年燕京大学印行油印本。
中国文字学讲义	陆和九	1929 起	中国大学、辅仁大学	文字学	国家图书馆古籍馆库本,索书号/字 100/9246。1929 年中国大学、辅仁大学校内印行石印本。
古文字学导论	唐兰	1932 起	北京大学	古文字学	国家图书馆古籍馆库本,索书号/字 100/953。1935 年北京大学校内印制讲义汇编石印本。
卜辞研究	容庚	1942	北京大学	古文字学	国家图书馆古籍馆库本,索书号古 200/953。1942 年北京大学校内印行铅印暨石印本。
中国文法通论	刘半农	1918 起	北京大学	文法	国家图书馆古籍馆库本,索书号/字 220/927。1919 年北京大学校内印制铅印本。
中国修辞学研究法	郑奠	1920 年代	北京大学、中法大学	修辞学	国家图书馆古籍馆库本,索书号/字 220/9142。1920 年代北京大学、中法大学校内印制铅印本。

(续表)

讲义名称	主讲人	使用时间	学校	课程名称	国家图书馆存藏信息
汉书艺文志讲疏	顾实	1920起	东南大学	目录学	国家图书馆古籍馆普通古籍阅览室,索书号XD8254。1922年东南大学校内印制铅印本。
目录学发微	余嘉锡	1928—1948	辅仁大学、北京大学、中国大学、北京师范大学	目录学	国家图书馆古籍馆库本,索书目10/955.3。辅仁大学、北京大学、北京师范大学、中国大学校内印行铅印本。
古籍校读法	余嘉锡	1937	辅仁大学、北京大学、中法大学、北京师范大学	古籍校读法	国家图书馆古籍馆库本,索书目15/955。辅仁大学、中法大学校内印制铅印本。
甲骨文字研究	商承祚	1932	北京大学、北京师范大学、清华大学	甲骨文	国家图书馆古籍馆普通古籍阅览室,存藏,索书号/古230/9537/pgl。1932年北京聚魁堂讲义装订部装订。
金石学	容庚	1926	北京大学	金石学	国家图书馆古籍馆库本,索书号/古10/953。1926年北京大学校内印制铅印本。
金石学讲义	陆和九	1929起	中国大学、辅仁大学	金石学	国家图书馆古籍馆库本,索书号/古10/924.1。1929年中国大学、辅仁大学校内印制铅印本。

（续表）

讲义名称	主讲人	使用时间	学校	课程名称	国家图书馆存藏信息
中国文学史略论	龚道耕	1912起	成都高等师范学校	中国文学史	国家图书馆古籍馆普通古籍阅览室存藏,索书号79168。1925年成都薛崇礼堂油印本。
中国文学史辑要	朱希祖	1916	北京大学	中国文学史	国家图书馆古籍馆普通古籍阅览室存藏,索书号95128。1919年北京大学校内印制铅印本。
中国中古文学史讲义	刘师培	1918—1919	北京大学	中古文学史	国家图书馆古籍馆普通古籍阅览室存藏,索书号147299。1920年北京大学校内印制铅印本。
中国文学讲授发端	林损	1918起	北京大学	中国文学	国家图书馆古籍馆库本,索书号112419。北京大学校内印行铅印本。
中国文学流变史	郑宾于	1926—1928	福建协和大学、向志学院	中国文学史	国家图书馆古籍馆库本,索书号/50245。向志学院印制铅印本。
中国古代文学史讲义	傅斯年	1929起	北京大学	中国文学史	国家图书馆古籍馆普通古籍阅览室存藏,索书号97274。北京大学校内印制铅印本。
词史	刘毓盘	1919起	北京大学	诗词史	国家图书馆古籍馆普通古籍阅览室存藏,索书号106146。北京大学内部印制铅印本。
诸子概论	罗根泽	1931—1934、1935—1937	中国大学、国立北平师范大学	诸子概论	国家图书馆古籍馆普通古籍阅览室存藏,索书号57592。国立北平师范大学校内印制铅印本。

(续表)

讲义名称	主讲人	使用时间	学校	课程名称	国家图书馆存藏信息
老子正诂	高亨	1929—1931	东北大学	老子	国家图书馆古籍馆普通古籍阅览室存藏,索书号12146。1930年私人刻印铅印本。
诗学	黄节	1918起	北京大学	中国诗	国家图书馆古籍馆普通古籍阅览室存藏,索书号147228。1929年北京大学校内印制铅印本。
诗旨纂辞变雅、汉魏乐府风笺、谢康乐诗注、鲍参军诗注、曹子建诗注(外3种)、阮步兵咏怀诗注	黄节	1918—1935	北京大学、清华大学	诗	国家图书馆古籍馆普通古籍阅览室存藏,《汉魏乐府风笺》,索书号79801;《谢康乐诗注》,索书号XD6965;《鲍参军诗注》,索书号XD6912;《阮步兵咏怀诗注》,索书号112869。均为北京大学校内印制铅印本。
唐宋诗举要	高步瀛	1927起	北京师范大学	唐宋文学	国家图书馆古籍馆普通古籍阅览室存藏,索书号XD3067。北京师范大学校内印制铅印本。
词余讲义	吴梅	1917起	北京大学	词曲	国家图书馆古籍馆库本索书号96396。1919年北京大学校内印制铅印本。
词学通论	吴梅	1922起	东南大学	词学	国家图书馆古籍馆普通古籍阅览室存藏,索书号XD4071。东南大学校内印制铅印本。

(续表)

讲义名称	主讲人	使用时间	学校	课程名称	国家图书馆存藏信息
曲选	吴梅	1927	国立第一中山大学	曲选	国家图书馆中文图书基藏库\中文基藏17层南存藏，索书号 2009\I222.9\5\。1927年国立第一中山大学校内印制铅印本。
声律学	许之衡	1924—1929	北京大学	声律学（1925年后分"中国曲律""中国古乐学"讲授）	国家图书馆古籍馆普通古籍阅览室存藏，索书号61197\。1924年北京大学校内印制铅印本。
曲史	许之衡	1924—1930	北京大学	戏曲史	国家图书馆古籍馆普通古籍阅览室存藏，索书号79163\。1924年北京大学校内印制铅印本。
曲学及曲选	许之衡	1929	北京大学	曲学及曲选	国家图书馆古籍馆普通古籍阅览室存藏，索书号79162\。1929年北京大学校内印制铅印本。
文学概论讲义	梅光迪	1920	南京高师	暑期学校	国家图书馆古籍馆普通古籍阅览室存藏，索书号106184。依据张其课堂笔记印制油印本。

三、几部代表性讲义样貌速写

民国大学讲义，因使用比较普遍，工具性突出，当时未受到足够重视，有意对其进行整理存藏的单位和个人也非常有限，加之战乱、学校迁移、教师流动频繁等原因，造成讲义保存情况很不理想。因研究需要,笔者经多方努力,共搜集到中文学科讲义原稿 70 余部,这里选取其中的几部,以文字白描的方式对其样貌进行客观呈现,借以为后面的研究提供一定的感性认知基础,营建历史语境。

1. 朱自清《中国文学史讲稿》

《中国文学史讲稿》是 1947 年下半年朱自清在清华大学讲授中国文学史课程所用的讲义,为朱自清亲笔手稿,现藏于清华大学档案馆,盒号 231,档号 16011612,档案盒题名"朱自清先生的讲课稿",归档时间为 1999 年 9 月。

讲义写在一个约 32 开本,但上下略长的笔记本上,封面用蓝黑色钢笔横行繁体书写"中国文学史讲稿""朱自清""1947""九月""北平",共五行。笔记本共 70 页,页面有红色横格,与八九十年代备课笔记的形态相似,多数页为空白,共 14 页有文字内容,笔记本的格较宽,朱自清每格写两行字,亦为蓝黑钢笔字迹,第一格两行为"中国文学史讲稿提要"(繁体)、"三十六年九月北平"。内容共四章:甲、绪论,乙、传统,丙、春秋战国,丁、两汉,章下又分设两级标题,分别用大小写阿拉伯数字标注顺序。讲义整体比较工整,几无涂抹修改。每页讲义上半部分为讲授内容的各级标题及关键词,下半部分为注释,主要为名词解释、重要引文、参考书目,也有要课堂提问的问题,以问号标出。上下两部分以双横线分开,14 页均为此结构,据笔者推测每页讲义用于一课时的讲授。讲义前半部分比较详细,后半部分注释逐步减少,最后 3 页虽然也用双横线进行了划分,但下半部分为空白。

该讲义为朱自清先生自用手稿,因此在开本、格式、内容上都比较随意,详略完全根据个人需要以及课时情况自行安排。透过讲义能够对朱自清先生的授课习惯有所了解,间接感受到当时的课堂情况。

2. 钱玄同《文字学音篇》

《文字学音篇》是钱玄同 1917 年起为北京大学国文系预科生讲授文字学时所用讲义,起初与朱宗莱合讲,朱宗莱讲授形义部分,有讲义《文字学形义篇》,1919 年 5 月朱宗莱去世后,钱玄同将两部讲义合并,独自讲授文字学课程。《文字学音篇》于 1918 年起由北京大学出版部校内印发,现国家图书馆古籍馆普通古籍阅览室藏有该讲义原稿四种,分别为 1918 年、1924 年、1927 年、1934 年四个年份印发的版本,索书号 XD8208。

1918年印制的讲义为三十二开本线装,封面左上位置为直行宋体铅印的讲义名称"文字学音篇",外有双线框。讲义共41页,除目录两页为单面外,其他均两面合为一页,每面在远离书脊一侧设有边栏,边栏内直行印有讲义名称"文字学音篇",名称下用大写阿拉伯数字标出页码,直行每页13行,每行33个字,除引号外,其他标点均标于右侧不在行内,文字全部宋体铅印。讲义共设5章,章下分节,用带括号的小写阿拉伯数字标注顺序。

钱玄同的《文字学音篇》是北京大学较早成册印制的讲义,讲义上没有北京大学、北大出版部等字样,可推断北大初期讲义仅供校内授课使用,对外发售的还不多,因此那些标志性字样可有可无。与《文字学音篇》版式样貌完全相同的讲义还有朱宗莱的《文字学形义篇》[①]、刘毓盘的《词史》[②]、刘师培的《中古文学史》[③]、黄节的《诗学》[④]、吴梅的《词余讲义》[⑤]等。

3. 傅斯年《中国古代文学史》

《中国古代文学史》作为授课讲义编订于1928年傅斯年的中山大学任教期间,1929年傅斯年到北京大学任教后继续使用该讲义,并在北大校内印发。国家图书馆古籍馆普通古籍阅览室现藏有北大期间印制的讲义原稿一本,索书号:97274。

该讲义原稿为三十二开铅印线装本,一页两面,封面遗失,第一页为"中国古代文学史讲义拟目",从拟目看讲义分泛论和分论两部分,泛论12讲,用大写阿拉伯数字标注顺序;分论共三篇,篇下设节,用大写阿拉伯数字标注顺序。该讲义在正式讲授内容前写有叙语,对科目讲授的主要内容,讲义的架构方式以及预备的授课方式进行了介绍。这种将课程导言也编入讲义印发的情况在中文学科并不多见。讲义为铅印本,宋体,每面13直行,每直行40字,所有标点都入行占一个

[①] 国家图书馆古籍馆,普通古籍阅览室存藏,索书号 XD8206。
[②] 国家图书馆古籍馆,普通古籍阅览室存藏,索书号 106146。
[③] 国家图书馆古籍馆,普通古籍阅览室存藏,索书号 147299。
[④] 国家图书馆古籍馆,普通古籍阅览室存藏,索书号 147228。
[⑤] 国家图书馆古籍馆库本,索书号/96396。

字符的位置,随文有注释,字号很小,每直行可并列书写两行。页面在远离书脊一侧设有边栏,正面边栏依次写有讲义题目("中国古代文学史")、页码(大写阿拉伯数字)以及"北京大学";反面边栏依次写有讲义题目("中国古代文学史")和"出版组印"。中缝处有"文一九二""D""王校"字样,据笔者推断前两字段是出版组记录用的编码,最后字段为校对员信息①。该讲义印刷时间不详,但边栏有"出版组印"字样,北京大学出版部改称出版组是1931年,因此该讲义稿当印于1931年以后。

傅斯年的《中国古代文学史》讲义的基本样貌,是民国大学铅印讲义中比较普遍的一种,北大相同样貌的讲义还有林损的《中国文学讲授发端》②、马裕藻的《声韵概要》③等;还有些讲义在中缝处增加了课程的情况,如容庚的《卜辞研究》讲义④,中缝处有"(国四选)"字样,表示该课程为国文系四年级选修,陈介白的《文学概论讲义》⑤,中缝处有"(国一)"字样,表示该课程为国文系一年级必修。除北大外,其他大学铅印讲义虽每面直行数量不等,但也以此作为基本版式,如东南大学吴梅的《词学通论》讲义,民国大学余嘉锡的《目录学发端》讲义,国立北平师范大学罗根泽的《诸子概论》讲义,中法大学服尔德学院郑奠的《中国修辞学研究法》讲义,武汉大学钱南扬的《戏曲史》讲义、苏学林的《中国文学史》讲义、朱东润的《中国文学批评史》讲义等。

4. 容庚《中国文字学》

《中国文字学》是容庚自1926年起在燕京大学讲授文字学所用讲义,1931年在燕京大学校内印发,印刷方式为油印,讲义原稿现藏于国家图书馆古籍馆,库本,索书号:字100/9532。

---

① 北大出版部对校内印发讲义不设校对,1929年10月20日《北京大学日刊》出版部启事说明聘请学生自行校对,另据白化文的回忆:"出版组就招高年级学生课余打零工,订有极详细的校对章程,详细到什么文种、何种科学文献如何校对法,一行字付给多少钱(以分为单位计算),以及没有校出来和校错了如何扣钱,一概俱全。老学生戏称之为'老出版'。"见《北大熏习录》,北京大学出版社2010年版,第215页。
② 国家图书馆古籍馆库本,索书号112419。
③ 国家图书馆古籍馆库本,索书号字150/92334。
④ 国家图书馆古籍馆库本,索书号古200/953。
⑤ 国家图书馆古籍馆普通古籍阅览室,索书号79181。

该讲义原稿为三十二开油印线装本,封面直行写有讲义题目"中国文字学",小篆字体。讲义共166页,正反两面合为一页,直行每页12行,每行24个字,除引号外其他标点均在文字右侧不占字符,文字全部为手写楷体,每面在远离书脊侧设有边栏,注有讲义名称"中国文字学"和页码。讲义有目录,三面,共四章,章下设节,节连续编号。正文第一面在讲义题目下注有"容庚述",表明是容庚的授课讲义。

容庚的《中国文字学》是较有代表性的油印讲义,内文全部为手写楷体,因油印字迹清晰度不佳,油印讲义对比铅印表现出字大行宽的特点,便于阅读使用。与之类似的还有龚道耕的《中国文学史略论》,该讲义是龚道耕1912年起在成都高等师范学校讲授中国文学史时编写的,1919年编写完成油印装订成册,国家图书馆古籍馆藏有1925年油印本,该讲义原稿照比容庚的《中国文字学》字就要小很多,且用行书写成,阅读起来略显不便。

5. 陆和九《中国文字学》

《中国文字学》是陆和九在中国大学、辅仁大学讲授文字学课程所用的讲义,1929年曾在两校分别印发,印刷方式为石印,讲义原稿藏于国家图书馆古籍馆,索书号:字100/92466。

讲义原稿为三十二开线装本,封面直行印有讲义题目"中国文字学",以及作者信息"陆和九署耑",手写楷体,外有边框。讲义正文正反面合为一页,页面在远离书脊一侧设有边栏,注明讲义名称并用大写阿拉伯数字标明页码,直行每页6行,每行20字,无标点,手写楷体。第一页为目录,注明讲义分五部分内容,用天干标注顺序。文字清晰俊秀,页面疏朗,便于学生学习时标注记录。

与《中国文字学》讲义类似的石印讲义还有刘赜在武汉大学讲授音韵学的课程讲义《声韵学表解》、唐兰在北京大学讲授古文字学的课程讲义《古文字学导论》以及容庚在燕京大学讲授简笔字与学生随堂讨论生成的讲义《简体字典》等。这些讲义都是手写原稿,石印装订,语言文字学课程讲义多古体字、音韵符号等,铅印往往受限于字模,油印又会比较模糊不易辨认,因此石印是比较理想的讲义印制方式。

6. 王玉章《中国诗史讲义》

《中国诗史讲义》是王玉章在复旦大学任教期间编写的课程讲义,

从封面标注的时间看,为1934年在复旦大学印发的版本,印制方式为油印,现藏于南开大学文学院资料室,索书号:990267。

讲义为大三十二开线装本,封面有边框,共三列文字,居中为讲义名称"中国诗史讲义",手写楷体双钩;题目右侧一列注有讲义施用学校"复旦大学"、施用时间"廿三年春",左侧一列注有编撰人"王玉章编",均为手写楷体。第二页为目录页"中国诗史纲要目录",讲义共分八章,目录页依此列出各章节名称,但未标注页码。正文为手写楷体,每面9列,每列24个字,以简单标点句读,文字清晰,各列间距较大,便于标注记录。

南开大学文学院资料室还藏有王玉章1933年施用于复旦大学的《南北曲研究讲义》(索书号:990262)和《美术文讲义》(990270),样貌与《中国诗史讲义》相同。三部讲义均为王玉章到南开大学任教后捐赠给学校的,讲义上有其亲笔批注和补充,因此当为王玉章授课自用讲义。

7. 刘永济《小说概论讲义》

刘永济《小说概论讲义》是商务印书馆1925年出版的函授讲义中的一种,用于国文科教学,原稿为铅印线装本,现藏于无锡市图书馆古籍部。讲义封面印有黑体字题目"小说概论讲义",左侧黑体小字注有"商务印书馆函授学校文科"。讲义无目录,正文共30页,分为"一、绪论""二、两汉六朝杂记小说""三、唐代短篇小说""四、宋元以来的章回小说"四部分,各部分体量相当。讲义大量引用前人论断,穿插个人的认识和理解,引用部分字体较小,有标点,奇数页边印有讲义题目"小说概论讲义",偶数页边印有"函授学校国文科"字样。

该讲义虽由商务印书馆统一印制,当属教科书,但其印制简单,内容简略,没有明确的版权页和售价,显然是应需要临时编撰,当可视为讲义一类。此类函授讲义笔者共找到五部,原稿只见此一部,它是中文学科参与民国社会教育、较早具有函授教学模式的重要实物例证。

第二章 讲义生成与民国中文学科教育

"学科化"是民国时期大学教育的关键词,多数现代学科的萌生、发展、定型都是在民国"学科化"进程中完成的,现代中文学科也是其中之一。我国传统学科体系以荀勖"经史子集"四部为根基,到《四库全书总目提要》定型,形成了以六经为中心的四部学科分类体系,期间不断调整,夹杂有乾嘉学派"义理、考据、辞章"学科三分等多种不同分科方式的探索,这一体系沿用至清季民初。彼时,"学西方"的风气已盛行近百年,知识阶层对西方科学的认识不断深入,我国传统学科划分与西方高等教育无法对接的问题显露无遗。梁启超曾非常明确地指出中西分类系统的差别,以及由此导致的学科对接方面的困难:"凡一切政皆出于学,则政与学不能分;非通群学不能成一学,非合庶政不能举一政,则某学某政之各门不能分。今取便学者,强为区别。"[①]"今日泰西通行诸学科中,为中国所固有者,惟史学。"[②]

在高等教育界,随着西学融入教育体系,西式分科教育也被越来越多的学校采用,这冲击着我国传统教育体系,有力推动我国学科体系的西化进程。顾颉刚这样批评传统学科系统下的教育:

> 旧时士夫之学,动称经史词章。此其所谓统系乃经籍之统系,非科学之统系也。惟其不明于科学之统系,故鄙视比较会合之事,以为浅人之见,各守其家学之壁垒而不肯察事物之会通。……今以家学相高,有化而无观,徒令后生择学莫知所从,以为师之所言即理之所在,至于宁违理而不敢背师。是故,学术之

---

① 梁启超:《西学目录表序例》《饮冰室合集 文集一》,中华书局1989年版,第123—124页。

② 梁启超:《新史学》,刊于《联勤学术季刊》1902年第12期。

不明,经籍之不理,皆家学为之也。今既有科学之成法矣,则此后之学术应直接取材于事物,岂犹有家学为之障乎!①

傅斯年也有类似论断:

>中国学术,以学为单位者至少,以人为单位者转多,前者谓之科学,后者谓之家学;家学者,所以学人,非所以学学也。历来号称学派者,无虑数百,其名其实,皆以人为基本,绝少以学科之分别,而分宗派者。纵有以学科不同而立宗派,犹是以人为本,以学隶之。未尝以学为本,以人隶之。……学术所以能致其深微者,端在分疆之清;分疆严明,然后造诣有独至。西洋近代学术,全以科学为单位,苟中国人本其"学人"之成心以习之,必若枘凿之不相容也。②

梁启超的论述尚基于对中西学科划分差异的思考,而顾颉刚、傅斯年一代则开始讨论中国传统的学科划分究竟是学问的分科还是图书的分类,并希望以打破师承门派、迎接西式分科教育的方式彻底改变中国的学科体系。这其中蕴含了民初一代知识分子的科学崇拜,对分科治学、分科教育的深信不疑。所谓"学术愈发达则分科愈精密,前此本为某学附庸,而今则蔚然成一独立科学者,比比然矣。"③我国高等教育学科化的第一步,即不满于我国固有的封闭混沌的学科体系,积极接纳西方已经相对成熟、井井有条的学科分类,将全部精力投入"分科之学"和"分科治学"。"五四"之后,学科化又迈出第二步,将重点转向学科内部的实证、分析与系统整理,将学科化推向深入。

现代学科化进程逐步塑造着各学科的基本形态,影响着大学校园的学科教育,也在实践层面影响着授课讲义的生成。民国大学,教员多使用讲义授课,这一现象在中文学科尤其突出。这一方面由于中文学科很多课程脱胎于传统国学,根本没有西文教本可供参照使用,只能自编讲义;另一方面,中文学科很多教学内容基于经验的积累,需要

---

① 《古史辨第一册》自序,摘自《顾颉刚古史论文集》第一册,中华书局1988年版,第31页。
② 傅斯年:《中国学术思想界之基本误谬》,《新青年》1918年第四卷第四号。
③ 梁启超:《中国历史研究法》,河北教育出版社2000年版,第41页。

借助讲义实现讲授、阅读、记录而完成的经验传递。纵观现代中文学科百余年发展历程,学科教育的每一次调整,都会对讲义的数量、质量、结构方式产生影响,我们借助学科教育的发展脉络,可以推知中文学科讲义的总体状况,现存讲义原稿既是对推测的一种验证,也与学科教育史构成一定的呼应。细处着眼,中文学科教育的走向、新课程的开设、教学方式的调整等也与讲义生成有非常直接的关系。因此,研究讲义生成是对民国中文学科教育具体环节的考察,也是对现有的通过学制、政令梳理出的中文学科教育史的具体化、形象化。

第一节 讲义:现代中文学科教育的伴生物

近代高等教育的学科化进程,在政府颁布的学制、政令上体现得较为集中,这些学制、政令又影响到学科教育的多个方面。下面就以中文学科为焦点,通过对学制演变的梳理,勾勒学科化进程中中文学科的动态样貌,进而对不同阶段中文学科授课讲义的整体生成情况加以推演。

一、传统经验与现代学科的交汇点——"癸卯学制"下的中文学科讲义

中国近代教育史上第一个在全国范围内实施,对民国教育产生重大影响的学制是由张百熙、张之洞、荣庆会同拟定的《奏定学堂章程》,该章程于1904年1月颁发,恰逢农历癸卯年,史称"癸卯学制"。该学制由《奏定学堂纲要》《奏定各学堂管理通则》《奏定各学堂考试章程》等22个部分组成,通过学习日本教育制度,间接借鉴西方教育体系,对我国教育进行了较为系统的规划和整理。

纵向角度,"癸卯学制"将我国教育系统划分为初级、中级、高级三个阶段,对各级的修业年限培养目标做了明确规定,还以升学的方式将三个阶段进行衔接。这彻底改变了我国教育无层级划分的局面,便于各级教育全面与西方教育体制接轨,为我国教育学西方、吸纳西方教育经验奠定了基础。在纵向划分教育阶段的基础上,"癸卯学制"非常明确地对大学分科教育做了规定,这主要体现在《奏定大学堂章程》

中。章程规定：

> 大学堂分为八科：一、经学科大学分十一门，各专一门，理学列为经学之一门。二、政法科大学分为二门，各专一门。三、文学科大学分九门，各专一门。四、医科大学分二门，各专一门。五、格致科大学分六门，各专一门。六、农科大学分四门，各专一门。七、工科大学分九门，各专一门。八、商科大学分三门，各专一门。……以上八科大学，在京师大学务须全设。若将来外省有设立大学者，可不必限定全设；惟至少须置三科，以符学制。①

在我国首个大学分科系统中，"科"与今之学科门类相仿，"门"则基本等同于今之"学科"，这是效仿日本学制进行的命名。中文学科当时称作中国文学门，是文学科大学所分九门之一。

《章程》对各门课程安排也做了规定，中国文学门主课包括：文学研究法、说文学、音韵学、历代文章流别、古人论文要言、周秦至今文章名家、周秦传记杂史、周秦诸子补助课、四库集部提要、《汉书·艺文志》补注(隋书经籍志考证)、御批历代通鉴辑览、各种纪事本末、世界史、西国文学史、中国古今历代法制考、外国科学史、外国语文(英、法、俄、德、日选习其一)。共三学年，每学年周点钟数均为24。②

"癸卯学制"规定大学教育时限为三年，周学时数少，因此这一时期大学开设的课程比较少。就当时的中文学科而言，专业主课仅有十门左右，从学时数看，文学研究法、周秦至今文章名家学时数最多，御批历代通鉴辑览、各种纪事本末次之；从课程名称看当时开设课程与后来中文学科的骨干课程也相去甚远。诸如说文学、音韵学、周秦传记杂史、周秦诸子补注、四库集部提要、《汉书·艺文志》补注等课程，基本属于传统小学类及相关课程的直接移植，经查阅，也未发现此类课程的授课讲义。据笔者推断，一方面由于这类课程历史悠久，可用于授课参考的资料相对丰富，没有编印讲义的迫切需要，另一方面这些课程的教学内容基本为经验积累而成，教师授课有使用原著白文诵

---

① 《中国近代教育史资料汇编 学制演变》，上海教育出版社2007年版，第348—349页。

② 同上书，第363页。

读,随时加入个人理解的传统授课习惯。搜集到的有限的几部讲义为讲授文学研究法、历代文章流别和古人论文要言课所使用。从课程内容介绍看,"文学研究法"所授包括文体、写作、风格、文学与外部世界的关系等内容,与"文学概论"较为接近,而"历代文章流别"据《章程》标注"日本有《中国文学史》,可仿其意自行编撰讲授"[①],可见基本等同于"中国文学史"。通过"有"与"无"的对比,可以推测,清末"癸卯学制"下的大学中文学科,重新编写授课讲义的情况并不普遍,新讲义主要出现在历代文章流别、文学研究法这些与西方知识性讲授相接轨的课程中。

从当时的讲义内容看,主要是授课教师对西方知识教育的迎合与效仿。例如林传甲在京师大学堂讲授"历代文章流别"的讲义《中国文学史》[②],学界目前主要有两种看法,一种认为是对日本笹川种郎编著《历代文学史》的借鉴和改造,一种认为是对《奏定大学堂章程》中"文学研究之要义"的图解和迎合。但无论哪种看法,都揭示出讲授者希望通过编撰讲义将传统知识与新的教育方式接轨,纳入现代学科教育体系的努力。再如黄人在东吴大学讲授"历代文章流别"的讲义《中国文学史》[③],遑遑一百七十余万言,"从语言、结绳、图书、音韵而有文字,从文字而有文学、金石学、韵学、小学、美术之类,从文字之肇始,以至于极盛时代,华离时代,无所不详。"[④]无所不包的讲义内容,可以看出黄人对文学史这种新知识形式的认识还很模糊,但在教育实践中适应新课程熟悉新体系的愿望与追求非常迫切。同时期的中文学科讲义还有林纾在京师大学堂编写的《韩柳文研究法》[⑤]《春觉斋论文》[⑥]等,从题目中"研究""论"的表述就能感受到知识性的凸显。从这些讲

---

① 《中国近代教育史资料汇编 学制演变》,上海教育出版社2007年版,第365页。
② 本文参照陈平原编《早期北大文学史讲义三种》中收录之版本,北京大学出版社2005年版。
③ 本文参照《黄人:评传·作品选》中收录之版本,文史出版社1998年版。该版本1926年曾经王文濡修改,并在上海扶轮社出版。
④ 金叔远:《黄慕庵家传》,转引自黄钧达《中国近代文学家黄人研究综述》,《文教资料》1997年10月。
⑤ 本文参照商务印书馆1914年版本。
⑥ 本文参照人民文学出版社1998年版本。

义的内容看,都很注重从纷繁现象和庞杂论说中总结规律和要点,强调方法的归纳和知识要点的提炼,教学重心已摆脱传统教育的范畴。

"癸卯学制"时期的大学中文学科,较多保留了传统小学的内容和教授方式,没有产生比较集中的讲义需求,今天能查找到的讲义数量也很有限,但在"历代文章流别""文学研究法"这些初具文学史、文学概论等现代中文教育课程特点的学科讲义中可以看出,教师面临着由传统经验教学向新式知识传授的转化,为了更好地适应这种转化,与西方学科教育顺利接轨,他们开始尝试编写新式讲义。这些讲义重知识点归纳和方法总结,对传统的记诵加阐发的教学方式构成反叛。知识性、体系性成为以上几部中文学科讲义追求的目标,这一趋势一直延续到民国时期的"壬子癸丑学制"。

二、伴随新式课程大量涌现——"壬子癸丑学制"下的中文学科讲义

1912年,"中华民国"成立伊始,即通过发布"暂行办法"对教育进行恢复,随后又颁布"学校令"和"学校规程",着手调整改造教育系统。1912年10月24日,《教育部公布大学令》颁布,对大学分科进行了调整,将"大学分为文科、理科、法科、医科、农科、工科"[①]七科,对大学设科也做了规定,"大学以文、理二科为主;须合于下列各款之一,方得名为大学:一、文、理二科并设者;二、文科兼法、商二科者;三、理科兼医、农、功三科或二科或一科者。"1913年1月12日颁布的《教育部公布大学规程》又对《大学令》做了细化,大学文科分为哲学、文学、历史学、地理学四门,文学门下又分为八类,"中文学科"当时被分为"国文学类"和"言语学类"两部分。《大学规程》规定,"国文学类"和"言语学类"所授课程如下,"国文学类"主课十三种:文学研究法、说文解字及音韵学、尔雅学、词章学、中国文学史、中国史、希腊罗马文学史、近世欧洲文学史、言语学概论、哲学概论、美学概论、论理学概论、世界史;"言语学类"主课十二种:国语学、人类学、音声学、社会学原理、史

---

① 《中国近代教育史资料汇编 学制演变》,上海教育出版社2007年版,第673页。

学概论、文学概论、哲学概论、美学概论、希腊语学、拉丁语学、西洋近世语概论、东洋近世语概论。

"壬子癸丑学制"沿用了"癸卯学制"的分科称谓,大学教育分"科""门""类"三级,"中文学科"分属于文学类和语言类,可见中文学科在雏形期即出现了语言、文学二分的苗头,同时"国文学类"开设语言学类课程三种,"言语学类"又开设文学类课程三种,又为两类最终合流提供了基础。从课程情况看,"国文学类"有主课 13 种,"言语学类"有主课 12 种,课程数量超过"癸卯学制"时期,教化类课程彻底消失,移植于传统小学的课程明显减少。更重要的是,该学制下中文学科的课程种类有了明显变化,以"文学史""概论""原理""学"来命名的课程明显增加,显示了学科教育知识化、理论化、科学化的追求,中国文学史、言语学概论、美学概论、文学概论等课程逐步成为中文学科的骨干课程。中文学科的这些变化直接影响了这一时期讲义的生成状况,大量知识性新课程的出现,迫使教员不得不编写讲义满足教学需要,讲义数量有所增加。这些讲义就是为新课程所编写,主要集中于"文学史""概论""学"这类课程中,且讲义名称、内容与课程名称基本一致。以下是笔者整理的该时段的部分讲义,可更直观地体现上述特征。

表 2.1　中文学科授课讲义举要(1912—1921)

名称	著者	使用时间	施用学校	施用课程
文学研究法	姚永朴	1914—1918	北京大学	文学概论
文学概论讲义	梅光迪	1920	南京高师	暑期学校
文字形义学	沈兼士	1913 起	北京大学	文字学大义
文字学形义篇	朱宗莱	1917—1920	北京大学	文字学(预科)
中国文字学	顾实	1920	东南大学	文字学
声韵概要	马裕藻	1913—1937	北京大学	声韵学
音韵学手稿	李亮工	1916 起	山西大学	音韵学
文字学讲义(音篇)	钱玄同	1917 起	北京大学	文字学(预科)
尔雅学讲义	陈汉章	1918	北京大学	尔雅
语言学讲义	胡以鲁	1914 起	北京大学	语言学

(续表)

名称	著者	使用时间	施用学校	施用课程
中国文法通论	刘半农	1918起	北京大学	文法
高等国文法	杨树达	1919起	北平高等师范学校	国文法
国语文法讲义	黎锦熙	1920—1924	北京师范大学	国语文法
国语文法讲义	邹炽昌	1921—1923	广东高等师范学校	广州市市立国语讲习所
文章学初编	龚自知	1917—1922	云南高等师范学校、东陆大学	修辞学
修辞学发凡	陈望道	1920—1931	复旦大学	修辞学
中国修辞学研究法	郑奠	1920年代	北京大学、中法大学	修辞学
修辞学提要	郑权中	1920起	上海交通大学	修辞学
修辞学	郑权中	1920起	复旦大学	修辞学
中国文学史略论	龚道耕	1912起	成都高等师范学校	中国文学史
中国文学史辑要	朱希祖	1916	北京大学	中国文学史
中国文学史（唐宋迄今）	吴梅	1917起	北京大学	文学史
中国中古文学史讲义	刘师培	1918—1919	北京大学	中古文学史
中国文学讲授发端	林损	1918起	北京大学	中国文学
中国文学史讲稿上编	胡小石	1920起	北京女子师范大学、金陵大学、东南大学	中国文学史
国语文学史	胡适	1921—1922	教育部两期国语讲习所、1922年南开大学暑期学校	文学史

(续表)

名称	著者	使用时间	施用学校	施用课程
词史	刘毓盘	1919起	北京大学	诗词史
中国小说史略	鲁迅	1920—1926	北京大学	小说史
作文法讲义	陈望道	1920—1931	复旦大学	作文法
中国文词学研究	施畸	1921	广东政法学堂	文章学

笔者共搜集到该时期讲义40余部,其中30部(见上表)产生于以"概论""学""史"命名的课程中,且讲义名称和内容基本与课名一致。通过编写讲义,使中文学科教育由经验积累向知识传授的转化得以在课堂实现,"概论""概要"性课程乘知识、科学之风进入中文学科教育,又因配套讲义的出现在实际教学中占据一席之地。虽然关于概要类课程与大学讲授高深学问的宗旨相左的争论从未停止,但它们从此再未退出大学"中文"课堂,并逐步成为学科的主干课。这一过程体现了讲义对学科发展的又一影响:它将学科设想与教育追求以最便捷的方式转为课堂教学实际,讲义通过课堂实践对学科教育的塑造力要超出一般的学科教育理念和倡导。

三、走向学术化、个性化——1922年学校系统改革后的中文学科讲义

1922年11月1日颁布的《大总统颁布施行之学校系统改革案》,是民国政府对教育系统做出的又一次重大调整,"改革案"基本沿用了之前的分科办法和课程设置,但做了如下补充:

> 大学校设数科或一科,均可。其单设一科者称某科大学校,如医科大学校,法科大学校之类。……大学校用选科制。①

降低对大学开设学科数的限制,说明国家对学科本身的重视,是大学全面推进学科化进程的一个标志,同时也降低了大学的门槛,利于我国高等教育的铺开。蔡元培就此问题曾指出"有着众多系科的旧

---

① 《中国近代教育史资料汇编 学制演变》,上海教育出版社2007年版,第1011页。

式'大学'(名副其实的'大'学)体制逐渐衰亡,单科(或少数几科)的大学在更具体的规模上兴起。这个变化的最终结果,现在尚无法预测,但就目前而言,其效果是创立了易受中央和地方政府资助的特殊的大学形式"。①

"大学校用选科制"虽为短短的几个字,却是蔡元培、郭秉文等教育家长期教育探索与实践的结果,选科制的推行,直接影响包括中文学科在内的大学各学科教育的基本形态,中文学科讲义的整体生成情况也随之发生转变。

1919年,蔡元培出任北京大学校长,他尝试打破原有的按年级统一设置必修课的培养模式,在国内首次实行选科制:

> 本科学生满80个单位(每周一学时,学完全年为一单位)即可毕业。在八十个单位中又规定一半为必修课,一半为选修课。在选修课中不仅可选修本系课程,也可选修外系课程。②

选科制推行后,同一学科开设课程完全相同的局面被打破,学生有了自行安排个人课程的权利,教员开课除了学校安排外还要由学生自由选择,希望开设选修课的教师必须吸引更多学生选课才能如愿。结合个人专长,突出课程研究性;重视学生兴趣,短时间内开出与之相吻合的课程,成为教员们追求的目标。受此影响,各学科课程数量大幅度增加,教员个性与研究性在日常教学实践中日益彰显。北京大学的做法很快被郭秉文引入东南大学,1922年又得以通过"大总统令"的形式在全国推广。包括中文学科在内的很多学科,都是在选科制的影响下,课程数量大幅增加,必修课和选修课共同构成的课程体系得以建立。

这一时期讲义生成情况也有变化,以北京大学国文学系为例,1917年刚刚开始试点使用选科制,全系共有必修课9门,选修课28

---

① 蔡元培:《中国现代大学观念及教育趋向》,《蔡元培全集》第5卷,浙江教育出版社1997年版,第309页。

② 萧超然等编著《北京大学校史(1898—1949)》,北京大学出版社1988年版,第62页。

门,均精确到具体课程名称①,授课教师按照课程名称开课;到1925年,国文系进行了又一轮课程调整,除全系共同必修课有明确的课程名称外,其他分类必修和选修均列出了比较宽泛的课程名称,还配以说明解释课程的讲授范围。例如B类(关于文学者属之)必修课有"中国文学",课程说明称"此科包有诗(赋、词等亦属之)及戏剧、小说、散文(批评、论说、传记、小品及其他)诸类",而"课程指导书"上对"中国文学"这一课程当年的备选课程介绍就列出了11门具体课程;A类(关于语言文字者属之)选修课有"中国古方言研究",课程说明称"例如古代汉族及鲜卑、西夏、契丹、女真等族皆是"②。通过对比可见,选科制的推行使教员开出更多课程以满足学生的选修需要,唯一、明确的课名已无法适应越来越多的选修课,只能进行归类,给出基本的讲授范围,具体内容由教师自行确定。较大的自主性、较短的备课时间、研究性与学术个性的突出,这些为中文学科讲义的大幅增加提供了良好的条件,当时北大国文系也确实产生了一大批课程讲义,由于教师注意突出学术个性和研究性,讲义的学术水平也大幅提升,很多讲义被作为学术著作独立出版,中文学科出现了第一次讲义出版高潮。个性化、学术化、著作化,成为"选科制"背景下中文学科讲义生成的整体特征。

北京大学国文系是典型个案,它引领着中文学科讲义生成的整体趋势,1922年选科制在全国高校推行后,北大国文系的情况陆续在全国各大学中文学科上演,但在专业程度和学术水平上存在一定差异。

四、稳定与延续——1929年《大学规程》颁布后的中文学科讲义

1929年8月14日,教育部颁布了《大学规程》,《规程》仍沿用"七分法",但对系别划分作了局部调整:

> 大学文学院或独立学院文科:分中国文学、外国文学、哲学、史学、语言学、社会学、音乐学及其他各学系。……各学系遇必要时得再分组。大学各学院或独立学院各科学生(医学院除外),从

---

① 参看《修订文科课程会议纪事》,《北京大学日刊》1917年12月2日。
② 参看《国文学系学科组织大纲摘要》,《北京大学日刊》1925年10月30日。

第二年起,应认定某学系为主系,并选定他学系为辅系。大学各学院或独立学院各科,除党义、国文、军事训练及第一第二外国语为共同必修科目外,须为未分系一年级设基本科目。各学院或各科之课目分配及课程标准另定之。大学各学院或独立学院各科课程,得采学分制。但学生每年所修学分须有限制,不得提早毕业。①

该规程有两方面内容直接影响中文学科。一是科系名称的调整,科下设系,系若有必要可再分组,至此中国文学系、语言学系的提法首次在教育部政令中正式出现。其实早在1919年蔡元培就已在北京大学实行了"废门改系",当时北京大学设了十四个系,中国文学系位列其中,系上设部,即后来的学院,形成了校、院、系的高等教育基本结构。关于这一做法的原因,蔡元培指出:"从理论上讲,某些学科很难按文、理的名称加以划分。要精确地限定任何一门学科的范围,不是一件轻而易举的事。例如,地理就与许多学科有关,可以属于几个系:当它涉及地质矿物学时,可归入理科;当它涉及政治地理学时,又可归入法科。……"②今天我们所熟悉的某某大学、文学院、中国(语言)文学系③的叫法就是此时诞生的。二是《规程》明确将国文、党义和外国语一并列为全校共同必修科目。由此,大学的中文学科教育产生了分化,一支面向中国文学系学生,课程深入、具体、系统,属于中文学科专业教育;另一支面向所有非中国文学系学生,与初级、中级教育阶段国文(国语)课程衔接,以培养母语应用能力为目标,类似现今的大学语文,属于通识教育的一种。

这一时期的中文学科在专业课程方面未出现较大调整,因此授课讲义生成未出现整体性变化,随着国文被列为公共必修课,一批国文

---

① 宋恩荣、章咸主编《中国民国教育法规选编 1912—1949》,江苏教育出版社1990年版,第406—407页。

② 蔡元培:《中国现代大学观念及教育趋向》,《蔡元培全集》第5卷,浙江教育出版社1997年版,第311页。

③ 虽然学制规定将中国文学系与语言学系进行了划分,但近代知识分子多数同时通晓语言、文学两部分内容,形成两个系由同一批教师讲授的情况,因此在多数高校将两系合并,统称中国文学系,也就是我们今天所说的中国语言文学系。北京大学就是一例。

讲义浮出水面，其实国文讲义出现在大学校园比较早，尤其在师范大学国文很早就被列为公共必修科目。这些讲义的学术个性并不突出，多是以"某校某年级国文讲义"或"某地区某类学校国文讲义"为题，内容以选编作品原文为主。例如汪馥泉先生30年代初在复旦大学任教时选编的《复旦大学一年国文讲义》、国立暨南大学30年代初选编的《基本国文讲义》，较早的有陈曾则选编《京师优级师范国文讲义》，1911年、1916年商务印书馆两次出版，1920年代国立沈阳高等师范学校选编的《国文讲义》等。由于国文成为大学必修科目，且国文教材选编与中小学语文课本选编方式类似，因此国文教材在短时间内就大量出版，取代了教员的自编讲义。

此后，抗日战争爆发，部分大学被迫内迁，由于图书资料的缺乏，西南联大等内迁大学出现了又一轮讲义生产高潮，但这只是客观条件制约形成的临时现象，未从根本上改变讲义整体的生成趋势，1922年后形成的中文学科讲义整体生成状况得到巩固和延续。1939年9月4日，教育部发布《大学及独立学院各学系名称》："查各大学及独立学院所设学系，名称既多不同，隶属学院亦有歧义。本部于整理大学各学院课程之初，即将各学系名称及隶属学院问题征询各专家意见，并于举行大学分院课程会议时提出讨论。兹斟酌各方意见，将各学院所属各学系之名称分别规定如下：一、文学院设中国文学、外国语文、哲学、历史学及其他各学系。"[①]此次名称调整，文学科取消了言语学系，这是因各大学教学实际而作出的调整，中国文学与语言学在名称上实现了合并。从当时的课程情况看：

> 中国文学系必修科目，为：中国文学史、历代文选、历代诗选、词选曲选、中国文学专书选读（一）、中国文学专书选读（二）、选字学概要、语言学概要、各体文习作、外国语或西洋文学史、毕业论文或研究报告。……语言文字类必修科目，为：中国文学史、文字学概要、语言学概要、声韵学概要、比较语言学、古文字学研究、中国语言文字学专书选读、古音研究、各体文习作、中国文法研究、

---

① 宋恩荣、章咸主编《中国民国教育法规选编1912—1949》，江苏教育出版社1990年版，第406—407页。

外国语、毕业论文或研究报告。①

课程体系未出现大的调整,意味着讲义生成不会出现大的变化。1948年1月12日国民政府颁布《大学法》,也未再调整中文学科教育体系,学科面貌与讲义生成情况得以延续和巩固。

第二节　表演脚本与口述记录——讲义的基本生成方式

讲义是较为特殊的文本,授学工具是其基本属性。因此,讲义生成包含两层含义:第一层,文本生成。课前由教员根据课程要求和学程安排,将相关知识要点按照教学规律和个人经验编写成文字文本。第二层,授学职能的生成。教员在课堂上通过语言讲授将讲义内容传递给学生,学生的课堂笔记既是授学完成的表现,经整理成为讲义的另一种生成方式。讲义生成的两层含义,围绕课堂展开,课堂是第一层意义的目的,又是第二层意义实现的场所。以课堂为界,讲义生成可以分为两种基本方式,第一种是教师课前编写生成,第二种是学生课堂记录,课后整理生成。第一种较为常见,多数讲义都是课前教员编写生成的;第二种从数量上不及第一种,但含义更复杂。一方面当时确有教员课后将学生笔记整理作为讲义补发,或用于下一轮授课;另一方面,由于民国讲义保存情况不尽理想,很多重要讲义皆因是手稿不曾印发或缺乏必要的整理保护而遗失,此时学生课堂笔记的整理和出版起到一定的弥补作用,可以视作对原讲义的一种重现。

结合两种讲义生成方式的特点,笔者尝试引入社会表演和口述史的理论方法,分别进行理论阐释,同时运用文献史料,以述例方式尽可能生动地呈现这两种讲义生成方式的具体过程。

一、表演脚本:讲义的课前生成

讲义的两种生成方式,以课堂为界限,第一种,教员在课前编写完成讲义文本,课上参照讲义进行讲授,通过语言、动作、表情等现场环节将知识传授于听课的学生,从而实现讲义的授学功能。这种课前生

---

① 黄龙先:《我国大学课程之演进》,《高等教育季刊》1941年第3期。

成讲义文本、教员课上参照讲授的方式,与演员首先熟悉剧本、随后按照剧本进行舞台表演非常类似。如果将授课看做一场演出,那么教员就是演员,学生就是观众,教室就是舞台,讲义则相当于表演脚本。基于上述认识,本节将社会表演学和美国表演理论引入讲义生成研究,从社会表演角度解读讲义的课前生成。

"社会表演学"是1990年代在我国创建的一个交叉性学科,主要有两大理论来源,"一是1970年代末兴起于欧美,近年来发展极快的人文新学科——人类表演学,认为人的大多数行为都可以视为表演;一是源于19世纪马克思主义的人性观和社会观,强调人性要受到社会的约束"。[①]该理论之基础在于对"社会表演"的理解,该理论认为"多数社会表演不必像专业演员一样去扮演一个虚构的角色,但只要注意到有观众在看,人一般总会自觉不自觉地设法控制自己的行动和表情——有可能炫耀和卖弄,也可能收敛和韬晦,目的是给予看的人某种预期的印象。这就是进入了表演的状态,因为任何企图控制自己的形象的人都有一个角色与自我、外在形象和内在实质之间的矛盾,这一点和专业演员无异。"[②]按此观点,教师的课堂讲授、律师的法庭辩护、医生的诊治、导游的景点讲解、营业员的售货服务都属于社会表演。在表演者、听者、表演场所等要素中,社会表演学更注重表演脚本的作用,该理论认为"社会表演中一个带根本性的问题是表演的脚本。比起戏剧影视表演来,社会表演的脚本都比较隐蔽,也灵活得多,……在正常情况下,主要的社会表演都有严格的脚本定调,从各种行当的总体布局到每个角色的身段细节都有规矩。"[③]可见,社会表演的脚本应同时具备两方面的内涵:首先是一个行业共同遵守的行规,这将自动融入表演者的脚本编写,影响脚本的内容和形态;其次是表演个体遵照的具体脚本,它因表演者的个性特征而存在超出行规的个体性。

以社会表演理论考察民国大学的课堂教学,教员作为表演者,其课堂表演所依照的脚本正是课前编写的讲义,这些讲义文本是教员带

---

① 孙惠柱:《社会表演学》,商务印书馆2009年版,第49页。
② 同上书,第5页。
③ 同上书,第118页。

着自身社会角色意识编写完成的,因此从生成那一刻起就带有社会表演脚本的双重内涵:一是符合大学课堂授学需要、与所在学科教育规律相吻合;一是体现教师个人的学科积累与学术个性,具有"因人而异"的个体差异性。共性的教育行规、学科规律意味着讲义文本存在共性,可进行整体考察;个性与差异则决定了讲义的丰富的特异性,需要运用分类、归纳以及个案分析等方式作具体研究。讲义文本为课堂讲授而生,成为教员这一社会角色的表演脚本,又在现实的讲授中实现了其授学职能。作为社会表演脚本,讲义兼具行业共性与个体特异性,行业共性保证了教学活动的顺利进行,同时也促进了教员群体的职业化,个体差异性则避免了教学活动的千篇一律,造成了学校、教员乃至学生的差异,促进了大学教学活动的多元性和层次性。

教员课堂讲授以讲义为脚本,这是典型的社会表演行为,因而具有社会表演的自反性。"自反性"是社会学中最具代表性的一种互动关系,表演理论视域下的"自反性"主要强调表演者和听者在表演过程中,不断接收来自现场的各种信息的刺激,并针对这些刺激对自身行动作出相应调整。表演者和听者在接受对方发出的刺激进行调整的同时,也向对方发出刺激,而且因不断的自身调整,刺激的方式也在不断变化,整个表演也随之发生变化①。正是在自反性的作用下,教员在讲授中不断结合学生的反应(课堂教学效果),随之调整讲授内容和方式,讲义逐年修订就是这一特性最直观的体现。

借助社会表演理论,我们可以这样认识课前的讲义生成:它们为教学表演而生,是教员在课堂上进行社会表演所依据的脚本,这赋予讲义以行业、学科之共性和因人而异、因课而异的差异性。此外,讲义因社会表演的自反性而出现不断调整修订的动态特征。

课前编写,课上参照,是民国大学讲义最普遍的生成方式,因此在当时的高校教员中形成了一种认识,即授课必先编讲义。课前讲义生成也由此融入教员的教学活动,成为民国大学教员生活中不可缺少的部分。这一点在中文学科表现得尤其突出,很多民国文学大师都有其

---

① 参看段静《民俗学表演理论核心概念探析》,《北方民族大学学报》2010年第5期,第61页。

独到的讲义编写方式和讲义编写感受。这里以朱自清为例,通过梳理其任教清华期间编写讲义的基本情况,呈现讲义课前生成的历史场景。

朱自清,现代著名散文家,中文学科知名教授、语文教育家。1925年进入清华学校任教,直至1948年去世,对清华国文系的发展贡献卓著。朱自清任教清华国文系的20余年,正处于现代中文学科教育的高速发展期,他累计开设课程十余种,不仅丰富了中文学科课程门类,完善了学科教育体系,还创建并稳定了很多中文课程的教学模式和授课方法,对现代中文学科教育贡献卓著。朱自清性格内向,思维严谨,课堂上从不做临场发挥,因此格外依赖授课讲义,所有讲义都要在课前编写完成,是恪守授课必先编讲义的典范。据吴组缃回忆:"我现在想到朱先生讲书,就看见他一手拿着讲稿,一手拿着堆叠起的白手帕,一面讲,一面看讲稿,一面用手帕擦鼻子上的汗珠。他的神色总是不很镇定,面上总是泛着红。他讲的大多援引别人的意见,或是详细叙述一个新作家的思想与风格。他极少说他自己的意见;偶尔说及,也是嗫嗫嚅嚅的,显得要再三斟酌词句,唯恐说溜了一个字,但不上几句,他就好像觉得已经越出了范围,极不妥当,赶快打住。于是连连用他叠起的白手帕抹汗珠。"①

朱自清课堂讲授依赖讲义,但并非把讲义作为简单的授课工具,而是根据课程性质特点采取不同的讲义编写方式,从讲义角度对课程加以区分。通过朱自清的讲义编写,我们不仅可以得到对讲义课前生成的感性认识,还可以感受到讲义生成背后蕴含的学科教育理念与教学实践方法。

1. 首创性课程的讲义

1929年上半年,"清华大学1928学年度第二学期开学。本学期朱自清新开设'中国新文学研究'课。该课编有讲义'中国新文学研究史纲'②,内分总论各论两部分,共计八章。朱先生开设此课后,受到同学

---

① 吴组缃:《敬悼佩弦先生》,《文讯》1948年第3期,第133页。
② 今收入《朱自清全集》第8卷,江苏教育出版社1997年版。

们的热烈欢迎,燕京师大两校也由于同学的要求,请他兼课①"②。

1929年9月16日,"清华大学1929学年度第一学期开学。本学期朱自清新开设选修课'歌谣'。该课编有讲义《歌谣发凡》③和参考资料《歌谣》。《歌谣发凡》内收'歌谣释名''歌谣的起源与发展''歌谣的分类''歌谣的结构'四章,1931年又增写'歌谣的历史'和'歌谣的修辞'二章,更名《中国歌谣》。……"④

1935年9月18日,"清华大学1935学年度第一学期开学。本学期朱自清开设'陶渊明诗''中国文学批评''宋诗''国文'等课。'中国文学批评'是朱自清所开设的新课程,其'学程说明'说:'本学期以讨论中国文学批评中之问题为主;并编《诗文评钞》⑤作为参考资料'"。⑥

"中国新文学研究""歌谣"和"中国文学批评"三门课程属彼时中文学科新开课程,可借鉴的材料相对有限,因此这三门课朱自清在开设前均编有相对完备的讲义。完备的讲义不仅满足了教员个人的授课需要,使新课程顺利开设,还基本确定了新开课程的基本架构、主要内容和讲授方式等,使新课更快地稳定下来,更好地融入不断发展的现代中文学科课程体系。

2. 传统性课程的讲义

1934年9月17日,"清华大学1934学年度第一学期开学。本学期朱自清新开设'历代诗选'课,讲曹植、阮籍、陶潜、谢灵运、鲍照、谢朓、李白、杜甫、王维、孟浩然、韩愈、白居易、李商隐、杜牧、苏轼、黄庭坚共十六家的诗歌。该课有两种版本的讲义,《诗名著选》和《十六家

---

① 1930学年度第一学期开始兼课。据郭绍虞文《忆佩弦》,《文讯》第9卷第3期,1948年9月15日。
② 姜建、吴为公:《朱自清年谱》,光明日报出版社2010年版,第70页。
③ 今收入《朱自清全集》第6卷,江苏教育出版社1997年版。
④ 姜建、吴为公:《朱自清年谱》,光明日报出版社2010年版,第72—73页。
⑤ 《诗文评钞》1936年清华大学出版部即正式出版,今收入《朱自清全集》第12卷,江苏教育出版社1997年版。
⑥ 姜建、吴为公:《朱自清年谱》,光明日报出版社2010年版,第143页。

诗钞》①,内容为所选的诗篇和所编注的材料。"②

1936年9月16日,"清华大学1936学年度第一学期开学。本学期朱自清新开设'宋诗'课。所用教材为朱自清从《宋诗钞》中摘选约编而成,提名《宋诗钞略》③。有铅印本,何年所印不详"④。

1939年10月12日"开始给联大中文系学生讲授'宋诗'课"⑤。据季镇淮回忆:"我们所用的课本是先生从吕留良等《宋诗钞》精选约编而成的,题为《宋诗钞略》,铅印本,白文,无标点注释。先生逐句讲解,根究用词、用事的来历,并随处指点在风格上宋诗与唐诗的不同。也常令学生先讲解,而后先生再讲。"⑥

朱自清讲授"历代诗选""宋诗"等传统的诗文研究类课程时,讲义以选编原文为基本形式,有时会加入前人注解,可见朱自清有意用经典内容和传统方式讲授传统课程。讲义的研究性和开创性虽然不足,但与课程性质相适应,不但保证了此类课程的讲授效果,还使这些传统课程和传统的讲授方法得以为现代中文学科课程体系所接纳。

3. 与学术研究同步开设课程的讲义

1933年9月11日"清华大学1933学年度第一学期开学。朱自清正式就任中文系主任。本学期朱自清新开设'陶渊明诗'课"⑦。

1934年2月15日"给清华中文系学生新开设'李贺诗'课。本日为本学期第一课"⑧。

以上两门课程,并没有完整的讲义保存至今,通过翻阅朱自清年谱和日记,笔者认为朱自清开设"陶渊明诗"和"李贺诗"与其同时段展开的学术研究是相结合的,并因此采用了一边翻阅资料推进研究,一

---

① 收入《朱自清全集》第7卷,江苏教育出版社1997年版。
② 姜建、吴为公:《朱自清年谱》,光明日报出版社2010年版,第129页。
③ 收入《朱自清全集》第7卷,江苏教育出版社1997年版。
④ 姜建、吴为公:《朱自清年谱》,光明日报出版社2010年版,第152页。
⑤ 同上书,第190页。
⑥ 季镇淮:《纪念佩弦师逝世三十周年》,《新文学史料》第2辑,人民文学出版社1979年2月版。
⑦ 姜建、吴为公:《朱自清年谱》,光明日报出版社2010年版,第119页。
⑧ 同上书,第124页。

边编写讲义授课的方式,讲义最终未能装订成册完整出版,但相关内容已形成科研成果。下面即参照朱自清日记,勾勒其筹备"陶诗"课的过程,并以之为例,呈现朱自清结合研究一边授课一边编写讲义的过程,以部分弥补此类讲义原本缺乏的遗憾。

朱自清开设"陶渊明诗"课的时间是 1933 年 9 月,但开始筹备是从当年 6 月开始的,在 6 月 9 日的日记中他将阅读《陶集》列为暑假拟做之事的第一位;6 月 18 日与周岂明、朱汇五、赵斐云讨论《陶集》编著问题;9 月 11 日在已开课情况下仍在寻找资料,日记中称"今日得桥川氏《陶集版本源流考》,阅竟,甚有用";9 月 17 日"上午读陶集,……与黄先生借《陶诗析义》及《陶诗本义》。在瑞文斋购莫刻《陶集》一部,值一元";9 月 18 日"阅《陶集》";9 月 19 日"下午访绍虞,于燕大国文系,阅所收《陶渊明集》,见光绪影刻曾集本及贵池刘氏影刻李公焕笺注本。又借古直《陶靖节诗笺》";9 月 22 日"上陶潜班,指定参考书事处置未当";10 月 5 日,"陶诗余最用力,而学生不甚起劲,大概不熟之故。嗣后当先将本文弄清楚,再弄批评";10 月 26 日"上午上陶诗班,有人问半年讲得完否,余憬然,因思得令他们自看一部分之法";11 月 6 日"下午读陶诗";11 月 15 日"预备陶诗";11 月 22 日"编陶年谱,从梁说";11 月 27 日"编陶年谱";12 月 18 日"答陶诗问,颇费时";12 月 27 日"改陶诗问题";12 月 31 日"绍虞来,谈陶集工作,甚有意思";课程结束后,1934 年 2 月 8、9、12 日仍在查陶集;2 月 14 日"整理陶诗材料";4 月 8、9 日"阅陶谱";6 月 4 日"校陶谱文";9 月 24 日"排出有关陶渊明的授课计划";11 月 18 日"阅学生们读陶诗的体会"。①

以上摘录反映了朱自清在清华大学 1933 学年度第一学期和 1934 学年度第一学期两次开设"陶渊明诗"课的情况,首次开设该课时,一边授课一边寻找参考书,积累授课资料,并不断调整授课方式,笔者推测其授课内容主要由搜集到的资料决定,讲义也围绕有关资料编写,因此很可能是专题讲授,课程的系统性不强。首轮课毕,朱自清对"陶诗"课资料进行了整理,到当年 9 月第二轮开课时,我们发现,朱自清

---

① 参看《朱自清日记》,《朱自清全集》第 9 卷,江苏教育出版社 1997 年版,第 231、234、246、248、249、250、254、259、262、263、264、269、271、272、280、281、289、295、320、329 页。

日记中只两次提及该课,第一次是制订授课计划,第二次是阅读学生习作,可见经过一轮讲授,备课的任务已比较轻松。通过日记钩沉两轮授课情况,能够比较完整地呈现出朱自清一边授课一边编写讲义的过程,也展示了讲义在教学活动中发挥的作用。"陶诗"课的开设与朱自清从事陶渊明研究的时段基本吻合,是典型的与专业研究相结合而开设的一类课程。因处于研究过程中,讲义随研究的深入随时调整,缺乏系统性和整体性,更难以整体出版,同时段发表的陶渊明研究成果可视为讲义的另一种独特呈现方式。

朱自清还曾开设"古今诗选""高级作文""文辞研究"等课程,虽未见完整讲义留存或整理出版,但授课时段的日记中对编写讲义屡有提及,情况当与"陶诗"课程类似。

4. 比较成熟课程的讲义

1947 年 9 月 18 日,"清华 1947 年度第一学期开始上课。本年度朱自清开设'中国文学史'、'中国文学批评'等课"①。这是朱自清开课的最后一个学期,从其日记看,当时他社会工作繁杂,对授课事宜没有任何提及,笔者在清华大学档案馆查找到朱自清为讲授"中国文学史"课编写的讲义手稿②,共 14 页,非常简略,以章节题目、主要概念为主,类似知识要点的爬梳,笔者认为这是在参考资料相对丰富的情况下,配合其他资料一起使用的授课讲义。到 1947 年,文学史著述已相当丰富,讲义已没有详细编写校内印发或整理出版的必要,教员授课仅需简单编写供个人使用的提纲即可。笔者推测,此类讲义在 1945 年后的民国大学当较常见。

二、口述记录:讲义的课堂生成

学生随堂记录,课后将笔记整理成讲义是另一种讲义生成方式。与课前生成相比,以此类方式生成的讲义数量并不大,但其内部机制却比课前生成更为复杂。一方面,它确是民国讲义的一种生成方式:

---

① 姜建、吴为公:《朱自清年谱》,光明日报出版社 2010 年版,第 286 页。
② 清华大学档案馆,盒号 231,档号 16011612,档案盒题名"朱自清先生的讲课稿",归档时间为 1999 年 9 月。本文第一章第三节有对该讲义手稿的介绍。

个别大学教员没有编发讲义的习惯,当学生索要讲义作为复习资料时就会将学生课堂笔记加以修订作为讲义印发。以中文学科为例,姜亮夫在复旦大学讲授文学概论,向宗鲁在重庆大学讲授文选,刘文典在西南联大讲授中国文学专书选读等,都是课前课上不印发讲义,课后修改学生课堂笔记作为讲义补发。可见,虽然民国大学有授课必先编讲义的传统,但仍有些课程,由于教员个性、时间局促、条件有限等原因,未能在课前印发,此时课堂笔记成为补发讲义最好的依据,讲义的课堂生成机制应运而生。

关于讲义的课堂生成,姜亮夫的一段回忆很好地呈现了当时的场景:"功课是这样的麻烦,生性是这样的懒,用人家现成的书又是这样的不高兴。在这样个条件之下,便只得随口乱说。却不知道有许多同学都有很好的笔记,印成讲义,大家散发了。后来我觉得讲义上时时有误会我叙述的地方,只得抽出时间,不敢偷懒,在每课下堂之后,随便要了两个同学的笔记,修正一些,补充一些,再让他们去印行。"[①]

讲义的课堂生成还是对未印行讲义的一种留存和保护。在不发放讲义的课程中,学生课堂笔记除了经修改作为讲义印发外,有些经教员修改正式出版,还有一部分笔记在多年后由学生整理出版,对很多已经遗失的讲义构成了有效的补充。叶嘉莹整理课堂笔记,重现顾随任教辅仁大学期间的授课讲义,就是此类情况的代表。2011 年,陶麐就读辅仁大学期间的课堂笔记以"辅仁师法"为题由东方出版社出版,是由课堂笔记保存讲义的又一例证。

下表即为笔者整理出的课堂笔记整理出版的情况,其中一部分是经讲授者修改后面世,是一种独特的专著生产方式,另一部分则是多年后学生整理出版,构成了对遗失讲义的弥补,著作本身兼具学术和文献史料双重价值。

---

① 姜亮夫:《文学概论讲述》,云南人民出版社 2000 年版,自序第 1 页。

表 2.2　以口述记录方式生成的中文学科讲义简况表

讲义名称	讲授人	使用时间	施用院校	施用课程	备注
文学概论讲义	梅光迪	1920	南京高师	暑期学校	杨寿增、欧梁依据课堂笔记整理成讲义，刊于《现代中文学刊》第四期；张其昀依据课堂笔记整理成讲义，为油印本，现藏于国家图书馆。
说文练习笔记	王国维	1926—1927	清华大学	说文	刘盼遂课堂笔记整理成讲义，发表于《国学论丛》1930 年第 2 卷第 2 期。今"大成老旧刊"数据库全文收录。
中国文学史讲稿上编	胡小石	1920 起	北京女子师范大学、金陵大学、东南大学	中国文学史	1928 年因有人要窃取出版，匆匆取学生苏拯课堂笔记整理而成的讲义进行修改，由上海人文出版社出版。今《胡小石论文集续编》收录，上海古籍出版社 1996 年版。
中国文学批评研究讲义	朱自清	1935	清华大学	中国文学批评	学生刘晶雯将课堂笔记整理成讲义，2004 年由天津古籍出版社出版。
中国新文学源流	周作人	1932	辅仁大学	暑期学校系列演讲	学生邓恭三课堂笔记整理成讲义，经作人两次审阅并加上小引，1932 年北平人文书局出版。今有人民文学出版社 1988 年版。
观堂学书记	王国维	1926—1927	清华大学	尚书	学生刘盼遂将课堂笔记整理成讲义，刊于《国学论丛》1930 年第 2 卷第 2 期。今"大成"老旧刊数据库全文收录。

(续表)

讲义名称	讲授人	使用时间	施用院校	施用课程	备注
观堂先生尚书讲授记	王国维	1926—1927	清华大学	尚书	学生吴其昌将课堂笔记整理成讲义,刊于《国学论丛》1928年第1卷第3期。今"大成"老旧刊数据库全文收录。
观堂学礼记	王国维	1926—1927	清华大学	礼记	学生刘盼遂将课堂笔记整理成讲义,刊于《国学论丛》1928年第1卷第3期。今"大成"老旧刊数据库全文收录。
闻一多先生说唐诗	闻一多	抗战时期	西南联大	唐诗	学生郑临川课堂笔记整理成讲义,后在《社会科学辑刊》1979年第4、5期,1980年第1期发表。
汉魏六朝专家文研究	刘师培	1917—1918	北京大学	中古文学	学生罗常培课堂笔记整理成讲义,1945年由自由出版社出版。今有商务印书馆2010年版。
历代文选讲义	罗庸	1942	西南联大	历代文选	学生邬联彩课堂笔记整理成讲义,1943年在校内印发,现有少量原稿私人收藏。
中学以上作文教学法	梁启超	1922	东南大学	暑期班系列演讲	学生卫士生、束世澂课堂笔记整理成讲义,中华书局1928年出版。今《饮冰室合集集外文》收入,北京大学出版社2005年版。
驼庵文话	顾随	1942—1947	辅仁大学	习作	叶嘉莹将1942—1947年在辅仁大学的课堂笔记整理成讲义,今《顾随全集三 讲录卷》收录,河北教育出版社2000年版。

(续表)

讲义名称	讲授人	使用时间	施用院校	施用课程	备注
论语六讲、文赋十一讲	顾随	1942—1947	辅仁大学	文学名篇导读	叶嘉莹将1942—1947年课堂笔记整理成讲义,《顾随全集三 讲录卷》收录,河北教育出版社2000年版。

讲义课堂生成的基础是学生课堂听讲和即时对教员口述内容的记录,是一个口述记录的过程,因此可以尝试借用"口头理论"去解析这一讲义生成过程,以形成对此类生成方式较为深入的探讨。

"口头理论"由分析口头史诗演唱发展而来,洛德在《故事的歌手》中将荷马史诗作为口述文学传统的代表作,对其与书写文学完全不同的生产机制,由口述而文本的转化过程,以及口述在文本中留下的痕迹等问题都作了比较明确的论述。洛德认为:"'口头的'并不仅仅意味着口头表述,口头史诗是口头表演的,的确是这样,可是任何别的诗也可以口头表演。重要的不是口头表演,而是口头表演中的创作。"[①]这揭示了口头表演的核心内涵,即适应情景的现场创编,每一次口头表演都具有结合情境的高度原创性。与书面文学有写作技法一样,口头表演也有相应的口头创编机制,帕里-洛德将其归纳为三点:模式与类型、主题与场景、套语与程式。三要点实际确定了口头艺人表演时在三个不同层面遵循的规则,即表演的基本套路、核心内容和表述方法。

以"口头理论"考察讲义的课堂生成:由于课前不印发讲义,学生听课时手上没有参照,在学生眼中,教员授课就是在进行一次即兴口头表演,他们的表演,要遵循授课的基本模式和类型,比如对前一课内容的回顾、向新知识的过渡、由浅入深循序渐进的内容安排、围绕重点问题的强调和展开等等;要将传授的知识归纳整理,通过章节、各级标题、核心概念等方式把一课拆解成多重主题,围绕这些主题讲授;要有课堂的套语和适合教学的语言表达,前者如"诸君""诸位"等称呼,"今天这一讲""今天我们主要学习"惯用的开场语等等,后者如"是"这类

---

① 洛德:《故事歌手》,尹虎彪译,中华书局2004年版,第6页。

明确的定义介绍、"因为……所以……"等关联推导、"综上所述"等总结概括等等。这些口头表演要遵循的固有程式都演化入教员的课堂讲授,又随着学生的课堂笔记融入讲义。

借助"口头理论"我们看到,讲义的课堂生成使其文本内部吸收了很多稳定成分,但也是源自这种口头记录,由课堂生成的讲义文本也产生了很多"变"的可能:

首先是教员讲授之变,因为没有印发讲义,学生对课程内容没有明确知晓,这给了教员课堂讲授更大的发挥空间,他可以根据学生的课堂反应和个人随机思考即时调整授课内容,同样的课程每次课堂讲授都有可能存在不同之处。其次是学生记录之变,坐在同一课堂听同一位老师讲课,学生所作的课堂笔记却千差万别,因此此类讲义往往有多个版本,中文学科当中梅光迪的文学概论讲义就是最典型的例子。不同版本的出现,既与学生学业水平、专注程度、学习习惯有关,同时也是由口述而案头这一转化必然产生的效果:"无论何种语言,其在诉诸纸笔书写过程中总有一种自然倾向多少脱离口头表达的样子,即便是拼音文字也不是在任何情形下都是对口头语言照单全收。书写这一动作多少修正、补充、改变口头言语表达形成的某些语用现象,因此也可以说书写天然就具有某种案头性"[①],在做课堂笔记时,每个人书写与听到的口头表达脱离程度不同,形成的讲义文本自然千差万别。需要指出的是,照比拼音文字,汉语方块字在记录话语时脱离程度更高,程度越高也就意味着生成案头文本的可能性越多。其实从实际教学角度看,课堂笔记生成之讲义,主要用于学生课后复习,期末成绩高低有别,就非常直观地印证了此类讲义文本之"变"。

第三节 影响中文学科讲义生成的多重因素

从民国中文学科讲义生成的整体情况看,每一次学制变化、政策调整都经由课程一环对讲义产生直接影响。在学科教育体系形成初期,这种影响尤其明显:有什么样的政策就有与之配套的课程,有什么

---

① 林岗:《口述与案头》,北京大学出版社2011年版,第149页。

样的课程就会有相应的讲义。本章第一节已对教育政策与中文学科课程以及"中文"讲义生成的整体情况进行了推演,本节将在整体潮流之外,以"中文"教员的兼课流动和参与社会教育情况为视角,考察这两种较为突出的学科教育现象与学科讲义生成之间的关系。

一、教员兼课、流动与讲义生成

教员兼课多所大学,在民国高等教育界非常普遍。民初,教育部曾颁布条例,希望杜绝大学教员兼课的现象[①],但由于教师资源分布不均,多数大学师资匮乏,加上教师职业化程度加深,教员们希望通过兼课缓解经济压力等,兼课现象非但未能杜绝,反呈现出愈演愈烈之势。为应对这一现象,北大、清华等师资力量雄厚的大学开始制定政策,有条件地放开教员兼课的限制。1929年,南京国民政府教育部也颁布训令,规定"自十八年度上学期起,凡国立大学教授,不得兼任他校或同校其他学院功课,倘有特别情形不能不兼任时,每周至多以六小时为限;其在各机关服务人员担任学校功课,每周以四小时为限,并不得聘为教授"[②]。虽然仍有严苛的限制,但训令的出台还是从教育部层面确定了教员兼课的合法化。此后,虽然教育部对政策屡有调整,但再未否定兼课的合法性,兼课现象也始终伴随着民国高等教育发展而存在。下表反映了民国几所重要大学兼课教员比例。

表 2.3　1931 年国立大学专任教师所占教师总数比例列表[③]

校名	专任教师比	校名	专任教师比	校名	专任教师比
武汉大学	84%	中山大学	63.8%	暨南大学	46%
浙江大学	83.5%	清华大学	62.5%	北京大学	42.8%
中央大学	70%	同济大学	62.4%	四川大学	38.2%
山东大学	69.6%	上海交大	59.7%		
北平大学	66.1%	北师大	50.3%		

---

① 1914 年教育部曾颁布《专门以上学校职员薪俸暂行办法》,明确规定禁止教职员兼司其他单位项目。

② 《大学教授限制兼课》,见王学珍、郭建荣主编《北京大学史料》第 2 卷,北京大学出版社 2000 年版,第 431 页。

③ 引自国民政府教育部编"二十年度全国高等教育统计",第 52—53 页。

就中文学科而言,北京地区的兼课现象最为普遍,为我们所熟知的鲁迅、沈兼士、马裕藻、周作人、朱希祖、钱玄同、王星拱等都曾在北京大学、清华大学、北京师范大学、北京女子师范大学、燕京大学等多校国文系兼课。有人这样描述民国教员兼课现象:"学术上有点地位的名教授,往往被各大学抢着聘请,一系中请到一两位名教授便可以自豪,其他大概拼凑些未成熟的学者,或是对于学问本身并不深感兴趣的教书匠。"[1]笔者认为,兼课现象对讲义生成有两方面影响:一方面,知名且在多校兼课的教员,需要完成自己所在学校的授课工作,根据学校的安排,认真备课并编写讲义,但在兼课学校授课,一般则直接使用已有讲义,因此,就所兼课程而言,不是课程决定了讲义的生成,而是已生成的讲义决定了课程的开设;另一方面,所谓的"未成熟学者""教书匠"们开设新课的机会被学校选聘的兼课教员剥夺,只得依靠固有讲义勉强保住一两门课程,年复一年地讲授,这阻碍了新讲义的生成,也限制了新课程的普遍开设,但客观上促进了课程体系的稳固和定型。民国教员兼课现象,一言以蔽之,名教授一本讲义授多校,教书匠一本讲义讲一生。

表 2.4　曾施用于兼课的中文学科讲义简表

名称	著者	使用时间	施用院校	施用课程
文章学初编	龚自知	1917—1922	云南高等师范学校 东陆大学	修辞学
中国文学史讲稿上编	胡小石	1925	金陵大学 东南大学	中国文学史
目录学发微、古书通例	余嘉锡	1928—1948	辅仁大学 北京大学 中国大学 北京师范大学	目录学
中国新文学研究纲要	朱自清	1929—1933	清华大学 燕京大学 北京师范大学	新文学研究

---

[1]　王以中:《高等教育管见(上)》,《民主》1945 年第 11 期。

(续表)

名称	著者	使用时间	施用院校	施用课程
金石学讲义	陆和九	1929 起	中国大学 辅仁大学	金石学
中国声韵学	姜亮夫	1930—1933	上海大夏大学 复旦大学	音韵学
甲骨学通论	姜亮夫	1930—1933	上海大夏大学 复旦大学	甲骨学
言语学概论	沈步洲	约 1931 前	北京大学 北京师范大学	语言学概论
甲骨文字研究	商承祚	1932—1933	北京大学 北京师范大学 清华大学	甲骨文
汉语音韵学	王力	1932—1938	清华大学 燕京大学	中国音韵学
中国文学史略(上册)	齐燕铭	1933 起	中国大学 中法大学	中国文学史
中国训诂学史	胡朴安 (韫玉)	1933 起	持志大学 暨南大学 大夏大学 上海大学	训诂学

由上表可见,兼课对地域限制比较严格,有多所大学的城市往往兼课情况更为普遍,北京、上海、南京就是民国时期兼课之风最盛的三座城市;从所兼课程看,文学史、音韵学、训诂学、甲骨学等,多是当时中文学科的骨干课程,可见兼课现象产生最主要的原因是授课教师的缺乏,当一所大学的骨干课程无法"自给自足",聘请已经开设类似课程的知名教授兼课,无疑是最行之有效的选择。

"频繁的流动性是中国近代大学教师的重要特征。导致中国近代大学教师频繁流动的原因较为复杂,既有中国近代大学的外部生存环境的因素,又有大学在走向近代化过程中内在的发展因素,还有中国近代大学教师自身的因素。"[①]无论出于何种原因,到一地能够谋得职

---

① 吴民祥:《流动与求索:中国近代大学教师流动研究(1898—1949)》,浙江教育出版社 2006 年版,第 343 页。

位、能够迅速开始授课,是教师得以流动的基础。一本相对成熟的讲义,一边编写讲义一边讲授新课的能力,则是教员实现谋职、授课的基础。于是出现了这样一类讲义,它们伴随教师辗转多个城市、多所大学,保证了教师维持生计。同时,在学科内部交流尚不畅通的时代,教员流动成为最有效的学科内部交流方式,伴随教师流动的讲义,成为民国各学科统一课程内容、交流讲授方式的重要载体。因此,兼课讲义的生成,成为统一学科课程体系,促进学科教育整体发展的动力。

表 2.5　曾用于多所高校的中文学科讲义

名称	著者	使用时间	施用院校	施用课程
庄子内篇学	陈柱尊	1916 起	南洋大学 上海暨南大学	庄子文
中国文学史讲稿上编	胡小石	1920 起	北京女子师范大学 金陵大学 东南大学	中国文学史
庄子新释外篇、杂篇部分	张默生	1924 起	齐鲁大学 河南大学	庄子
何谓文学	卢前	1927—1929	金陵大学 光华大学	文学概论
中国文学史简编	陆侃如 冯沅君	1927 起	中法大学 中国公学 安徽大学 北京师范大学 北京大学	中国文学史
唐五代词、北宋慢词、曲学讲稿	周癸叔	1927 起	厦门大学 安徽大学 重庆大学	词曲
乐府文学史	罗根泽	1928—1929	河南大学 河北大学	乐府教坊
文字形义学概论	高亨	1928 起	东北大学 河南大学 武汉大学 齐鲁大学	文字学
新文学研究—新诗发展	沈从文	1929—1931	上海中国公学 武汉大学	新文学研究
中国文学史大纲	容肇祖	1930 起	岭南大学 辅仁大学	中国文学史

(续表)

名称	著者	使用时间	施用院校	施用课程
尚书正读	曾运乾	1932 起	中山大学 湖南大学	尚书
中国文学史略（上册）	齐燕铭	1933	中国大学 中法大学 东北大学	中国文学史
词论	刘永济	1939 起	湖南大学 武汉大学	词学
校雠广义	程千帆	1940—1945	金陵大学 四川大学	校雠学
词心笺评	邵祖平	1944、1948	四川大学 重庆大学	长短句

"兼课"与"流动"在民国大学教师中较为常见，两种现象对民国大学的学科化进程、学科教育与学术的发展都产生了一定影响。受其影响，课程与讲义生成的关系也不再是简单的开设课程必先有讲义，兼课教师已有讲义有时决定了其所兼课程，而不知名教师则因兼课教师的出现失去了开设新课的机会，新讲义的生成受到抑制。教师流动是民国时期各学科内部学术成果、教育教学交流的一种方式，交流的中介便是已经编好随教师一起流动的授课讲义。考察中文学科与兼课和教师流动相关的课程讲义，已不是单纯的讲义文本研究，更是对中文学科内部教师兼课、流动情况的一种呈现，是讲义之中文学科史料价值的一种体现。

二、中文学科的社会教育服务与讲义生成

民国中文学科教育，除了作为正式大学教育的组成部分在高等教育领域内部发挥作用外，还比较多地参与到社会教育中，发挥学科社会服务职能。大学教员走下讲台，步入社会，面向社会民众开设中文学科相关课程，形式主要有三种：一是在教育部积极推进的各类暑期学校开设课程；二是在国语运动中作为国语讲习所的骨干课程出现；三是在抗日战争时期，作为抗日教育的一种出现在敌后的厂矿、医院和各类社会场所。

社会教育与正式的大学教育完全不同，具有学程短，教学环境多

变,学员随意性强、流动性大、水平参差不齐等特点。这些特点,要求讲授者必须在已有课程内容的基础上,结合实际随时调整讲授内容,甚至利用平日积累组织全新的课程内容。在社会教育过程中,生成了一批与正式大学课程教育完全不同的"中文课程"讲义,它们作为彼时中文学科社会教育与服务职能的体现,具有独特的学科史价值。

暑期学校是民国时期最主要的社会教育形式之一,"中华民国"成立伊始,我们即可在《教育杂志》上看到很多关于暑期学校的消息:

> 本会以利用暇暑从事学问阐发理术宏深造诣为目的。本会系由教育部邀请中外专门学家分别担任讲演各科学。本会听讲生不拘资格,凡有志求学自问能领会讲旨者,皆得报名入会。由本会发给听讲证为凭。[1]

《简章》对暑期学校的开办目的、基本形式和学员资格都做了比较明确的说明,报名资格上除了自愿参与外没有其他任何限制,学员构成的广泛性和复杂性决定了大学教师不能以正式学科教育的方式讲授,需要重新组织课程内容,编写新讲义。

暑期讲演会(所)是暑期学校最初的形态,当时大学数量有限,只能集中力量开办社会讲习,随着大学的增加和办学能力的增强,各大学开始独立开办暑期学校,这一社会教育形式也迅速在全国铺开,在二三十年代达到极盛。当时暑期学校主要有两种形式,一种由省市教育厅主办,根据地区现实需要面向本省学员开办,教育层次也比较多,高等教育、中等教育、初等教育、扫盲教育、职业教育都有,从当时各省教育厅公报看,北京[2]、上海[3]、安徽[4]、湖北[5]、辽宁[6]、山东[7]、广东[8]、福

---

[1] 见《教育部北京夏期讲演会简章》,《教育杂志》1912年第4期。
[2] 见《划一设立暑期学校办法》,《首都市政公报》1931年第86期。
[3] 见《暑期学校讲演录》,《上海市教育季刊》1931年第3期。
[4] 见《令发暑期讲演会暨暑期学校简章》,《安徽教育厅行政周刊》1929年第17期。
[5] 见《本厅拟开办暑期学校》,《湖北教育厅公报》1930年第4期。
[6] 见《令各县教育省私立各学校为奉部令饬知暑期学校修习之成绩概不得算作正式学分及修业期限由》,《辽宁教育公报》1930年第13期。
[7] 见《暑期学校经过》,《青岛教育》1934年第2期。
[8] 见《开办广东省暑期学校案》,《广东省政府公报》1930年第107期。

建①、江西②等省市都曾开办过暑期学校。一种则由大学主办,主要面向高中及以上学生开设,以探讨交流学术,提高业务水平为主要目的,翻看民国时期暑假前后各大学之校刊,有很多关于暑期学校开办或总结性的文章,如南京高等师范学校③、青岛大学④、厦门大学⑤、同济大学⑥、中山大学⑦、大夏大学⑧等都在二三十年代开设过暑期学校,北京大学则将暑期学校交由各系自行开办,教授也常被邀请到各暑期学校授课。

大学开办暑期学校的基本情况,可通过暑期学校简章了解,如南京高等师范1921年暑期学校简章⑨,简章述其宗旨为"本校以利用暑假时期推广教育辅助学业为宗旨";期限"共六星期,自七月十二日起至八月二十一日止";学员资格"学校教职员,地方讲学人员,中等学校毕业生,高等专门大学肄业生及其同等程度者,无论男女均得入学"。南京高等师范的简章,勾勒出民国大学开办暑期学校最普遍的形态,即面向具有一定专业基础的教职员、学生开办,以学术推广交流为主要目的,教学周期一般为四至八周。除上述内容外,简章一般还会注意突出授课教师情况,借以展示暑期学校的实力和特色,吸引更多学员报名学习。在南京高师的简章上可以看到郭秉文、陶行知、胡适、梅光迪等著名学者的名字,简章只对授课教师及其背景加以介绍,对具体授课内容并不刊出,这也给了授课教师比较大的选择空间,可以按照个人积累和新近学习收获决定暑期学校的讲授内容,这使暑期学校的课程更具前沿性和灵活性,同时也为新讲义的生成提供了土壤。

---

① 见《福建教育厅第三届暑期学校计划大纲》,《教育周报》1931年第73期。
② 见《江西省教育厅筹办暑期学校计划大纲》,《江西教育旬刊》1933年第2期。
③ 见《南京高等师范学校暑期学校一览》,《北京大学日刊》1920年6月9日。
④ 见《国立青岛大学暑期学校筹备委员会公函》,《北京大学日刊》1930年6月18日。
⑤ 见《暑期学校近讯》,《厦大周刊》1933年第24期。
⑥ 见《本样本年开办暑期学校》,《国立同济大学旬刊》1934年第27期。
⑦ 见《暑期学校》,《中山周刊》1938年第8期。
⑧ 见《暑期学校开学》,《大夏周报》1938年第10期。
⑨ 见《南京高等师范来函》,《北京大学日刊》1920年6月9日。

表 2.6　曾用于暑期学校的中文学科讲义简表

名称	著者	使用时间	施用院校
文学概论讲义	梅光迪	1920	南京高师暑期学校
国语文学史	胡适	1922	南开大学暑期学校
国语文法纲要六讲	黎锦熙	1922—1924	武昌中华大学暑期学校 河北二师暑期学校
中国文艺思潮史略	朱维之	1934—1935	沪江大学暑期学校

上述讲义，篇幅一般较短，多为六章，这是由暑期学校的学程长度决定的，关于这类讲义的内容特征，《国民旬刊》曾刊登过一篇题为"谈暑期学校"的文章，其中的某些论述笔者认为概括得比较准确：

　　一、说明趋向，讲习之时间有限，各种学问无穷，以有限之时间授以无穷学问，欲不挂一漏万，得乎？所以各种课程应该说明今后的趋向，……二、指示途径，教师上课，不在予学员以充分的知识，而在指示学员如何去读书，学员得了方法以后，可以自己去研究，……①

可见暑期学校的"中文"讲义涵盖的内容并不多，但由于暑期学校与正式大学课程教育相比，给了授课教师更宽泛的讲授范围和更大的自由度，因此教员的学术个性更为突出。

暑期学校作为一种社会教育，其社会影响要胜过正式的大学课堂教学，很多教授将个人的社会见解、文化主张融入授课内容，以中文学科特有的方式参与社会、干预社会。因此，暑期学校中文学科讲义的生成既是一种学科教育现象，也是民国时期中文学科参与社会、干预现实的集中体现和文献佐证。

民国时期中文学科的第二类社会教育课程与国语运动紧密相关，按照黎锦熙在《国语运动史纲》中的分期，国语运动可分为"切音运动时期""简字运动时期""注音字母与新文学联合时期"和"国语罗马字与注音符号推进运动时期"②四个阶段。第三、四阶段之间，首先是

---

① 见姚森《谈暑期学校》，《国民旬刊》1931 年第 30 期。
② 参看黎锦熙《国语运动史纲》，商务印书馆 2011 年版。

1918年教育部令在北京、南京、武昌、广东、奉天、成都、西安七地之国立师范学校设立国语讲习科①，随后1919年国语统一筹备会成立并制订了推行国语的六条办法，其中第二条就是"各县劝学所及教育会利用寒暑假时间设立国语传习所，招集本境小学校教员一律传习国音，并依据国音字典补习注音字母"②，一时间各地产生了大量国语讲习所，中文学科语言学部分课程被引入讲习所的教学，成为骨干课程。与课程相对应产生的一批授课讲义，可以视为中文学科课程与教员参与国语运动的证据，兼具学术价值与史料价值。

表2.7　1919—1926年间国语运动讲习所生成中文学科讲义举要

名称	著者	使用时间	施用院校
国语发音学	汪怡	1920起	国语统一筹备会办国语讲习所
注音符号讲义	汪怡	1920—1930	国语统一筹备会办国语讲习所
国语发音学	汪怡	1920起	国语统一筹备会办国语讲习所
国语文学史	胡适	1921—1922	教育部国语讲习所
语言学大义	乐嗣炳	1923	中华书局支持开办培训中小学教师的国语专修学校
国语概论	乐嗣炳	1923	中华书局支持开办培训中小学教师的国语专修学校
音韵沿革	乐嗣炳	1923	中华书局支持开办培训中小学教师的国语专修学校
国音	乐嗣炳	1923	中华书局支持开办培训中小学教师的国语专修学校
国语话	乐嗣炳	1923	中华书局支持开办培训中小学教师的国语专修学校
国语辨音	乐嗣炳	1923	中华书局支持开办培训中小学教师的国语专修学校

第三类在社会教育课程中产生的中文学科讲义，是在大学国文系教师走向社会，为各行各业的社会工作者开设课程的过程中产生的，这一现象在抗日战争时期比较集中，以下为笔者搜集到的此类讲义简况表。

---

① 参看《政府公报》1918年6月21日第865期，"咨"的相关内容。
② 见《教育杂志》1919年第11期，"专件"。

表 2.8 曾用于社会教育的中文学科讲义简表

名称	著者	使用时间	施用对象	施用课程
国学讲述	毛常	1940	浙赣铁路局职工	诸子学
民族诗歌论集第一、三卷	卢前	1940	向民众广播	民族诗歌专题讲座
神话与古代文化	闻一多	1942	云南省地方干部培训团	
孙子今说	钱基博	1945	湘中前线战士	孙子兵法
鸭池十讲	罗庸	抗战时期	昆明各学校和机关	儒学系列讲座

上述讲义以专题讲授为主要形式,此形式对学员听课的延续性没有过多要求,基本可以做到随到随听,非常符合社会教育学员流动性大的特点,从讲授形式上照顾到学员特点。讲义内容立足民族、国家,以弘扬民族精神和传统文化的方式鼓舞民众抗日热情,展现了中文学科在民族危亡之际发挥学科优势积极为抗日救亡服务的一面。

抗战期间,各类教育单位都以各种方式增强教育对抗战的服务职能,中文学科在其中发挥了比较突出的作用。在教育部面向正规学校发布的《教部令抗战时课程》①中,第五条规定"关于文科者,有《孙膑兵法》、历史战争史料、随乡图书馆、民族运动等四种",中文学科部分教员积极践行此令,开设有关课程并生成了具有代表性的讲义。钱基博自 1938 年起,在国立师范大学开设"孙子",自编讲义《孙子章句训义》;杨树达 1943 年在湖南大学开设"春秋大义",自编讲义《春秋大义述》,这些课程都在当时大学中产生了强烈反响,也为中文学科课程抗日期间走向社会、服务抗战奠定了基础。钱基博 1945 年为湘中前线战士讲授"孙子兵法",在此前"孙子"课程基础上汇入最新抗战情况,形成讲义《孙子今说》,1947 年作为《孙子章句训义》的附录正式出版。

此外,在临时性的抗日教育服务中,中文学科也发挥了比较突出的作用。《教育杂志》曾刊登过一则题为《湖南伤兵教育课程》②的文章谈道:

---

① 见《教育杂志》1937 年第 6 期,"教育短讯"。
② 见《教育杂志》1937 年第 6 期。

> 湖南各伤兵医院奉中央伤兵管理处命令,实施一定教育课程,其课程准则如下:住院伤兵每周实施课程准则课目:(一)精神讲话。应注重新生活条规,军风纪之遵守抗战荣誉之保持,军人人格之爱护,及先贤先哲指示之处世做人大道。(二)识字。……(四)民族英雄故事。多讲古今中外名将受伤后,接守纪律,及重赴战场杀敌等故事。

先哲处世做人之道、识字、民族英雄故事等课程内容的讲授中文学科教师首当其冲。

除上述三种社会教育外,中文学科课程还参与到函授教育中,1925年商务印书馆曾推出函授系列课程讲义,其中有三种来自中文学科,包括刘永济《小说概论讲义》、李笠《文学概论讲义》以及陈衍的《诗学概论讲义》。以讲义为参照,可以看到,民国时期中文学科不仅紧跟时代,积极参与社会教育,而且参与方式多样,影响面和覆盖面也都达到了一定程度,是社会教育的重要组成部分。

第三章 由"准出版"到正式出版：民国中文学科讲义的出版

学术著作出版后，经学界长期淘洗，成为学科典范，被用为大学教本或学习参考，甚至被选编入教材，这是今天我们非常熟悉的学术著作经典化之路，它以正式出版为起点，以进入大学课堂为重要标志。但在民国时期，这一过程很多时候要被颠倒过来，就中文学科言，很多我们熟知的学科了解奠基之作都是首先作为授课讲义用于大学课堂教学，在实际教学应用中反复修改打磨，在得到学科内一定的关注和认可后才正式出版。用于授课、不断修改、整理完善、正式出版，这是很多民国大学讲义都要经历的过程。在此过程中，大学出版部发挥了重要作用，"准出版"形态也成为学科发展特殊时期一类特殊的出版现象。由"准出版"到正式出版，又是一轮淘洗的过程，在国家政策、社会思潮、学科走向、教学需要、出版经营等诸多因素的影响下，中文学科讲义发生了分化，有些在短时期内即获得出版机会并反复再版成为学科典范；有些一直未能获得出版社垂青，长期以讲义和手稿形式存在，多年后以收入全集、文集等形式问世，漫长的出版过程往往使其学科价值大打折扣；有些则一再错失出版机遇、销声匿迹甚至遗失。考察民国时期中文学科讲义的出版状况，既有助于了解彼时学科教育情况，也是对出版史上一个特殊阶段、一类特殊现象的呈现，更是从出版视角对中文学科与民国经济、文化、教育等方面衔接情况的一种回顾和考察。

第一节 大学出版部与讲义的"准出版"形态

今天可见之中文学科授课讲义，以教师课前编写课上发放的为最多。这些讲义由各大学出版部统一印制，是出版部教学服务工作之最大一宗,随着大学出版部以及授课讲义社会影响的不断扩大,讲义印制随之规范,并最终形成了与正式出版物非常接近的准出版形态。准出版既是讲义作为校内自印产品的终极形态,同时也是迈向正式出版成为学术著作的理想起点。

一、民国大学出版部及其讲义生产

西方大学出版社历史悠久,欧洲主要大学都在16世纪前创立了自己的出版社,世界上最古老的剑桥大学出版社,其出版活动始于12世纪。我国之大学出版则产生较晚,一般视京师同文馆为源头。这所1862年由洋务派创建的外语学校,将翻译外文书籍作为培养外语人才的目标和途径。在"学西方"的时代大背景下,此种植根于外语学校的译书活动受到知识界的认可和欢迎,为了应对不断扩大的译书市场,1873年同文馆附设印刷所,1886年又专设纂修官负责译本的编辑加工和润笔,至此,京师同文馆已基本具备现代大学出版社之雏形。自1862年成立,到1901年并入京师大学堂,在近40年的时间里,京师同文馆累计翻译外国著作200余种,其中不乏《万国公法》《化学阐源》等在学界、教育界产生重大影响的译作。

目前,我国学界对大学出版社的认识多沿京师同文馆译书出版一脉,着重探讨我国大学出版社之出版个性及其蕴含的文化特征。这与西方重视大学出版,强调大学出版社学术个性的研究趋向相吻合,也对我国出版事业的发展具有借鉴意义。但还应注意到,我国大学之出版社在其创建早期还另有一番景象,翻阅近代教育史或民国各大学的校史资料,便不难发现,当时的大学出版社除了学术著作、译作等出版业务外,还有很多其他职能,这些职能以服务校内师生、服务课堂教学为核心,对初创期的现代大学、对刚刚推行的分科教育,对各学科的形成和发展都起到了积极作用。随着我国大学教育的不断发展,尤其是教育产业化的成形,大学出版社最初服务教学的职能逐渐被取代,无法与今天的职能接轨,渐渐被人们遗忘。以下即尝试以1912年至1949年的北京大学出版部为例,呈现民国大学出版部除学术著作出版之外的教学服务职能,借以认识民国讲义的印制单位,了解其印制流程。

1901年京师同文馆并入京师大学堂，1902年京师大学堂正式设立编书处，因当时的京师大学堂还兼有全国最高教育管理机构的职能，因此编书处多为中小学编写课本，与大学教育实际关系不大。1912年京师大学堂正式更名为北京大学，此时北京大学已不再承担教育管理机构的职责，成为真正意义上的分科大学，此时的编书处也更名为收发讲义室，隶属于北京大学图书馆。1918年因印刷品的数量不断增大，北京大学收发讲义室更名为出版部：

> 本校印刷品日渐增加，现特改收发讲义室为出版部，仍隶属于图书馆，以李振彝为该部事务员。
>
> ——《北京大学日刊》1918年3月15日

两年后，随着业务内容的拓展和业务量的进一步加大，北京大学出版部分设讲义课和图书课，分别受理讲义和图书事务：

> 从前之出版部收发室，现改为讲义、图书两课。讲义课暂时仍在原处。图书课已移至……以后关于讲义事务，请与讲义课接洽。图书事务，请于图书课接洽。特此告白。
>
> ——《北京大学日刊》1920年3月25日

通过对北京大学出版部的简要学术考古，不难发现，在北京大学施行现代分科教育之初，为本校师生提供讲义印发服务是出版部的基本职能，这从当时的部门名称"收发讲义室"即可想见。

下面就借助《北京大学日刊》上的有关消息，散点地呈现民国大学出版部创建初期，服务校内教育教学方面的工作内容。

职能一：发布书讯，预定、代购、销售图书。

> 本处现已接收图书馆经售教科书及各种杂志等，书但需逐件清理方可发售。购书诸君即于本月11日起，每日午后三时至五时前来购取可也。此白。
>
> ——《北京大学日刊》1918年1月11日

> 兹购到法文捷径读本二十六册，每册实价现大洋六角正。文预科一年级各班法文同学诸君即速前来购置可也。此白。
>
> ——《北京大学日刊》1918年1月27日

项由文科学长交来近世欧洲名剧选刊计五百本,每册定价大洋五角,本校同学诸君购置按八折核收,非本校学生仍照原价出售。此白。

——《北京大学日刊》1918年1月30日

项由文科杨教员指定,购到英文教科书二十五部,每部折实现洋一元三角一分。文预科一年级甲班仝学诸君速来购用可也。

——《北京大学日刊》1918年4月15日

本部新到寄售图书五种:《中国历史战争形势全图附说论》全部共二本定价洋三元六角……

——《北京大学日刊》1918年4月26日

夏勤先生学术淹博,尤精法理,近以经验与研究之所得,著有《指纹法》一书,准于暑假前出版。是书与刑事政策甚有关系。预约价格,每册现洋二角五分,其预约卷由敝处代售,并存有样本,乐购者请来披阅可也。此白。

——《北京大学日刊》1918年5月15日

近启者本校应用课本已向北京图书公司购到一份,兹将书目列后学生诸君通往该公司购买可也。出版部启。

——《北京大学日刊》1929年10月20日

出版部在《北京大学日刊》上发布几则告白,呈现出当时大学出版部为师生提供图书资料服务的情况,包括:即时发布书讯,接受新书预订及优惠服务,发布教材信息供教师选定,为各专业班学生代购教师指定用书,代售各类学术著作,低价处理图书馆淘汰书籍报刊等。

民国大学施行分科教育之初,授课用书情况各异,大学出版部提供了较为周到的图书服务,既为师生选书提供便利,也使学生在购书时获益,满足了学生们专业学习的需要。另一方面,出版部发布的学术著作信息,使校内师生能及时了解学科发展状况,促进学术交流乃至学术圈的形成,对学科的建设发展起到了积极的促进作用。

在图书方面,北京大学出版部还有一项比较特殊的服务内容,看1920年11月13日的《北京大学日刊》上有出版部刊发的一条告白:"白礼氏法文读本第一集已印齐,售价只须大洋三角……"当时大学授课使用外文书比较普遍,而外文书价格昂贵,师生往往难以承担高昂的购书费用,对教学工作的顺利开展构成阻碍。北京大学出版部针对这一情况,抓住中国当时尚未加入国际版权组织、印制外文书相对自由的时机,开展外文图书翻印业务,由于没有版税支出,只需要单纯的印刷成本,因此大大降低了读者购置外文书籍的费用。这一业务的开展,不仅受到北京大学师生的欢迎,也受到其他高校甚至全国文化教育界的欢迎。据白化文回忆:"北大出版部大量翻印,品种繁多,不但供应本校师生,还批发给内地省里的公私立各大学、高中,极受欢迎。"①

职能二:学校内部资料的刊印。

> 本校日刊现已出版,同学诸君有愿购阅者,请照下列各条手续先期定购,以便转订。此白。
>
> ——《北京大学日刊》1917年11月23日

> 本校二十周年纪念册,据承印者云,于本月二十日准可出版。本校为收回印费起见,现定该册每册大洋一元,校内购买者减收两角,实收大洋八角。凡欲购买者,可先向会计课付价购取书条,纪念册出版时,即凭条向本部领取可也。此告。
>
> ——《北京大学日刊》1918年6月18日

编印校内宣传资料,也是大学出版部的职责之一。北京大学出版部曾先后编发过《北京大学日刊》《北京大学月刊》《国学季刊》《社会科学季刊》《自然科学季刊》《歌谣周刊》等校内刊物,同时还多次承担制作校庆纪念册的任务。以上书刊编印与正式的图书编辑出版不同,其根本出发点在于服务学校日常工作,而非对外的出版发行,编印这些资料并不盈利,仅收成本费用。以《北京大学日刊》的编印为例,该刊创办起即由出版部负责,虽经售事宜1918年移交日刊经理部负责②,但编印工作从未旁落,出版部相对成熟的编印基础为这一刊物打下了坚实基础,使《北京大学日刊》成为北大师生获取信息的首要渠道,当时甚至有很多校外人员通过各种渠道订购日刊,可见其影响力。今

---

① 白化文:《我所知道的老北大出版组(部)》,见《北大熏习录》,北京大学出版社2010年版,第212页。
② 《收发讲义室通告》,《北京大学日刊》1918年2月25日。

天,各大学几乎都开办有用以沟通信息、保存校史资料的内部报刊,溯其源头当为民国大学之出版部。

职能三:授课讲义的印发。

出版部之校内服务职能,以授课讲义的印发为一大宗。现代大学教育开办初期,没有比较成熟的本土课本供教师选择,教师们一般通过两种方式解决课本问题,一是直接使用外国教材或其中文译本,二是根据课程情况自编讲义。在民国各高校中,北京大学最具讲义传统,几乎所有学科都有教师的自编讲义,这些讲义不但满足了当时的教学需要,也为学科的建立与发展做出了贡献。我们非常熟悉的鲁迅的《中国小说史略》、胡适的《中国哲学史大纲(卷上)》、周作人的《欧洲文学史》等著作,其前身都是北大出版部的自印讲义。

北京大学出版部通过制定办事细则、发布告白、致全体教员公函等方式建立起比较完善的讲义编审、印刷、发放管理体系。讲义编印的基本流程为,课程讲义首先需提请校长、学长审定,同时确定印制数量,出版部讲义课则根据讲义的印制数量确定印刷方式、定价以及印刷所需时间,一般印量较少或特殊符号较多无法找到合适字模的采取油印方式,印量较大的则采用铅印,铅印要求至少提前7天提交定稿,油印则需提前3天。讲义印刷完毕后,通过《日刊》发布消息,由教师领取随堂发放或学生自行到出版部领取,学期末出版部负责为师生统一装订完整讲义。后来,随着课程体系的日臻稳定,教师一边授课一边编写讲义的情况逐步减少,多数教师在授课前已经有完整讲义,这就要求教师在学期末向出版部提交下学期将使用的讲义稿,利用假期统一印制装订。在定价方面,出版部以收回印刷成本为基本原则,每名学生的学费中都有一部分专门用作讲义印制,以出版部发给同学们的讲义证为消费依据。如果出现讲义丢失需补购或对其他学科讲义感兴趣想额外购买的情况,则需学生到出版部另外交费购买。

二、作为"准出版物"的授课讲义

之所以称出版部编印的授课讲义为"准出版物",因为它在形态上与正式出版物已经非常接近,在一定范围内起到了与正式出版物一样的作用,但从根本上说仍需加一个"准"字,这个"准"字主要表现在以下几个方面。

首先,讲义作为一种准出版物,其著作权与正式出版物不同。查阅1928年5月14日国民政府公布并施行的《著作权法》,其中对正式出版物的著作编号、著者权利、著作权年限等都作了非常明确的规定,而对讲义的著作权则进行了单独说明——第二章第十八条:"讲义、演述虽经他人笔述,或由官署、学校印刷,其著作权仍归讲演人有之。但别有约定或经讲演人之允许者,不在此限。"①这与1915年公布并实施的《北洋政府之著作权法》的情况基本一致,只存在细小的文字差别。

由著作权法的有关规定,可以推知两点,第一,将讲义的著作权进行单独规定,说明学校印刷的讲义在著作权上比较特殊,对于正式出版物在著作编号、著作权年限、版次等方面的规定并不适用于讲义,同时也说明当时讲义印发情况相当普遍,需要以法律的形式加以规范。第二,从具体内容上看,该法着重强调讲义著作权归演讲人所有,而记录整理者不享有著作权,所以当时很多讲义封面上都同时注有"某某述""某某录"的字样,对讲授人与记录人加以区分,而讲义一旦作为学术著作正式出版则只保留讲授者一人姓名——"某某著"。但作为一项法律,对讲义著作权如此规定又略显粗糙,因为其判定讲义著作权归属的标准为讲授行为的发生,当时学术圈尚未彻底形成,学术交流信息也不通畅,谁第一个讲授,谁是仿照他人讲授,有时候难以评判,盗用他人讲义寻求出版的情况也时有发生。例如,胡小石先生编写的中国文学史讲义从1920年起先后在北京女子师范大学、金陵大学、东南大学三所高校授课使用,但仍有遭人窃取出版的危险,为了保住著作权,胡小石无奈之下仓促修改学生课堂笔记,于1928年将讲义以《中国文学史讲稿》为题交由上海人文出版社出版②。

其次,讲义与正式出版物的编辑流程不同。一部著作正式出版前,反复校对是不可缺少的环节,但是大学出版部印发讲义却没有校对这一环节。在《国立北京大学出版部与商人瞿文镕订定印刷讲义合

---

① 见刘哲民编《近现代出版新闻法规汇编》,学林出版社1992年版,第157—161页。
② 参看吴白匋《胡小石先生传》,载于《文献》1986年第2期。

同》①中,有关于校对工作的条款,内容如下:"校对由印刷所负责,其错误在二百分之一以内时,每字罚洋伍分。若超过一百分之一时,必须重印不另给价。但印刷所接收稿件对于稿件有疑问时,应由讲义课负责指导。各种讲义由校中教员或学生自任校对时,其应扣之校对费如左。"由合同内容可知,出版部讲义课不负责讲义的校对,校对工作交由印刷所负责,或由授课教师或学生自行负责。关于这一问题,1929年出版部发布的一条公告表述得更加明确:"本部为减少讲义错误起见,特改由学生自行校对讲义。查本部组织并无校对处机关。特此声明。"②这种由读者自行校对的做法,显然只能在讲义之"准出版"状态下出现。

最后,讲义之版次与修订有其自身规律,与正式出版物不同。一部著作正式出版后,会根据销售情况确定版次与印量,作者一般也会经过较长时间的积淀和思考,慎重考虑著作的修订和再版。而讲义因为与课堂教学紧密相连,所以每一轮授课都意味着一次重印,而多数授课教师也会在重印前结合自己前一阶段的思考、课堂反应、讲授效果等因素,对讲义进行修订,可以说讲义每学年的重印都相当于一次修订再版。《北京大学日刊》在每个暑假前的几期都会发布出版部督促教员抓紧修订新学年讲义并及时送到出版部印制的公告。在大学分科教育初期,各学科教学都处于摸索阶段,因此每次修订讲义的幅度一般也都比较大,而且修订讲义也成为很多学校对教员的要求,甚至是考核教员教学水平的重要指标。庄俞在题为"论审查教科用书"③的文章中谈道:"使有良教员于此,本其生平之经验,度其学校之状况,察其学生之程度,随时采取材料依据事实集学生于一堂而教授之。其热心,其可佩,而其成效也必可观也。然而,此种良教员千万中不能得什一,况施行其法于大学校专门学校或可胜任,普通学校及幼稚学生断难容受此种教授法也。"从中可见教育界对讲义随时修订调整的重视和期待。

---

① 见《北京大学日刊》1929 年 9 月 20 日。
② 见《北京大学日刊》1929 年 10 月 20 日。
③ 载《教育杂志》1912 年第 4 期。

除以上几方面的准出版特征外,讲义作为用于面对面课堂讲授的文本,在其编写印制之前,读者群业已非常明确,就是听课的学生,而且这类读者范围有一定的封闭性,其阅读水平也基本可以预知。这与正式出版物读者开放,无法判断读者群阅读水平也很不相同,当为讲义这一准出版物所独有。

大学授课讲义作为一种形态独特的准出版物,在教育史和出版史上具有独特的意义和价值,立足本文之研究角度,大学出版部及其印制的授课讲义从出版角度对学科建设之贡献主要集中在以下两个方面:

第一,对大学教科书的贡献。我国现代大学从推行分科教育起,就要时时应对教科书问题,从没有课本,到大量使用西书原本、译本,再到本国大学丛书的出版,直至教育部大学用书编订规范的出台,在这一曲折历程中,大学出版部的编印讲义与大学教科书之间呈现出紧密的互补、互动关系。在没有课本的阶段,讲义完全发挥了课本之功用;在西书原本和译本被广泛用作教本的阶段,教育界对课本本土化的呼唤不绝于耳,讲义则成为本国自编教本的典范,引领课本建设改革之风气;当授课讲义实现一定的积累,它们便开始作为学术成果之一支、教学参考之要目,以"大学丛书"的名目陆续出版。以商务印书馆为例,先后出版了《东南大学丛书》(1923)、《燕京大学丛书》(1923)、《北京师范大学丛书》(1924)、《大同大学丛书》(1925)、《清华大学丛书》(1929)、《中央大学丛书》(1930)、《武汉大学丛书》(1930)等多个系列的大学丛书,到了1931年更是成立了蔡元培领衔的大学丛书委员会,负责大学丛书的征稿出版,截至1935年累计出版200余种[1],极大地丰富了我国之大学用书,推动了大学课本的本土化进程。

随着讲义以"大学丛书"的方式出版并在教育界的影响不断加大,讲义的文本组织形式也得到广泛的认可与接受。1940年教育部大学用书编辑委员会颁布的《大学用书编辑计划及各种办法》正式对教育部审定大学用书的体例进行了规范:

> 教育部大学用书编辑体例:一、大学用书之编辑体例,以能

---

[1] 参看吴永贵《民国出版史》,福建人民出版社2011年版,第473—475页。

适用于教学为原则。二、大学用书名称定为"教育部审定大学用书",得简称为"部定大学用书";正文应以篇、章、节、目为次序。三、每一稿件之字数,视各该学科之性质及学分而定,每一学分以四万字至六万字为原则,但参考书之字数不在此限。四、每一稿件应附全书参考材料目编,每章之末应视学科性质附研习问题或阅读书目。五、文体不拘文言白话,但必须加标点符号……八、每一稿件必须附列索引及中外译名对照表,以待查考。

——《高等教育法令选辑》[①]

从规范的内容上看,无论是篇、章、节、目的次序,还是对章节字数的要求,以及对附录参考资料篇目的要求、语体和标点的规范等,都与大学出版部编印的讲义非常接近,是大学出版部的讲义为教育部审定课本提供了范例和参照之雏形。由讲义而课本的过程当属有益,因为课本以适用于教学为第一要务,而讲义是应课堂教学需要而生,又经过课堂教学的验证和反复打磨,完全可以满足教学需要,这为我国大学用书编订选择了一个理想的发展方向。

第二,对各学科学术著作出版的贡献。大学出版部编印的课程讲义,除了作为教本或教学参考以"大学丛书"的形式出版外,还有很多作为独立学术著作出版,这对各学科的学术积累、学术交流乃至学术圈的形成都有积极作用。

课程讲义能够作为独立的学术著作出版,主要有两方面的原因:首先,讲义用于课堂讲授,其第一读者既是学生同时也是潜在的学科同行,对于学术著作而言传播范围相对有限,能在正式出版前在学科的潜在同行中间以详细讲解的方式传播,为日后作为学术著作正式出版奠定了良好的读者基础。多数课堂讲义在作为独立学术著作正式出版前,已经有了非常理想的读者群和学术影响。其次,课堂讲义能够被各大出版社和书局看好,并顺利出版,与大学出版部以"准出版"形态编印讲义有直接关系。"准出版"形态讲义已经具备了出版物的大多数特征,既容易得到出版社的认可,也使著作的整理出版更加便捷,缩短了著作问世的时间,相应的也就加快了学科积淀。

---

① 见《高等教育季刊》1941年第1期。

以北京大学出版部印发的中国文学系讲义为例,很多我们熟知的著作都曾作为讲义由出版部印行:姚永朴的《文学研究法》讲义,1912年校内印行,1916年即由商务印书馆正式出版;吴梅的《词余讲义》,1919年校内印行,1935年商务印书馆以"曲学通论"为题正式出版;刘半农的《中国文法通论》,1919年校内印行,1939年由中华书局正式出版;许之衡的《曲史》和《声律学》两部讲义,1924年在校内分别印行,1930年即应商务印书馆之邀合并出版……这些由讲义整理而成的学术著作,在民国学界形成了一道独特的风景,"讲义体"也成为多数大学教师出版专著的选择。

第二节　二三十年代中文学科讲义的集中出版

大学出版部面向校内师生以"准出版"的形式印发讲义,不仅满足了师生授习之需要,从教本角度规范了课堂教学,同时也为这些讲义的正式出版奠定了良好的稿本基础。经过民初十年的教学积累,各大学、各学科都积累了一定数量的授课讲义,其中不乏富有学科开创性或奠基性的作品。虽然当时仅限于校内印发,但其内容已经过教学实践的反复考验和作者打磨,其形态也随着大学出版部的发展日臻规范完善。这使大学讲义成为最具学术著作潜质的文本。一旦时机成熟,它们就会破土而出,由校内印发的"准出版"形态转化为正式出版物。

20年代中期至抗战爆发前,在多重因素的共同作用下,积累了十余年的大学讲义以多种形式不约而同地出版问世,形成了一轮讲义出版高潮,而中文学科讲义正是其中的典型代表。因此,以考察中文学科(包括文学、语言学、文献学等)为重点,也旁及其他文科类学科的讲义出版情况,可窥一斑而知全豹,对这一独特出版现象及其内部机制有所了解。而站在中文学科教育史的角度,出版又是对民国十余年来中文学科教学成果的一次集中检验,不同的出版性质、不同的出版渠道,可视为对学科教育成果价值的分层和归类,从中可以了解到当时中文学科在学术、教学两方面的发展状况和二者之间的互动关系。

第三章 由"准出版"到正式出版:民国中文学科讲义的出版

一、拉开讲义出版的序幕:分校初版的"××大学丛书"

民国初期,大学讲义出版的情况已然存在,只是比较分散,数量也相对有限。以中文学科为例,比较早的有姚永朴在北京大学讲授"文学研究"的课程讲义《文学研究法》,1916年由商务印书馆刻印出版;陈柱尊在南洋大学讲授"庄子文"的课程讲义《庄子内学篇》,1916年由中国学术通论出版社出版;龚道耕在成都高等师范学校讲授"中国文学史"的课程讲义《中国文学史略论》,1919年由成都某出版社出版。至1918年,商务印书馆开始与北京大学、南京高师等高校合作出版"××大学丛书"。丛书冠以诸大学名称,书目由高校选定推荐,经商务印书馆审核即可出版。这为讲义摆脱零散出版的状况提供了契机,也为大学讲义集中出版拉开了序幕。

商务印书馆1918年的大事记中有这样的记载:"10月 尚志学会丛书开始出版。此为本馆印行学术丛书之始。嗣后续出者有:北京大学,南京高师,武昌高师,东南大学,中央大学,武汉大学,大同大学,燕京大学,北京师大,厦门大学,上海美专,国立音专的学校丛书。"[①]从笔者掌握的资料看,最早的大学丛书是商务印书馆与北京大学合作出版的"北京大学丛书"。张元济年谱中1918年7月9日这样记述:"后又参加《北京大学丛书》编译茶话会,到会者有蔡元培、夏元瑮、陈独秀、王长信、胡适、章士钊。会上已成三书稿:《人类学》(陈映璜)、《心理学大纲》(陈大齐)、《欧洲文学史》(周作人)。详商版式、字体等出版事宜。"[②]1920年胡适在北京大学开学典礼上发表了题为"提高和普及"的演讲,其中提到"大学丛书出了两年,到现在也只出了五大本。后来我们想,著书的人没有,勉强找几个翻译人,总该还有。所以我们上半年弄了一个世界丛书,不想我10个月的经验结果,各处寄来的稿子虽有一百多种,至今却只有一种真值得出版"[③]。

由上述材料可见,"北京大学丛书"作为第一种大学丛书,其书稿

---

① 《本馆四十年大事记》,见《商务印书馆九十五年:我和商务印书馆》,商务印书馆1995年版,第687页。
② 张树年主编《张元济年谱》,商务印书馆1991年版,第155页。
③ 柳芳主编《胡适教育文选》,开明出版社1992年版,第77—78页。

征集情况并不理想,到1920年也只有五部,新增两部为胡适的《中国哲学史大纲》上卷和梁漱溟的《印度哲学概论》。这五部中,周作人的《欧洲文学史》就是由在北大国文系讲授近世欧洲文学史、希腊文学史、罗马文学史的课程讲义合并整理而成:"这样经过一年的光阴,计草成希腊文学要略一卷,罗马一卷,欧洲中古至十八世纪一卷,合成一册《欧洲文学史》,作为北京大学丛书之三,由商务印书馆出版。"①究其实,"北京大学丛书"出版的五部著作全部来自授课讲义:梁漱溟的《印度哲学概论》序言第一句即"兹番印度哲学讲义与他方讲印度哲学书籍暨上次讲义之编制均不同"②;蔡元培为胡适《中国哲学史大纲》所作序言中说:"先生到北京大学讲授中国哲学史,几满一年。此一年的短时期中,成了这一编《中国古代哲学史大纲》,可算是心灵手敏了。"③;陈大齐在其晚年自述中称"心理学大纲为北京大学丛书之一,商务印书馆出版。本书系就讲义修订而成,以介绍当时心理学知识为主……"④1920年后,北京大学丛书又陆续出版了张慰慈《政治学大纲》(1923)、梁启超《先秦政治思想史》(1923)、高一涵《欧洲政治思想史(上)》(1924)、陈士璋《定性分析》(1924)等著作。

关于"北京大学丛书"与讲义的关系,1924年"清华丛书"编委会作了这样的概括:

> 目前甚嚣尘上之北大丛书,均系其校中讲义所集成。北京大学将讲义作为本校丛书出版的做法,为讲义的出版提供了一条有效途径,为很多高校所采纳。《清华丛书之具体办法》中,即将学生毕业论著、各科讲义以及留美回国同学论著作为丛书最主要的三种来源,认为清华之讲义"现虽未备,但自编讲义者亦复不少,苟校中每年选其备者印之,亦未必见弱于北大之丛书。如现校中

---

① 《知堂回想录·五四之前》,见《知堂回想录》,河北教育出版社2002年版,第426页。
② 梁漱溟:《印度哲学概论》,商务印书馆1919年版,第1页。
③ 胡适:《中国哲学史大纲》,商务印书馆1919年版,第1—2页。
④ 陈大齐:《八十二岁自述》,见《陈大齐先生专辑》,中国人民政治协商会议浙江省海盐县委员会文史资料工作委员会编,1988年出版,第4页。

民国史讲义均一时不可多得之作,印之成书,必能受社会之欢迎也。"①

随后出版的各大学丛书中也多将本校授课讲义列入其中,以中文学科为例,"东南大学丛书"中有陈钟凡训诂学讲义《古书校读法》、顾实文字学讲义《中国文字学》、目录学讲义《汉书艺文志讲疏》等;"武汉大学丛书"中有刘赜音韵学讲义《声韵学表解》;"北京师范大学丛书"中有黎锦熙《国语文法讲义》;"中央大学丛书"中有吴梅曲选课讲义《曲选》等。

"北京大学丛书"的出版奠定了讲义出版的一种范式,也拉开了各大学丛书出版的序幕,在彼时高等教育界由此形成大学丛书出版之风气。当时"国内各大学教授专著杀青付梓,积有种数后,校方往往即冠以校名,名曰某大学丛书,如北大、北师大、东大、南开大学、中大、北高师、南高师、大同大学、武汉大学等等,夥颐至不胜数"②。大学丛书之风几乎贯穿整个民国时期,这为民国时期很多大学讲义的出版提供了便利条件。1947年厦门大学出版了大学丛书,其中第一部林庚《中国文学史》的前三章即是林庚1941年在厦门大学讲授文学史时印发的课程讲义。

以"北京大学丛书"为肇始的各大学丛书,旨在加强学术交流,展示本校教师的学术成果,进而体现该校之学科实力。因此,被选入丛书出版的一定是当时该校最优秀的成果,这无形中将讲义在出版领域作了区分。换句话说,同时期的授课讲义,考察其出版情况,即可判断该讲义彼时在学校和学科中的认可度。以北京大学为例,在北京大学丛书出版之时,刘半农文法课讲义《中国文法通论》、刘师培的《中古文学史讲义》业已编写完成,但都未能收入丛书出版,分别于1919年和1920年由北京大学出版部出版,而陈汉章讲授《尔雅》和《说文》课的讲义连正式出版的机会都没有获得,一直处于校内印行的状态。由此我们可以看到讲义在出版过程中存在的差异,各大学丛书只是其中比较早的一种出版形式,作为一校学科实力的代表,丛书书目必然经历严

---

① 包华国:《清华丛书之具体办法》,见《清华周刊》1924年第10期。
② 《商务印书馆编印大学丛书》,见《浙江图书馆馆刊》1933年第2期,第167页。

格筛选,其数量注定不会很多,以此途径出版的中文学科讲义相应也比较有限。

表 3.1　作为各大学丛书出版的中文学科讲义简表

名称	著者	使用时间	施用院校	施用课程	丛书名称
欧洲文学史	周作人	1917—1918	北京大学	希腊、罗马文学史、近世欧洲文学史	北京大学丛书
中国文字学	顾实	1920	东南大学	文字学	东南大学丛书
汉书艺文志讲疏	顾实	1920 起	东南大学	目录学	东南大学丛书
古书校读法	陈中凡	1921—1927	东南大学	训诂学	东南大学丛书
国语文法讲义	黎锦熙	1920—1924	北京师范大学	文法	北京师范大学丛书
声韵学表解	刘赜	1929 起	武汉大学	音韵学	武汉大学丛书
曲选	吴梅	1927 起	中央大学	曲选	中央大学丛书
中国文学史	林庚	1941	厦门大学	中国文学史	厦门大学丛书

二、有规模而未完全实现的教科书宏愿:作为大学用书出版的授课讲义

1931 年,商务印书馆推出了名为"大学丛书"的出版计划。这一计划是在以蔡元培为首的教育界极力倡导"教科书国化"的背景下酝酿产生的。王云五设想借助大学"教科书国化"的浪潮,使商务印书馆取得出版经教育部审定的全国通用大学教科书的特权。"大学丛书"与此前各大学独立出版的"××大学丛书"相比,表面上看只是少了各校校名,但出版目的有根本不同:各校丛书是以展示本校教师学术科研成果为目的的学术著作,而"大学丛书"则是以规范统一全国大学教学用书为目的的教科书和教学参考用书汇集。王云五本人也明了两种丛书出版的差异,他站在出版运营的角度指出:"为推行此计划之初步,唯有鼓励大学教授的写作尽量由商务印书馆代为印行,将来积有数量,再行严加审查,扩充为大学教本。"①丛书以大学教本为最终目的,一直发挥教本作用的授课讲义因而具备了收入"大学丛书"的潜在可能。而当时制定的《商务印书馆印行大学丛书章程》则使这种潜在可能在客观上得以实现。

《章程》前两条规定了"大学丛书"的来源:

> 一、大学丛书依大学丛书委员会所定目录,经各委员代为征集稿本,由本馆酌量次第印行,或经各委员介绍专家,由本馆约定编著之。二、本馆已出版之专门著作,经委员会审查后,得加入大学丛书②。

可见"大学丛书"来源主要有三种:已出版之专门著作、已基本完成的稿本以及向专家约稿。按照书稿完成情况分两大类,一类是已经完成的,一类是需要从头编著的。两类在出版难度上的区别显而易见,对此当时出版界就有非常明确的分析:商务印书馆出版的大学丛书"一种是将现有的书籍,汇集起来,由出版者统一其装订与版式……编印人只负校雠之责,至多只加一篇序言。而在选择、版式和装订方面,编印人均可匠心独运,使这套书既便利,又美观。……还有一种丛书是由出版者方面特地托人编著成功的。关于此种丛书的发行,困难自较前者为烈。不但各书的编著人方面,需具相当能力,就是出版者方面,亦必先有一个通盘的计划,一贯的方针,而后参差不齐之病,始可避免"③。

《章程》第三、四条则规定了"大学丛书"的出版安排:

> 三、大学丛书第一集暂以三百种为限。四、大学丛书第一集拟分五年出版,除本馆已出版可以归入者外,每年出版四十种。④

---

① 王云五:《岫庐八十自述》,上海人民出版社 2007 年版,第 84 页。
② 《商务印书馆印行大学丛书章程》,见吴永贵《民国出版史》,福建人民出版社 2011 年版,第 475 页。
③ 梁鉴立:《对于商务印书馆大学丛书目录中法律及政治部分之商榷》,见《图书评论》1933 年第 2 期,第 3 页。
④ 《商务印书馆印行大学丛书章程》,引自吴永贵《民国出版史》,福建人民出版社 2011 年版,第 475 页。

五年时间出完三百部,时间相当仓促。为了完成出版计划,编委会只能选择业已出版或已形成稿本的出版,而较少选择难度相对较大、周期也更长的临时约请编著方式。这为处于准出版状态的讲义被收入丛书正式出版提供了比较理想的客观条件。

　　从实际出版情况看,商务印书馆的这套"大学丛书"累计出版 317 种,"迄于抗战爆发前的四年时间里,商务印书馆编印出版的《大学丛书》超过 200 种,已达到原计划 300 种的 2/3 以上"[1]。如此高的出版效率,决定了成书再版或完稿出版的比例必然很高,其中多数为授课讲义整理改编而成。以中文学科为例,吴梅在北京大学讲授词曲课的讲义《词学通论》、顾实在东南大学讲授文字学课的讲义《中国文字学》、杨树达在北平高等师范学院和清华大学讲授文法课的讲义《高级国文法》、王力在清华大学和燕京大学讲授音韵学课的讲义《中国音韵学》,都被收入"大学丛书"出版。

　　1930 年代以后,与商务印书馆共同出版大学教科书的还有中华书局和世界书局。中华书局也是比较早参与各级教育课本出版的出版社之一。据吴永贵辑录的中华书局出版大学用书的目录[2],中华书局在民国时期共出版大学用书达 91 种。其中很多也是授课讲义。属于中文学科的有:梁启超在东南大学暑期班的授课讲义《中学以上作文教学法》、黎锦熙在武昌中华大学暑期学校的授课讲义《国语文法纲要六讲》、张世禄在上海暨南大学的授课讲义《言语学概论》、岑麒祥在中山大学的授课讲义《语音学概论》等。世界书局出版大学用书的数量也较可观,从 1939 年出版的《世界书局图书目录》看,截至其时,世界书局已出版大学用书 143 种,主要形式有编著和译著两种,涉及哲学系、中国文学系、外国文学系、史学系、政治系、法律系等 13 个系的课程[3]。其中中国文学系用书共 10 种,包括授课讲义出版成书 4 种:钱基博在无锡国专的授课讲义《古籍举要》、杨树达在清华大学讲授修辞学的讲义《中国修辞学》、姜亮夫在上海大夏大学和复旦大学讲授音韵

---

[1] 《商务印书馆与新教育年谱》(上册),江西教育出版社 2008 年版,第 392 页。
[2] 吴永贵:《中华书局与中国近代教育:1912—1949》(博士学位论文),第 185—186 页。
[3] 《世界书局图书目录》,世界书局 1939 年版,第 20—28 页。

学的讲义《中国声韵学》及刘麟生在金陵女子文理学院的授课讲义《中国文学史》。

对大学教科书的出版来说,讲义因体例上符合讲授需要,具备作为教科书出版的潜力。同时大学教科书出版计划对出版速度和总量有较高要求,使得实际操作中更加依赖已经有完整稿本的授课讲义。因此讲义借助大学用书这一途径出版的数量是很大的。抗日战争期间,由于客观条件的限制,大学用书出版潮渐渐回落。虽然1940年国民政府推出了"部定大学用书"的出版条例和具体办法,但截至1945年,出版的"部定大学用书"仅有35种,仅涉及当时大学1007个科目的3.5%,统一大学教科书的宏愿未能实现。但那些出版的大学用书之贡献与价值不能磨灭,尤其是曾经用于课堂讲授的讲义,兼具学科教育和学术成果的双重价值,其双重的滋养作用使它们成为学科发展史上非常重要的奠基之作。

表3.2 作为大学教科书出版的中文学科讲义简表

讲义名称	编著教师	施用学校	施用课程	出版社
词学通论	吴梅	东南大学	词曲	商务印书馆
中国文字学	顾实	东南大学	文字学	商务印书馆
汉书艺文志讲疏	顾实	东南大学	目录学	商务印书馆
高级国文法	杨树达	清华大学		
		北平高等师范学院	文法	商务印书馆
中国音韵学	王力	清华大学与燕京大学	音韵学	商务印书馆
中学以上作文教学法	梁启超	东南大学	暑期学校	中华书局
国语文法纲要六讲	黎锦熙	武昌中华大学	暑期学校	中华书局
言语学概论	张世禄	暨南大学	语言学概论	中华书局
语音学概论	岑麒祥	中山大学	语音学	中华书局
古籍举要	钱基博	无锡国专	古籍举要	世界书局
中国修辞学	杨树达	清华大学	修辞学	世界书局
中国声韵学	姜亮夫	大夏大学与复旦大学	音韵学	世界书局
中国文学史	刘麟生	金陵女子文理学院	文学史	世界书局

三、未入体系却成大宗:零散出版的授课讲义

前两小节梳理了授课讲义作为各大学丛书以学术著作出版和作为"大学丛书"以大学用书出版的基本情况,并对其中二十余种中文学科讲义出版单独列表呈现。需要指出的是,这两种讲义出版方式虽然相对集中且自成体系,因而不可忽视;但就讲义出版数量而言,这两种并不是最多的。以中文学科为例,1920年代中期至1930年代末,总计出版讲义90余种,通过上述方式出版仅20余种。其余则是由不同出版社以独立出版的方式出版的。这些零散出版的讲义,虽未冠以体系名目,最终却成为大宗。

从笔者掌握的资料来看,20世纪20年代中期至30年代末零散出版的中文学科讲义约70种。其地域分布特征非常明显,与当时高等教育发展状况基本一致,形成南北两大核心区:北片以北京大学为首的京津地区各大学,教师一般会选择北京各书店出版其讲义,据笔者统计约有17家在京书店及1家在津书局参与了中文学科讲义的出版活动;南片以东南大学及上海的几所大学为中心,这些学校的教师一般会与上海各书店合作出版其授课讲义,据笔者统计约有14家在沪书店及2家南京书局参与了中文学科讲义的出版。从讲义出版数量和出版单位的数量看,两大核心区可谓平分秋色。此外,具体到某部讲义的出版,笔者发现,极少有教师会突破这一地域界限,也就是说很少有南片教师将讲义送到北京地区书店出版,或是北片教师寻求与上海各书店合作出版讲义。这既说明讲义出版依赖编著者与书店之间比较熟悉稳定的合作关系,同时也不难看出,当时中文学科全国性的学术圈并未形成或并未发展到成熟阶段,这才造成了学科著作出版如此明晰的区域划分。下面以列表方式对众多中文学科讲义零散出版的状况加以呈现。

表 3.3　北平地区(含天津)中文学科讲义出版情况简表

出版机构	出版时间	著作名称	曾为讲义情况
北平文化学社	1927	文心雕龙札记	黄侃:北京大学文学概论课程讲义
	1931	乐府文学史	罗根泽:河南大学、河北大学《乐府》课程讲义
北平人文书店	1932	近代文艺思潮	孙席珍:北京师范大学文艺思潮课程讲义
	1934	读诗札记	俞平伯:上海大学诗经课程讲义
北平直隶书局	1935	唐宋诗举要	高步瀛:北京师范大学唐宋文学课程讲义
	1935	唐宋文举要	高步瀛:北京师范大学唐宋文学课程讲义
同文书店	1934	周秦两汉文学批评史	罗根泽:清华大学中国文学批评史课程讲义
	1934	魏晋六朝文学批评史	罗根泽:清华大学中国文学批评史课程讲义
北京大学出版部	1935	古音系研究	魏建功:北京大学古音课程讲义
	1935	中国声韵学史纲	魏建功:北京大学声韵学课程讲义
(北平)北新书局①	1925	中国小说史略	鲁迅:北京大学小说史课程讲义
新月书店	1928	国语文学史	胡适:南开大学暑期学校课程讲义
立达书局	1933	修辞学提要	郑权中:上海交通大学修辞学课程讲义
中正书局	1937	修辞学	郑权中:复旦大学修辞学课程讲义
哈佛燕京学社	1936	简体字典	容庚:燕京大学简笔字课程讲义
好望书店	1933	古声韵讨论集	杨树达:清华大学古文字学课程讲义
中华书局	1933	诗底原理	孙俍工:复旦大学诗歌原理课程讲义

---

① 1926 年 4 月,北新书局因在其出版刊物《语丝》上刊发鲁迅的文章《纪念刘和珍君》被北洋政府查封,但不久北洋政府即告垮台,查封也就不了了之,北新书局仍正常营业。1926 年 6 月,北新书局在上海开设分部,北平、上海两地经营,直到 1928 年年底书局全部迁往上海。因此本文以"(北平)北新书局"和"(上海)北新书局"加以区分。

(续表)

出版机构	出版时间	著作名称	曾为讲义情况
北平杰成印书局	1933	中国新文学运动史	王哲甫:山西教育学院新文学课程讲义
光明书店	1935	中国文学史大纲	容肇祖:岭南大学、辅仁大学中国文学史课程讲义
北京书店	1937	中国文学史	陈介白:北京大学中国文学史课程讲义
来薰阁书店	1934	古文字学导论	唐兰:北京大学古文字学课程讲义
天津地区一家			
新懋印书局	1925	文心雕龙讲疏	范文澜:南开大学文心雕龙课程讲义

表 3.4　上海地区(含南京)中文学科讲义出版情况简表

出版机构	出版时间	著作名称	曾为讲义情况
商务印书馆	1926	文章学初编	龚自知:云南高等师范学校、东陆大学修辞学课程讲义
	1926	墨学十论	陈柱尊:大夏大学《墨子》课程讲义
	1926	章句论	吕思勉:沪江大学中国文字学课程讲义
	1928	老子集训	陈柱尊:大夏大学老子课程讲义
	1930	中国音乐小史	许之衡:北京大学声律学、戏曲史课程讲义合编
	1931	言语学概论	沈步洲:北京大学、北京师范大学言语学概论课程讲义
	1933	甲骨学文字编	朱芳圃:河南大学甲骨学课程讲义
	1934	辽金元文学史	吴梅:东南大学中国文学史课程讲义
	1934	韩愈文读	钱基博:光华大学韩文研究课程讲义
	1934	古书句读法讲义	杨树达:清华大学古书句读法课程讲义
	1934	唐宋名家词选	龙榆生:暨南大学词选课程讲义
	1934	目录学研究	汪辟疆:东南大学目录学课程讲义
	1934	国音字母演进史	罗常培:清华大学中国音韵沿革课程讲义
	1935	曲学通论	吴梅:北京大学词曲课程讲义

(续表)

出版机构	出版时间	著作名称	曾为讲义情况
商务印书馆	1935	韩愈志	钱基博:光华大学韩文研究课程讲义
	1936	修辞学比兴篇	黎锦熙:北京师范大学修辞学课程讲义
	1936	东坡乐府笺	龙榆生:暨南大学苏词课程讲义
	1937	八股文小史	卢前:暨南大学明清文学课程讲义
	1939	中国语文概论	王力:燕京大学中国语文概论课程讲义
	1939	中国训诂学史	胡朴安:大夏大学、暨南大学、上海大学训诂学课程讲义
开明书店	1932	中国文学史简编	陆侃如、冯沅君:中法大学、中国公学、安徽大学、北京师范大学、北京大学中国文学史课程讲义
	1932	语音学纲要	张世禄:暨南大学语音学课程讲义
	1935	中国文学史新编	张长弓:开封师范学院中国文学史课程讲义
	1939	中国文艺思潮史略	朱维之:协和大学、沪江大学暑期学校中国文学史课程讲义
(上海)北新书局	1927	童话概要	赵景深:上海大学民间文学课程讲义
	1930	中国文学流变史	郑宾于:福建协和大学中国文学史课程讲义
中山书局	1929	文史通义解题及其读法	钱基博:无锡国专文史通义课程讲义
	1933	古文辞类纂解题及其读法	钱基博:光华大学国文课程讲义
大东书局	1926	中国戏曲概论	吴梅:东南大学戏曲概论课程讲义
	1930	何谓文学	卢前:金陵大学、光华大学文学概论课程讲义
民智书局	1923	作文法讲义	陈望道:复旦大学作文法课程讲义
上海大学书局	1923	中国文学通评	胡怀琛:沪江大学中国文学批评课程讲义
上海出版合作社	1925	中国文辞学研究	施畸:广东政法学堂文章学课程讲义
泰东书局	1926	小说学	赵景深:上海大学小说史课程讲义

(续表)

出版机构	出版时间	著作名称	曾为讲义情况
群众图书公司	1927	定本《墨子》间诂补正	陈柱尊：无锡国专墨子课程讲义
上海雅宬学社	1928	中国文学述评	李笠：广东大学文学概论课程讲义
神州国光社	1930	修辞学通诠	王易：东南大学修辞学课程讲义
亚东图书馆	1932	唐代的劳动文艺	孙俍工：劳动大学中国劳动文艺史课程讲义
大江书铺	1932	修辞学发凡	陈望道：复旦大学修辞学课程讲义
广益书局	1933	文学概论	孙俍工：复旦大学文学概论课程讲义
南京地区一家			
南京中山书局	1932	中国文化史	柳诒徵：南京高等师范学院中国文化史课程讲义
	1933	明清戏曲史	卢前：成都大学戏曲课程讲义

四、大学讲义集中出版的背后

各大学丛书、大学教科书与教学参考、零散出版的学术著作，三者共同构成了上世纪20年代中后期到30年代末的讲义出版高峰。90余种中文学科讲义借此正式出版，成为学科奠基性著作。出版高峰的出现是多种因素共同作用的结果，社会文化思潮的影响，高质量稿本的积累，高等教育的影响扩张，阅读人群和阅读需求的扩大，出版商的经营策略，印刷技术的提高等等，都有积极推动作用。笔者认为有两点尤其值得关注：

其一是讲义正式出版前独特的传播效应。讲义的对象首先是高校学生。教师将编印的讲义发给随堂听课的学生，获得讲义的学生其实具有双重身份，他们既是现下的学习者，同时也是这一专业潜在的研究者和从业者。在高等教育并不普及的民国时期，多数学生毕业后都将从事科研和专业教育工作，他们在课堂上听老师对讲义的讲解，其实是在接受一种深度传播。讲义在他们的脑海中已经与专业教育紧紧联系在一起,当他们毕业开始从事专业教育后,自然会遵循课堂讲义的套路,甚至选择自己学过的讲义用作教本。那实际是对讲义的又一次传播。

其二,从校内传播到正式出版蕴含的意义。这一转换,不是简单的形态变化,讲义出版高峰的背后其实蕴含着民国一代知识分子破除狭隘的门派观念的局限,逐步接受知识公共化的思想历程,这一思想历程也是出版高峰能够出现的最重要的主观因素。

民初,虽然教学方式已由传统的开门收徒转变为新式课堂教学,但教师的教育心理并未随之彻底转变,我的知识仅传授给我的学生的观念仍普遍存在。这一观念突出表现之一就是教师对讲义出版的控制,即讲义仅限于在自己的课堂上使用,拒绝将讲义正式出版使其内容成为公共知识的一部分。即使到了1926年,讲义出版已渐成风气,我们仍可以看到这样的呼吁:"我希望诸大学的教授以及国内学者、专家,尽量把穷年累月努力的结果公表出来,不要把学术视为私有。我希望国立编译馆的主事人,多多编译些适于我国情形的大学教本或参考本。"①可见知识私有化观念在大学教育中影响之深。传统的知识占有观念直接影响了现代学科的发展,抑制了学术圈的形成。因此民国教育部也着力改善这一状况,其中最有效的就是将成果、著作出版与教师的切身利益联系起来,通过经济手段扭转教师观念。

1928年中央教育法令中颁布了《大学教员资格条例》,条例将大学教员分为教授、副教授、讲师和助教四等,并对每等教员的任职条件、激励机制等作了规定。其中每一等教员任职资格中都列有对"特别成绩""成绩突出"的激励机制。那么所谓"成绩"指的是什么呢?该条例第三章为"审查",要求报送的审查材料包括"履历、毕业文凭、著作品和服务证书"②四项,可见成绩专指"著作品"。国家的教育政策在大学中也得到了普遍执行,查看1930年各大学教师聘任规则,对著述均有

---

① 华超:《大学教育用书问题评议》,《教育杂志》1926年第3期。
② 参看《大学院公报》1928年第1期,"中央教育条例""甲、条例部分"。

要求。例如《北京大学所订教员资格》①,要求的教授资格第一条即是"在学术上有创作或发明者",副教授资格的第一条为"对于所任学科有专门著述者";《北平师范大学所订教员资格》要求"教授以国外留学在著名各大学得有学位者为主,此外教学经验及著作均为重要条件。"②类似的要求还出现在清华大学、山东大学、武汉大学、暨南大学、中山大学等学校的教师聘任资格规定中。

将著作出版纳入教师评聘体系,在教师充分职业化的时代里,其影响是巨大的。教师们不管为学术荣誉还是为稻粱谋,都需要不断寻求著作出版的机会,使用多年的授课讲义无疑是最理想的出版稿本。这种主观上的转变成为讲义出版高峰出现的一个重要原因。由民初的只为自用拒绝出版,到二三十年代纷纷主动贡献讲义予以出版,从教师心理看,都是出于对学术成果的珍视和对个人生计的考虑,相同的心态,却产生了完全不同的效果,国家政策推动下的教师职业化进程成为教师行为的主导因素。

第三节 出版视角下讲义的不同命运

由"准出版"到正式出版,讲义封面上的编著者、讲授者变为著者,印制费变为包含版税的图书定价,根据讲授情况随时修改变为与出版社协商修订,读者群从有限的听课学生扩大到不可预知的各类文化消费者,传播空间从校内扩大到整个社会,读者由群体结合听讲的阅读变为个体的单纯阅读,读者的诉求也由单纯的知识学习增加到对学术性、创新性、前沿性、权威性、可读性等多方面的期许……

讲义由"准出版"到正式出版产生的变化,很好地体现了讲义出版过程中所受到的几方面的影响。出版方的选择与判断,编著者的名望和水平,读者的期待和接受,讲义自身的学科贡献、学术价值乃至可读性都影响着讲义出版、何时出版、以何种方式出版以及再版的可能性。

---

① 参看《论我国大学教员任职资格与聘任标准》,《高等教育季刊》1941 年第 1 期,第 57 页。

② 同上。

民国中文学科讲义出版,总体可分为出版和未出版两种,出版的又可以再分,从时间上可分为编写完成后短期即出版、较长时间后出版、新中国成立后出版等,从出版性质上又可分为作为独立著作出版、作为丛书出版、作为教材出版以及收入个人文集出版等,从出版方式上又可分为整理修改后出版、调整书名后出版、几部讲义合编出版、根据学生课堂笔记出版等。本节即对中文学科讲义的出版情况做分类描述,并尝试从中文学科教育角度探究差异产生的原因,从出版角度呈现学科教育情况和某些特殊现象。

一、未出版之讲义

笔者共搜集到民国时期中文学科讲义 300 余种,其中自编写完成至今从未正式出版过的有 60 余种,其中教师手稿与大学出版部印发稿各有 30 余种,这些讲义多数已遗失,少数孤本或残卷保存在各图书馆或家属手中,我们只能通过传略或回忆录等史料获取这些讲义的名称、施用学校、施用课程等信息。由此可见,正式出版对文献保存、学科发展以及学术传承的重要作用。

60 余种讲义始终未获出版的原因千差万别,且其中有很多偶然因素和客观条件的限制,笔者无法做比较完备的归纳,这里仅对部分例证呈现出的共同特点加以归纳,进而分析几种讲义未获出版的原因。

第一,讲义施用时间短。始终未出版的讲义中,有一部分呈现出施用时间短的特征:教师或是为开设一门课程编写了完备的讲义,但因为各种原因课程只开设一两个学程即停止;或是对讲义进行了彻底更换,原讲义便不再使用。在教学中不断改进完善,通过课堂讲授在学生中传播,是讲义提高质量、为学界所认识和接纳的重要途径之一,如果施用时间过短,讲义所达到的质量以及在学界产生的影响都将大打折扣,影响讲义出版。

表 3.5　因施用时间有限而未能出版之中文学科讲义简表

讲义名称	讲授人	施用学校	施用课程	施用起讫时间	学程数
尔雅学讲义	陈汉章	北京大学	尔雅	1918—1919	1
说文讲义	陈汉章	北京大学	说文	1918—1919	1
文心雕龙讲义	李审言	东南大学	文心雕龙	1923—1925	2
杜诗释义	李审言	东南大学	杜子美诗	1924—1925	1
楚辞讲义	李审言	东南大学	楚辞	1924—1926	2
陶集说略	李审言	东南大学	陶诗	1926—1927	1
王荆公诗补注	李审言	东南大学	王安石诗	1926—1927	1
中国戏剧史大纲	卢前	金陵大学	中国戏剧史	1927—1928	1
楚辞研究	游国恩	武汉大学	楚辞	1929—1931	2
散曲史	卢前	成都大学	散曲	1929—1930	1
中国文学史讲义	李劼人	成都大学	中国文学史	1929—1930	1
戏曲史讲义	钱南扬	武汉大学	戏曲史	1930—1931	1
小说研究讲义	汪静之	安徽大学	小说研究	1930—1931	1
现代文法通论	许杰	安徽大学	语法	1931—1932	1
近代文艺思潮论	许杰	安徽大学	文艺思潮	1931—1932	1
欧洲文学概论	舒舍予	山东大学	欧洲文学史	1934—1936	2
杜甫诗法十讲	邵祖平	中央大学	专家诗	1941—1942	1
神话与诗	闻一多	中法大学	神话与诗	1942—1943	1

上表所列讲义,编撰人多为中文学科知名教员,施用学校也都是知名学府,课程涵盖文学史等新兴骨干课程以及说文、尔雅、楚辞等传统课程,由此可见对于中文学科讲义而言,施用时间的长短是影响讲义出版的一个非常重要因素。

与施用时间短相类似,暑期学校、社会教育所设课程具有很强的随机性,因此为此类课程编写的讲义,如果讲授教师不特别留意出版问题,一般都很难获得出版机会。1920 年梅光迪在南京高等师范暑期学校讲授文学概论课程的讲义。1940 年毛常为浙赣铁路局职工讲授诸子学课程的讲义,以及 1942 年吴宓在西南联大"红楼梦讲坛"上的系列讲座都属此类情况。

第二,受课程类型影响。未获出版的讲义中,施用于两类课程的比较多:一是作品选类课程,一是讲授集中利用一部或多部前人著作进行教学的课程。第一类有:吴梅在北京大学讲授词余选的课程讲义,李审言在东南大学讲授杜甫诗、王安石诗、陶渊明诗的课程讲义,周癸叔在厦门大学、安徽大学讲授唐五代词的课程讲义,许之衡在北京大学讲授曲选的课程讲义,徐天闵在武汉大学讲授古今诗选的课程讲义,蔡尚思在沪江大学讲授中国历代诗文选的课程讲义等;第二类如:黄侃在北京大学讲授词章学的讲义《诗品疏》,赵少咸在成都大学讲授文字学的讲义《说文集注》,杨树达在清华大学讲授国文选的讲义《战国策集解》,向宗鲁在重庆大学讲授文选的讲义《文选理学权舆续补》,谭戒甫讲授吕氏春秋的讲义《吕子辑校补正》等。

上述两类课程,或因以作品为主,有些甚至就是作品白文汇编而成;或因大量引用原文,甚至只印发原文随堂解释、注疏,这都影响了讲义文本的学科教育作用和学术性,进而影响它们出版。

第三,远离出版中心。本章第二节曾指出,民国大学讲义出版,在20年代中期到30年代末出现了高锋,这与出版行业的整体发展状况关系密切,以中文学科为例,有八成以上的讲义出版于这一时段,并形成了北京、上海两大出版中心。在学术交流尚不发达,学术圈未完全形成的情况下,讲义出版也随之呈现出很强的地域性,京津高校教师选择北京的出版社,上海、南京高校教师则选择上海的出版社,跨地域出版著作的情况非常有限。

以此反观未出版的讲义,其中多半施用于北京、上海两大出版中心以外地区的高校,主要涉及厦门、成都、重庆、武汉、济南、安庆、太原、沈阳等城市的知名学府,虽然这些城市均为各地区之中心,但其出版业发展水平尚不能与北京、上海相提并论,这一定程度上影响了讲义的出版,同时也造就了学科发展初期一种独特的著作出版现象,中文学科地域发展的不平衡性由此可见一斑。

二、已出版之讲义

由于正式出版对讲义文献的保护作用,笔者搜集到的民国中文学科讲义多半已正式出版,约占所搜集讲义总数的百分之八十。针对这些讲义的出版状况,同时也为了论述方便,笔者将出版之讲义分为两类,一类为编写完成后短时期内(1949年以前)即获出版,一类为编写完成后短时期内未能出版,直到新中国成立后甚至是新时期以来才正式出版。

1. 民国时期即获出版之讲义

笔者共搜集到民国时期编写完成后即得以出版的中文学科讲义120余部,由课程开设到讲义正式出版,最短周期为1年,最长周期达20余年,平均周期在7年左右,由此可见民国时期中文学科由教学成果向学术成果转化的情况比较普遍,转化周期也相对较短。教学工具经出版迅速向学术成果转化,引发了部分教师内心的忐忑,因此在许多出版的讲义自序中出现了自谦的说辞,诸如"至于胆敢应商务印书馆之约而公诸于世,那还不是'著书都为稻粱谋?'实事非得已也"。①"此篇所述,什九为古今诸贤之说;一得之愚,则存乎取舍之间。"②"我本来是无意公诸学人之前的,到这时也只好让他出现了。"③这也体现了现代中文学科发展初期,面对学科著作迅速"经典化"的现状,一批有责任感的知识分子所产生的独特学术心态。

讲义的正式出版意味着阅读方式的变化,意味着要面对读者的筛选甄别,因此出版前讲义文本都会有所调整,除了编撰教师会进行整理和修改外,还有几种比较集中的调整方式。

第一种是修改名称。例如朱希祖的讲义《中国文学史辑要》出版时改为《中国文学史要略》;吴梅的《词余讲义》出版时改为《曲学通论》;刘师培的《中国中古文学史讲义》出版时改为《中国中古文学史》;黎锦熙的《国语文法讲义》出版时改为《新著国语文法》;杨树达的《古书之句读》出版时改为《古书句读法讲义》;刘永济的讲义《文学史纲要》出版时改为《十四朝文学要略》;俞平伯的讲义《词课示例》出版时改为《读词偶得》;汪辟疆的《目录学讲义》出版时改为《目录学研究》;王力的讲义《中国语文概论》出版时改为《汉语讲话》;岑麒祥的《语音学讲义》出版时改名为《语音学概论》;废名的《新诗讲义》出版时改为

---

① 董每戡:《中国戏剧简史》,商务印书馆1949年版,自序第2页。
② 王力:《汉语音韵学》自序,见《王力文集》第四卷,山东教育出版社1986年版,第12页。
③ 容肇祖:《中国文学史大纲》,开明书店1935年版,自序第1页。

《谈新诗》……笔者认为,对内容的修改和整理主要出于学术目的,而出版时修改名称则更多是出于市场的考虑,从上述例证看,出版时修改书名更多是希望减少讲义教与学的痕迹,突出著作的学术性和可读性。

第二种是合并与拆分,即在出版时,将多部讲义合并或截取讲义中的一部分内容。合并的如周作人的希腊罗马文学史、近世欧洲文学史等三门课程讲义合并为《欧洲文学史》出版,许之衡的声律学、曲史两门课程讲义合并为《中国音乐小史》出版;拆分的有黄侃《文心雕龙札记》1927年由北京文化学社出版时即选取了《神思》前的20篇,钱基博的《韩文研究》课程讲义被分为《韩愈志》和《韩愈文读》两部分出版,罗常培的音韵学讲义中一部分1934年以《国音字母演进史》为题出版。笔者认为合并与拆分都是为了突出专著的特征,合并使论述更加完整,拆分则使论述更有针对性,同时也略去了讲义中较多的基础知识,避免了与相关著作的重复,把论述变得更加集中。

第三种是增加序跋。讲义在校内印发用于授课时,一般正文之前只有封面和目录,个别讲义会印有课程说明、学时安排等内容,而在正式出版时,都会添加序跋。我国素有序跋传统,一般序言从文体性质上可分为两种,一种是说明写作目的、编写体例和内容的说明性文字,一种是对作品进行评论或对相关问题进行阐发的议论性文字。民国时期出版讲义的序言多数为自序,在内容上则将说明与议论结合起来,一般包括以下几方面:说明该著作为讲义出版,介绍讲义编写和使用经过,回顾自己的学术经历,梳理我国相关研究领域的发展历程和取得的成果,阐发个人对有关问题的认识和理解,总结该著作的学术价值和学科贡献以及少量推介性文字。这些序言的特点在于有意识地将学科教育与学术发展联系起来,呈现了民国作为学科现代化进程的起步阶段特有的学术积累方式,也揭示了学科教育对学科发展的微观作用方式。

修改名称、合并与拆分以及增加序跋等做法不仅出现在讲义初版阶段,在讲义成书后进行再版时仍经常采用。如2007年山东画报出版社再版陆侃如、冯沅君的《中国文学史简编》时就将书名改为《中国文学史二十讲》,2007年天津古籍出版社对黄节的《诗学》进行再版时,就将其与另一部讲义《诗律》合并,以《黄节诗学诗律讲义》[①]为题出版。每次再版还会增加新的序言,因此很多讲义成书都有多个序言,初版序、某年版序、某某序的提法非常常见。这里固然有出版社策划和营销方面的考虑,但内容比较宽泛给定名更多选择的空间,结构相对松散便于合并拆分,个人讲授习惯和课程性质的差异造成文本篇幅参差、不利于出版规范等讲义先天的文体特征也造成了上述做法的长期存在。

民国时期即获出版之讲义的再版现象非常普遍,笔者掌握的120余种中文学科的此类讲义中,有近100种都在1949年以后进行了再版,其中大多数(近80种)作为独立学术著作再版,反复多次再版的有近50种。由此可见,民国时期即获出版的中文学科讲义,经过学科教育的反复历练,经过学术界的长期淘洗,多数最终成为中文学科的奠基性、经典性著作,它们记录了学科发展的阶段性,体现了学术积累的永恒性,同时还是学科教育尤其是课堂教学作为学科发展动力的有力佐证。

2. 1949年后出版的讲义

民国时期编写使用,1949年后才正式出版的中文学科讲义,笔者共搜集到80余种,数量略少于民国即获出版的讲义,涉及的学校、课程、教师等方面,两类讲义并无明显区别。但在出版后的著作形式上,两类讲义有着明显不同,民国时期即获出版的讲义,其出版以独立学术著作或教学用书为最主要形式,而1949年后才出版的讲义则形式更为多样,且在学科发展和学术研究方面起到的作用也与前者有所不同。

第一类,收入个人文集、全集出版。收入个人文集、全集出版是1949年后才获出版的讲义的主要出版方式,以这种形式出版的中文学科讲义笔者共搜集到四十余种,占全部1949年后获得出版的讲义总数的一半,出版时段以上世纪八九十年代最为集中。全集如《陈寅恪

---

① 《黄节诗学诗律讲义》,天津古籍出版社2007年版,依据河北大学韩文佑收藏1929年北京大学出版部印发版。

集》①《傅斯年全集》②《朱自清全集》③《宗白华全集》④《沈从文全集》⑤《容庚学术著作全集》⑥《李审言文集》⑦《吴世昌全集》⑧《魏建功文集》⑨等,文集如《沈兼士学术论文集》⑩《黄季刚诗文钞》⑪《吕思勉遗文集》⑫《胡小石论文集三编》⑬《萧涤非杜甫研究全集》⑭等,都收入了作者一直未能正式出版的授课讲义。

这些收入文集、全集的讲义,都曾在现代中文学科教育中发挥了不小的作用,但或因为编撰教师的主观想法,或由于客观条件的限制,未能较快的正式出版,随着学科发展和新成果的不断涌现,这些讲义作为独立学术著作出版的价值不断降低,但作为作者亲手编写的讲义,它们在建构作者学术体系,呈现作者学科贡献、完备著述情况等方面的价值不会削弱,因此形成了讲义比较集中地作为文集、全集一部分出版的现象。此外,由于编写完成较早,很多讲义在有条件正式出版时已残缺不全,难以独立出版,因此只能收入文集、全集出版,比较著名的如张清常编写于西南联大时期的《音韵学讲义》、姚奠中曾在多所大学使用过的《中国文学史讲义》、李广田任教西南联大时期编写的《文学概论讲义》等。

第二类,以独立著作形式出版。民国时期一直未能出版,1949年后又作为独立著作出版的中文学科讲义,数量比较有限,笔者共搜集到十余部,其中多数是抗战时期的授课讲义,如杨树达任教湖南大学

---

① 《陈寅恪集》,生活·读书·新知三联书店2002年版。
② 《傅斯年全集》,台湾地区1954年出版的全集首次收入讲义稿。
③ 《朱自清全集》,江苏教育出版社1990年版。
④ 《宗白华全集》,安徽教育出版社1994年版。
⑤ 《沈从文全集》,北岳文艺出版社2009年版。
⑥ 《容庚学术著作全集》,中华书局2011年版。
⑦ 《李审言文集》,江苏古籍出版社1989年版。
⑧ 《吴世昌文集》,河北教育出版社2002年版。
⑨ 《魏建功文集》,江苏教育出版社2001年版。
⑩ 《沈兼士学术论文集》,中华书局1986年版。
⑪ 《黄季刚诗文钞》,湖北人民出版社1985年版。
⑫ 《吕思勉遗文集》,华东师范大学出版社1997年版。
⑬ 《胡小石论文集三编》,上海古籍出版社1995年版。
⑭ 《萧涤非杜甫研究全集》,黑龙江教育出版社2006年版。

时编写的文字学讲义、训诂学讲义①,刘永济任教湖南大学、武汉大学时编写的讲义《词论》②,西南联大的有王力"诗法"的讲义《汉语诗律学》③,陈梦家文字学讲义《中国文字学》④、尚书课讲义《尚书通论》⑤,以及罗庸的讲义汇编《笳吹弦诵传薪录》⑥和《习坎庸言》⑦等。其他几部是在相关领域具有权威性或特殊性的讲义:现代金石学开创人之一陆和九的讲义《中国金石学》⑧,作家老舍在齐鲁大学讲授文学概论课程的《文学概论讲义》⑨,作家苏雪林在武汉大学讲授新文学研究的课程讲义⑩等。

第三类,作为学术资料汇编的一部分出版。被收入学术资料汇编出版的讲义,数量非常少,笔者只搜集到三部,分别是:俞平伯在北京大学讲授小说史的课程讲义《谈中国小说》⑪,孙楷第在北京多所高校讲授小说史的课程讲义《中国小说史》⑫以及范烟桥在东吴大学讲授小说的课程讲义《民国旧派小说史略》⑬。这类讲义因为长期未能问世,作为独立学术著作出版的价值受到影响,但在学科内某一研究领域却是不可缺少的一环,因此被收入研究资料汇编。从收集到的三部讲义情况看,在相关领域出现早、篇幅相对短小,是它们的共同特点。

三、21世纪的民国"老讲义"出版

论及民国讲义的出版问题,还有一个现象不能不提,那就是新世

---

① 1988年上海古籍出版社将两部讲义合并,以《中国文字学概要·文字形意学》为题出版。
② 1981年由上海古籍出版社出版。
③ 1958年由新知识出版社出版。
④ 2006年由中华书局出版。
⑤ 1957年由商务印书馆出版。
⑥ 2004年由上海古籍出版社出版。
⑦ 1998年在台湾地区出版。
⑧ 2004年由北京图书馆出版社出版。
⑨ 1984年由北京出版社出版。
⑩ 1979年由台湾广东出版社以"中国二三十年代作家与作品"为题出版。
⑪ 吴福辉主编《20世纪中国小说理论资料》第三卷收录,北京大学出版社1997年版。
⑫ 潘建国《古代小说文献丛考》收录,中华书局2006年版。
⑬ 魏绍昌主编《鸳鸯蝴蝶派研究资料》收录,上海文艺出版社1961年版。

纪以来的民国大学"老讲义"出版热。如果说前面考察讲义出版现象,关注点在于出版与学科发展之间的互动关系,那么关于新世纪的"老讲义"出版热,则是以民国讲义的整体状况为背景,审视出版社与读者之间围绕"老讲义"所展开的市场博弈,以及博弈背后的隐忧。

2003年天津古籍出版社率先抓住"老讲义"这一概念,推出"名师讲义"系列图书,取得良好的经济效益和读者口碑。到了2009年,当天津古籍出版社历时七年完成了第一批十八部老讲义出版时,一个强劲对手——"老北大讲义"系列已在图书界掀起波澜。该丛书由时代文艺出版社出版,共21部,内容涵盖了民国时期北京大学25位文科知名教授的33种讲义。北京大学在我国知识界教育界的独特地位、讲义编撰者的盛名,都为该丛书赢得了极高的人气和社会关注度。紧随其后,湖南人民出版社在2010年推出了"老清华讲义"系列,共9种,梁启超、王国维、闻一多、杨树达……一连串清华国学院大师的名字成为最有力的市场保障。三套丛书成鼎立之势,引领了一股"老讲义"出版风,以致2003年鹭江出版社推出的"名师讲义丛书"搭上便车,摆脱了之前默默无闻的处境,也赢得了市场的关注。时至今日,这股"讲义风"仍未刮过,辽宁人民出版社编选的"大家讲义丛书"仍在不断问世;很多学术著作被冠以"某某讲堂""听某某讲某某"的名号不断再版。

课堂、师生、面对面,围绕这几个关键词,几家出版社亮出了各自的营销手段。天津古籍出版社强调"重现大师课堂",宣称他们的"名师讲义"系列"视角独特、见解精辟,再现了诸位名师当年在大学讲授的经典课程";时代文艺出版社则为"老北大讲义"丛书配以"重访老北大,敬聆大师言"的推荐语,意在突出"面对面"的现场感;湖南人民出版社在"老清华讲义"的封底处附以学生的课堂回忆——"他走上讲台,打开他的讲稿,眼光向下面一扫,然后是他的极简短的开场白,一共只有两句,头一句是,'启超没有什么学问——'眼睛向上一翻,轻轻点一下头,'可是也有一点喽!'"这几句出自梁实秋,寥寥几笔,勾勒出梁启超的讲台风采,人物传神的同时,也将这部《中国文学讲义》置入当年的清华讲堂,纸面上的文字也仿佛化作大师的声音,走入读者的听闻。

解读此番"老讲义"的营销手段,不妨借用近年会展业普遍认可的理论——情景体验理论,即不再单纯突出产品的基本功能和价位,而注意将产品置入消费者期待的环境氛围中,将挑选商品转化为体验生活。出版民国老讲义,注意挖掘"讲义"自身的情境性内涵,通过广告语的渲染,在读者脑海中重构当年的课堂环境,将讲义文本置于名校、名师、名课的情景之中,给单纯的文字阅读辅以虚拟的课堂体验,由此,读者选择购买"老讲义",实际是选择了自己的文化想象与体验。

"——这本是朱自清在清华园讲授中国诗时所用的讲义——清华园汉白玉校门——讲台上一个清瘦的穿长衫的身影——儒雅而清晰的江苏口音——粉笔与黑板摩擦的吱吱声、笔尖从纸笺上划过的唰唰声……"这类似新浪潮电影脚本中的场景描述,或许在很多老讲义读者的脑海中都曾上演过。

几组民国"老讲义"丛书的出版营销,不是简单的文字灌输,而是利用人们关于讲义的认知和课堂学习经验,通过略带煽动性的语言,引导读者自行建立虚拟的阅读情景,把图书选购转化成文化体验,进而获得读者青睐。讲义成了一座虚拟的桥梁,几套丛书的出版,不仅满足了当下受众民国文化想象的需要,也使这种想象不再是简单的符号联想,当年的名校氛围、大师风采,如在目前,具体而生动。

流连名校,倾听大师,赞叹才学……伴随这波出版热,"民国讲义"一下子与学术经典画了等号。需要指出,这只是一种错觉。民国高校,部署十余所,省属数十所,编撰印发的讲义浩如烟海且良莠不齐,仅少数校中翘楚、师中名流的讲义可以保存至今,而多数大学的多数教师始终默默无闻,他们的讲义也无法在学科史和教育史上留下痕迹,只能随着时间灰飞烟灭。因此,今之"老讲义"只可算作民国讲义中杰出且幸运的遗存,我们由"老讲义"回望民国教育,也只能算作管窥罢了。

"管窥"预示了"老讲义"独特的教育史料价值,我们确也应该以独特的眼光看待这些史料。民国时期大学分科教育初创,探索其学科创办时间、初始形态,一直是民国教育史研究的热点。对于这类研究,"老讲义"显得过于松散不成体系,难以与学科发展逐步对应。但如果我们换一种视角,以福柯的谱系学视角考察学科史,那么某一学科究竟从何时、以何种方式诞生,就成为可以暂时回避的问题,而那些伴随学科初创而集中涌现的现象和事物则成为研究的重点。换句话说,如果我们不做历时和定性的考量,转而关注学科初创期散点的形态样貌,那么讲义的史料价值则得以突显:讲义的结构即意味着当时的一种教学方式,讲义的体例特征渗透着当时的一种学程安排,讲义的语体形态流露出一种讲台风格,讲义的出版状况则牵扯着学术发展进程与学术圈的成型。"老讲义"蕴含着学科初创年代的"蛛丝马迹",今所见"老讲义"尚未(也很难)与当时的学科发展步伐一一对应,更不足以充分体现学科发展的内在规律,但它们都是历史的真实存在,能够折射出当年学科发展的多个片段。

"老讲义"的史料性并非空中楼阁,它可以为当下很多研究热点提供借鉴并开拓思路。例如,近几年的民国大学研究,"重现课堂"成为一个热门话题,而重现那个影像资料匮乏的年代只能依靠文字。借助日记和回忆录,更多了解到的是教师风度、课堂趣闻、掌故逸事,而课堂上究竟讲授了哪些内容,使用怎样的授课方式等,则似乎只有借助讲义来分析和推测;而且从史料学角度看,旧日笔墨俱在的讲义文本比今人回忆甚至旧时日记都来得可靠。目前已有学者开始以"老讲义"为途径继续探索民国课堂重现问题。又如,时下教育史领域做得比较多的课程研究,多通过翻阅民国大学的年鉴、月刊等校史资料,呈现某一学科的课程情况。但也往往会遇到这样的困境,民国大学虽然逐步实现了课程统一,但究其实,此种统一只停留在课程名称上,实际讲授内容则因人而异,"挂羊头卖狗肉"的情况非常普遍,由此所谓的课程研究极易缩水为课名研究。如果更实打实地借助掌握的课程讲义,名、实对照,甄别内容,那么课程研究似能更接近历史真实,由此才能推进对学科史的认识。

几个系列的"老讲义"丛书都有不错的销售业绩,首版即盈利,同时产生了不错的社会反响,引领了普通读者的阅读品位;也为学术界提供了一些新资料和新的思考角度。但取得成绩之余,仍存在一些问题值得反思,以期今后"老讲义"的出版能做得更好。

首先,"老讲义"的装帧与版式设计有很大的改进空间。与"老讲义"几乎同步问世同步热销的还有另一个系列——"民国老课本"。从

"上海图书馆馆藏拂尘"系列,到"读库"推出的《共和国教科书》《修身老课本》,"老课本"一直坚持"重现"原则,无论内容、版式还是装帧,都力求重现民国课本原貌,这一原则也成为"老课本"系列成功的关键。"重现"原则同样值得"老讲义"再版借鉴。民国大学一般都设有出版部,为本校师生提供印发讲义等服务。随着印发经验的积累和印量不断增加,很多大学尤其是一些知名大学的讲义,形成了比较稳定的版式和风格,例如北京大学,所有文科讲义统一竖排线装,封面贴名签标明课程名称、著者、讲述者姓名并注有"北京大学出版部"字样,内文首页为目录,后为正文,每页边缘处印有课程名称及"国立北京大学"字样,中缝处注明使用该讲义的系别和年级。今天出版的"老讲义",可以考虑部分地重现民国讲义原貌,以此将"老讲义"与一般的学术著作相区分,突出其史料价值和现场感,增强读者阅读的文化体验性,这必将博得更多读者的青睐。

其次,"老讲义"在序跋的处理上不如人意。讲义出版并非近几年独有,民国时期就曾出现过大学授课讲义出版热,尤以1920年代至1930年代最为集中。当时,讲义由校内印发的"准出版"状态转化为正式出版物,主要经历两方面的变化:一是通篇的整理校对,因为当时的大学出版部不提供校对服务,讲义在校内印发时由学生在使用中自行校对;二是为讲义增添序跋,因为讲义在校内印发时多直接进入正文,个别讲义会在正文前介绍学程和课时安排。因为正式出版,才加了序跋之类文字,其中以自序居多。序(或跋)中除了谈论著作内容和作者的思路理念外,还多谈及著作原稿作为讲义的编撰过程和使用情况等,对著作的谦辞也多由"讲义"性质引发——因是讲义,故时间紧迫,篇幅有限,以致论述较多疏漏,例证尚不充分——此类说辞尤其常见。这些序跋记录了讲义成书的经过和课堂使用情况,表征了学科教育发展的一个片段和著者的一段学术历程,对于理解著作内容,了解学科史和教育史都不可或缺。反观新近出版的几套"老讲义"丛书,多数省略了首次出版的原序,而代之以新丛书的介绍,对于少数首次面世的手稿本,也没有请著者后人或学生补作序跋,这不能不说是个大的遗憾。这样一方面隔断了讲义出版增补序跋的传统,削弱了"老讲义"的史料价值和阅读效果,也不利于读者阅读语境的建立。

最后，讲义的"身份"确认问题值得关注。所谓"身份"问题，主要关涉两个方面：今天出版的"老讲义"到底是不是当年的讲义？如是，其属于哪一个版本？我们今天能够见到或有据可查的民国讲义，多非一个固定的文本，而呈现出一动态过程：教员为某一门课程编写讲义，使用过一个学程后，一般都会结合授课效果、学生反应及个人新的思考对讲义做出修改，这既是教员个人的主动探索，也是很多学校对教员的要求。因此，同一课程的讲义在不同学年，其结构和内容都会存在差异，这就是讲义的"版本"问题。而近年出版的几套丛书，于此往往颇为忽略，不注明依据的是哪一个版本，是哪一年使用的讲义，给读者造成讲义文本一成不变的错误印象。民国讲义除了逐年修订，很多还会受出版社之邀正式出版发行，由讲义而著作的过程往往要经过较大的整理和修改，甚至有将几门课程讲义合并出版的情况——至此，已非"讲义"一名所能指称。而今之"老讲义"丛书对讲义与由讲义改编的著作笼而统之不加区分。例如"老北大"系列中，收入了许之衡的《中国音乐小史》，该书1930年由商务印书馆首次出版，已不是某一门课程的讲义原貌，而是由1924年至1929年许之衡开设的声律学和戏曲史两门课程的讲义合并修改而成。声律学讲义与曲史讲义都从1924年起在北京大学铅印发行，今讲义原本都藏于国家图书馆，因此既然名为"老讲义"丛书，则利用国图原本似乎更符合丛书的策划初衷和读者的期待。

　　几家出版单位的尝试值得肯定，也为此后的类似努力积累了经验；而更大规模和更见学术水准的大学老"讲义"之出版，亦可期待。

第四章 "讲义体":一种产生于教育实践的独特文体

"讲义体",即讲义之文体。文体,"style",一个非常复杂的概念,可指某一时代的文风,可指作者的语言习惯,可指文章的语言特色,也可指文章内部遣词造句、结构框架等。民国大学讲义,集中出现于民国时期,集中施用于大学学科教育,集中由大学教员编写,集中施用于课堂教学,四个"集中"成就了"讲义体"的出现,而教员在教学实践中的不断摸索,对"讲义体"的形成发挥了直接作用。

讲义与教育结缘,始于唐代宫廷的延筵进讲,当时的讲义主要供帝王阅读,以阅读进行教育的方式一直延续到清中期。古代的讲义虽与清末和民国时期讲义在使用方式上存在不同,但古代的讲义已初步呈现出某些文体特征。《四库全书总目》中介绍《书经直解》有以下说法:"明张居正撰。居正字叔大,江陵人。嘉靖丁未进士,官至太师吏部尚书中极殿大学士。卒谥文忠。事迹具《明史》本传。是书为万历初进讲所作。时神宗幼冲,故译以常言,取其易解。吴澄《草庐集》中所载《经》筵讲义体,亦如是也。"[①]张居正、吴澄的讲义文体,以语言简单易懂便于理解为主要特征;《碑传集》中《资政大夫文华殿大学士户部尚书掌翰林院大学士徐公元文行状》有"窃以朱子因通鉴修成纲目,书法谨严,褒贬尽善,得春秋之遗旨。臣等拟从纲目中详加抉择,其事之关切君德,深裨治理者摘而录之,讲义体裁难与四书诸经同列,每条之后采取先儒之论,参以臆断之词,演绎宏纲发挥大义。上是之"[②]。

---

① 《四库全书总目》卷一三经部一三,清乾隆武英殿刻本。
② 《资政大夫文华殿大学士户部尚书掌翰林院大学士徐公元文行状》,《碑传集》卷一二,清道光刻本。

徐元文将理学躬于实践的思想编入讲章,从朱子纲目中摘取有裨治道之主张,兼采儒家先贤众说,加上自己的经世思想演绎阐发,使讲义更接近于帝王的治世之学。宫廷教育相对封闭,讲义文体因帝王的个人癖好、知识水平而各有不同。清末起,学校教育得到大力发展,讲义也由供帝王一人阅读转变为教师为全体学生讲课的参照,施用对象的群体化、教师工作的职业化以及学校教育的规范化,使讲义在文体方面集中呈现出某些特征,这里将其统称为"讲义体"。

"讲义体"因教育而生,在教学实践中不断丰富,具有很强的实践性和现实性,笔者将其称作"现象性文体"。"现象性"是指"讲义体"没有非常明确的内涵,由多部讲义的体例特征归纳而成,我们可以通过文本现象的比照称某种体例特征为"讲义体",但始终无法说明"讲义体"是什么。"讲义体"是一种文本现象,此文本现象又与学科教育密切相关,因此对民国中文学科"讲义体"的考察,即是对该时期中文学科教育的一种研究。基于对"讲义体"之现象的认识,本章拟以中文学科为例呈现民国大学"讲义体"几方面的基本面貌与突出的话语特征,并站在学科教育的角度,举例分析"讲义体"与中文学科教育的密切关系,通过"讲义体"了解彼时中文学科教育情况。

第一节 "讲义体"特征的揭示

民国讲义应新式大学课堂教学需要产生,随学科教育现代化、教师职业化进程而发展,具有很强的现实性与实践性。相应的,"讲义体"是教员根据所授课程内容与教学实际,在群体实践中逐步形成的,现实需要是其形成的主导因素,教学实践则是其形成的关键环节。因此"讲义体"与"述论体""述学体"等民国时期其他文体相比,其群体性突出而个性不足,现实性强而意识形态性弱,它不是某种社会思潮、文化主张的产物,而是教员的教学实践构成。以中文学科为例,讲义的章节设置、述例方式、结构安排、表述方法等都是教员们非常关注的问题,他们将中文学科教育特点与个人对课堂教学的理解相结合,对"讲义体"进行主动建构,虽未能在学科内达成广泛共识,有些"讲义体"探索甚至一直处于争论中,但他们的积极建构还是推动了几种重要"讲义体"特征的出现,"讲义体"的贡献不在文体本身,而在于对教学经验的积累和对学科教育科学化、规范化的推动。

一、分章节、立标目

翻看讲义或脱胎于讲义的学术著作,在文体方面最直观的感受就是划分章节,章节有题目。民国大学讲义划分层级的称谓主要有以下几种:最高层次的单位一般称为"编""卷"或"章",其下设"节""讲"或"课",有些讲义仅设一层,称"课""讲"或"篇",也有些讲义不使用上述称谓,直接用数字逐级标注章节情况。在称谓方面,以使用"章""节"两层为最多。除章、节这样的大结构,讲义每一节内部还会继续划分,一般用大写数字标注,以划分二级或三级标题为最多。从课程角度看,章节结构在文学史和文学概论的课程讲义中表现得最突出,层级也多,很多文学概论讲义的结构层级最细甚至划分到某一概念,一个概念就是授课的一个基本单元;从时间角度看,越晚出现的讲义章、节层级性越强,例如民初龚道耕在成都大学讲授中国文学史的讲义《中国文学史略论》、刘毓盘在北京大学讲授诗词课程的讲义《词史》都只设置了卷、章一级标题,不再另设更加细小的标题,内容直述到最后,黄侃在北京大学讲授文学概论的讲义《文心雕龙札记》则完全没有章节意识。但这种讲义结构到了 1920 年代已非常罕见,几乎所有讲义都采用多层级结构。

分章节立标目是"讲义体"最直观的表现,其中蕴涵了丰富的教育现代化转型之信息。传统学术发展到清代,进入训诂、朴学的全盛时期,教育也随之以"小学"为主要内容。"小学"教育对原典非常依赖,讲授内容和结构安排基本遵照原典,无须教员自行设计安排,对原典及其笺注的熟悉程度是评判教员授课水平的重要标准,而课程结构设计、内容安排并不在教员考虑范围之内。因此,讲义分章节、逐级设立标题,是教员课堂教学自主性提高的标志,他们可以根据个人对课程内容的认识和理解,自主架构知识,安排教授顺序,突出重要知识点。对教员的岗位要求也随之在单纯内容讲授的基础上,增加了对知识架构、课程安排等形式方面的内容,这要求教员有更高的学术视野,尤其需要熟悉课程体系,有较为丰富的授课经验。这在一定程度上推动了民国大学教员的职业化进程。因此,看似简单的章节结构,实为民国教师职业化的重要推动力。

章节很容易使人联想到章回、节目,联想到章回体小说。章回体小说分卷、分段、立目的文体形式也确实与讲义相似,这里不妨以文体研究相对成熟的章回小说作参照,深化对讲义章节分层结构的认识。

章回小说主要借鉴了我国古代的史传文学,例如《晏子春秋》就分为八卷,每卷又分为若干段,像第一卷就分为 25 段,每一段都有名称;又如《资治通鉴》也分卷,虽然各卷没有名称,但每卷前都有叙事纲要,可统摄全卷内容,并因此产生了《通鉴目录》。章回小说脱胎于说书人的说书底本,说书人借鉴史传文学的章节形式,主要为了以内容的多少控制每次说书时间的长短,更重要的是可以在叙事关键处结尾,以吸引听众下次继续听书。立标目有助于说书人记忆每次要讲的核心内容,使说书更加流利;当说书人的话本刊刻成章回小说,分章节立标目仍有其重要作用,它便于读者记忆每次阅读的位置,继续阅读时可以很快回忆起前面的内容,使长篇阅读变得更加简便连续。与之类似,讲义作为教员的授课底稿,分章节立标目同样便于教员控制授课时间。与说书人不同的是,教员无需召唤式结尾,而更需要在一个章节讲授完一部分相对完整的内容。课节时长固定,如何在固定时间内设置相对完整的内容,不仅依赖教员的专业知识,更需要其在教学中不断积累经验。因此,讲义章节是教育经验积累的结果。当讲义供学生课后阅读复习,或正式出版专供读者阅读,分章节、立标目的文体结构则便于学生和读者记忆和掌握内容。可见,讲义的章节式结构是其能够以授课底稿、复习资料、学术著作等多种形态存在的条件之一。

讲义与章回小说在结构上有一明显差别:章回小说每回下不再做更小划分或设立小标目,而讲义在节下还会有若干层次的标题。笔者认为,这与文本内容的性质直接相关。章回小说是叙事性文字,文本结构是线性的,每回把故事一路讲下去就可以,无须再切分。讲义是在传递一个知识体系,章节内容不是单线的,而是一个小知识体系,需要进一步划分为更小的知识单位才便于传递和接受。

如果将讲义看做表述知识系统的一个大语篇,那么就可以引入语篇理论对讲义体进行分析。语篇理论非常重视语义与语境的关系,其中包括文本自身的阅读环境,它认为版面安排得不同,交际(阅读)效果就不尽相同,要点明确、纲目清楚、直截了当、一目了然利于交际(阅读)取得良好效果。可见讲义的章节文体为阅读提供了便利。从讲义应用看,作为学术著作出版、作为学生课后复习资料印发都是为了阅读,教师作为底稿在课堂上使用,其实也需要课堂上的快速阅读,无论讲义以讲稿、复习资料还是学术著作出现,章节文体都是适宜的。章节文体的实用性,是"讲义体"得以大量使用的重要原因之一。以中文学科为例,随着学术成果和教学成果的不断积累,到了30年代中期,文学史、文学概论等核心课程可借鉴的授课资料已经相当丰富,很多教师仅在讲义中列出讲授提纲,以提纲贯穿其他学科资料,这提纲实为讲义的章节、标目,由此足见章节体之于讲义的重要意义。

分章节、立标目的文体结构看似普通,实为"讲义体"之精要,它是讲义能够以多种形态存在并广泛使用的基础,并见证了传统授学向现代课堂教学的转变,记录了民国教员职业化进程的一个侧面。

二、多样的述例方式

举例是课堂讲授中不可缺少的环节,在中文学科教育中,无论是文学概论、词章学等理论性强的课程,文学史、批评史等述史类课程,还是依靠经验的写作类、训诂类课程,还接近理科的语言学课程都离不开例证。因此,中文学科讲义都有述例内容,形成了"讲义体"的述例现象。关于讲义如何述例,中文学科内部关注的重点不同:文学类课程,教员们重点要面对引述例证与篇幅有限之间的矛盾,语言类课程,则需解决讲义中述例方式调整的问题。

文学类课程在讲授中需要引用大量作品以为辅助,但出于经济因素考虑,各学校都会对讲义的篇幅和印数加以控制,这便造成了例证与篇幅之间的矛盾,教师们在讲义编写过程中,都会结合课程特点和个人的教学理解,决定例证的引述方式,来协调这一矛盾。

关于讲义中如何述例,朱东润曾有明确的观点:

> 讲义便有讲义的特点。因为授课的时间受到限制,所以每次的讲授不能太长,也不能太短,因为讲授的当中不能照本宣读,所以讲授的材料不能完全搁入讲义。因为在言论中要引起必要的

注意,同时因为引证的语句,不能在口头完全传达;所以讲义中间势必填塞了许多的例证,而重要的结论有时不尽写出。因为书名人名的目录,无论如何的重要,都容易引起听众的厌倦;所以除了最关紧要的批评家和著作之外,一概不轻阑入。①

例证之于授课至关重要,即使讲义篇幅有限,可略去结论,也不能略去例证。朱东润关于讲义述例的说法代表了多数教员的观点。这主要基于对讲义基本用途的认识,讲义的基本用途是授课,例证不仅是对重要结论的证明和支撑,还使讲授更加生动具体,对于课堂教学的作用要大于单纯的结论。

在文学类课程尤其是文学史课程中,例证必不可少,如刘麟生所言:"我以为文学史的作法,应注重代表的作品,尤其是讲给青年人听,非有作品在前,往往徒发空洞的议论,是很难收效的。参考的读物,固然可以随时写出,可是只能为勤学之士或中人以上说法咧。"②但在讲义的实际编写中,多数教员并不像朱东润那样极端——宁可舍去结论也不减少例证,而是以更折中的方式处理讲义内容与篇幅之间的矛盾:《中国文学史简编》是陆侃如、冯沅君在中法大学、中国公学、北京大学等高校讲授中国文学史课程的讲义,该讲义"为节省篇幅计,全书例证仅书某文某诗的标题而不引其原文"③;《中国文学史新编》是张长弓在淮阳师范、开封师范讲授中国文学史课程的讲义,该讲义还曾被西南联大用作文学史课程教材,该讲义"打破传统编文学史者的惯例,不主张录引原文,虽间有一二处录引,亦为申明其他之主旨的"④。略去内容标注例证出处,压缩例证或提炼其中要旨,这些比较通用的讲义述例方式不仅化解了例证与篇幅间的矛盾,也形成了文学史类课程讲义的突出特征。

语言类课程主要有两种:一种为训诂、校勘、音韵等传统课程,另一种为语法、文法、语音等新式课程,传统课程基本沿用了讲读原典的

---

① 朱东润:《中国文学批评史大纲》,上海古籍出版社 2001 年版,自序第 2 页。
② 刘麟生:《中国文学史》,世界书局出版社 1932 年版,序言第 2 页。
③ 陆侃如、冯沅君:《中国文学史简编》,开明书店 1947 年版,序例第 1 页。
④ 张长弓:《中国文学史新编》,开明书店 1935 年版,例言第 1 页。

授课方式,新式课程则面临讲授中如何使用例证的问题。与文学不同,语言学课程例证的数量不大,主要用来归纳或证明相关理论,因此教员不是要解决例证与篇幅之间的矛盾,而是要改进语言学著作中常用的述例方式,用更适于课堂教学的举例方法编写讲义。

这种改进主要表现在两个方面:第一是举什么样的例子。就此,刘复有非常清晰的表述:

> 从来讲中国文法的,有一个无形的规律,就是无论那一种例句,都要有个出处。这是受了考据家的影响,事事脚着实地,不肯放松一点,诚然极好。不过在极简单,极普通的地方,尽可不必。所以我现在就依了外国文法家的通例,除于必须之处外,凡是例句,都是自己做一两句;或者是把极习见的文句写上,不追求它的出处。这并不是我偷懒,我去年编的文法讲义,因为句句要求出处,就在教授上生出一种流弊:就是往往极普通的文句,却无极普通的书句可引,不得已,把古一点或冷僻一点的书引上,上了讲堂,就要有许多的额外讲解,费去许多时间;……这样费了光阴,而又要发生一种我们所不希望的副作用,实在很无谓,很不经济;所以我情愿人家说我"浅陋"说我"不博",却毅然决然把他改良了。还有一层,我以为语言是文字的根本,若讲文法而不与语言合参,便是舍本逐末;所以我所举的例,不以文言为限,用口语的地方也有。①

第二是举多少例子。于此,黎锦熙的观点颇具代表性:

> 当我作归纳的研究工夫时,常守着一个规则:"例不十,不立法";及至编辑作教本时,又觉专门学者底功力和发明,似乎不应该在初学者的面前尽量表襮。因为这只是对于专科底贡献,而无当于一般学者底理解文法和矫正语言,于是又默守着一个编辑的体例:"法必成序而例不求多"。这种体例虽或未免偏于演绎的,可是教学者若能运用得宜,实在可以兼有归纳法底长处,因为例是泛在的,不必限于本书,而且是整段的,不宜零碎割截;必精细

---

① 刘复:《中国文法通论》,中华书局1939年版,序目第6页。

地去解剖整段的例题,才是自动地去实行归纳的研究,本书只看作必需时的工具就行了。①

语言学讲义述例,不求例证必有出处,而努力举最简单最易于理解的例子,同时不求例证数量多、段落完整,只要能说明结论即可。讲义的这些述例方式,不同于语言学著作,是教员根据课堂教学需要对著作述例方式的一种改良。

由此可见,讲义述例既要遵循学术传统,也要适应课堂教学需要,是二者结合的产物,实际教学需要是"讲义体"多种述例方式产生的主导因素。

三、整体随意、局部匀称

讲义的主要用途是课堂教学,教学实际对讲义的整体结构影响很大,其中授课轮次、学程、学时的影响相当明显。

民国大学教员都有比较固定的讲授科目,科目一旦固定教员多会反复讲授,这就形成了"授课轮次"问题,即教员是第几次讲授同一课程。"授课轮次"对讲义形态存在影响,一般首次讲授,教员多会一边编写讲义一边授课,随编随讲,时间紧迫容不得推敲或修改。如同"现场直播"般的讲义编写势必留下诸多问题和遗憾,有些可以在讲义修订时直接在原文中修改,这便构成了讲义文本的动态性;有些则会面临增补内容无法融入原讲义,或即刻讲授、出版没有时间修订的情况,此时教员会以增加"后记""补讲"的方式应对,这造成讲义结构很不严整,构成了"讲义体"之随意结构。

如,胡适曾于1922年在南开大学暑期学校讲授"国语文学史"课程,其讲义《国语文学史》就在多个章节后设"后记",胡适自己说"在客中写二十万字的书,随写随付排印,那是很苦的事。往往一章书刚排好时,我又发现新证据或新材料了,有些地方我已在每章之后,加个后记,如第六章、第九章、第十一章,都有后记一节。有时候,发现太迟了,书已印好,只有在正误表里加上改正。"②1927年至1928年,傅斯

---

① 黎锦熙:《新著国语文法》,湖南教育出版社2007年版,原序第1—2页。
② 胡适:《白话文学史》,百花文艺出版社2002年版,自序第1页。

年曾在中山大学开设中国文学史,编有《中国古代文学史讲义》,后有"补讲"若干,他自称"这一科目里所讲论的,起于殷周之际,下到西汉哀平王莽时。别有补讲若干篇,略述八代时新的方面,和唐代古今文学之转移关键。"①胡适因时间紧张增加"后记",傅斯年因内容难以相融作了"补讲",原因不同,但共同构成了讲义整体结构的随意性。

学程指一门课程涵盖的内容总和与整体时间安排,学时指课程每周的频次与每次的授课时间。学程与学时的逐步稳定,是民国大学教育现代化程度加深的重要表现,同时也影响了讲义结构。

学程决定了一门课所能承载的知识总量,讲义为授课服务,因此教员能讲授多少,讲义就编写多少。如果知识的完整性与学程要求之间产生矛盾,学程往往会占据主导,直接影响讲义的结构。这一点在中国文学史课程中表现得最为明显。今天能够看到的很多中国文学史讲义,或分为多卷,或取一断代,能够贯通的则非常少,正是学程限制所致。如胡小石在北京师范大学、东南大学等校使用的讲义《中国文学史讲稿》截止于宋代文学;傅斯年在中山大学、北京大学使用的《中国古代文学史讲义》则止于东汉;刘永济在东北大学使用的讲义《文学史纲要》到隋代戛然而止;游国恩的中国文学史讲义,在武汉大学只编写至两汉,到青岛大学时也只编写到宋代……

学时包含两方面的意义:一是课程每周上多少次,二是一次课的长度。每周的频次决定了讲义的章节设置,而每次课的时长则决定了每节讲义的长短,由于每堂课的时间是相对固定的,因此讲义章节的匀称成为教员追求的目标。对此,陆侃如、冯沅君就明确指出:"因为是讲义稿,所以本书同一般著述略有不同:一,为讲授便利计,各讲分量须相等,故同一题材有分为两讲或三讲的(第二三四讲为古代民族的文学上中下;第八九讲为散文的进展上下;第十一十二讲为中国文学的新局面上下)"②。郭绍虞也曾称赞张长弓的讲义《中国文学史新编》"编制匀称"③,足见章节匀称之于讲义的重要性。

---

① 傅斯年:《中国古代文学史讲义》,北京大学出版社2009年版,拟目及说明第1页。
② 陆侃如、冯沅君:《中国文学史简编》,开明书店1947年版,序例第1页。
③ 参看张长弓《中国文学史新编》,开明书店1935年版,郭绍虞序第2页。

对于讲义结构而言,知识的完整性要让位于学程、学时的限定,是否适应教学需要成为讲义最重要的标准,因此很多讲义都会主动对其结构与学程、学时的关系加以说明,类似"本稿编制,全部分二十八章,都七十二节,如用为教本,合于两学期间每期十八周每周两小时,一小时一节的讲授"①说法,在民国"中文"讲义中较为常见。

四、由浅入深、全面概述

讲义的作用是传递并让人更好地接受学科知识,而非记录和表述专深的学术研究,因此讲义与学术著作存在较大差别。以中文学科为例,很多讲义作为学术著作出版时,作者都会在序跋中明确指出,该书前身为授课讲义,这固然与序跋的写作习惯有关,同时说明民国学人对授课讲义与学术著作间的差别有清晰认识。

王力在清华大学、燕京大学讲授中国音韵学的讲义,1936年由商务印书馆以"汉语音韵学"为题正式出版,王力在自序中称:

> 迩年忝在清华大学音韵讲席,首以玄虚之谈为戒。……此篇所述,什九为古今诸贤之说;一得之愚,则存乎取舍之间。②

在王力看来,授课讲义不应以论述个人研究为主要内容,而是要广泛呈现前人的重要成果。对此罗常培的表述更为明确:

> 我觉得编教科书和做研究论著性质稍微不同:后者无妨"小题大做",前者却贵乎"深入浅出"。所以一部教科书尽管没有自己的创见,而能搜罗众说,抉择精当,条理清晰,容易了解的,便算是好著作。要是一味地掉书袋子或标榜主观成见,读者反倒望而生畏不敢领教了。③

与学术著作重个人观点的阐发不同,讲义更需要汇集前人成果,并有条理地呈现出来。不仅语言学讲义如此,个人色彩浓厚甚至具有一定非理性色彩的写作课,其讲义也鲜有个人经验的阐发,而以总结

---

① 参看张长弓《中国文学史新编》例言,开明书店1935年版。
② 王力:《汉语音韵学》自序,《王力文集》第4卷,山东教育出版社1986年版,第12页。
③ 罗常培:《汉语音韵学》序,《王力文集》第4卷,山东教育出版社1986年版,第9页。

整理前人观点为主。

如《作家的条件》,是汪静之为暨南大学讲授"小说通论"的课程讲义,汪静之身为新文学作家,讲义未论及任何个人写作经验,相反,引经据典,尽可能多地复述前人写作理论,他在自序中说:

> 我所说的作家的条件,没有一句是我个人创作的经验,或我个人的体验、推测、假定,是归纳综合了古今中外很多大作家的创作的经验,我不过是一个访问调查的人,是一个搜集编纂的人。各种材料与理论,都是尽量引经据典,一方面是不敢掠美,一方面是要取信于读者,使读者相信我是言必有据的。①

可见,讲义更注重知识的体系性,多是全面呈现前人观点、理论,由浅入深、循序渐进地安排结构顺序。这既是教学的现实要求,也成就了讲义又一个独特体例特征。

分章节立标目、多种的述例方式、整体随意局部均匀的结构、全面循序的表述,是在中文学科内颇具代表性的"讲义体"的特点。呈现上述特点,我们可以了解"讲义体"的几种突出表现,解析这些特点,则可以认识"讲义体"现象与教育实践的密切关系:"讲义体"不仅由学科特点和知识类型决定,还深受课堂教学影响,它们因教学需要而生,在反复摸索中丰富,在教师的主动积累与自觉思考中获得认可,日臻成熟。透过"讲义体",还可以进一步深化对讲义的认识:讲义的内容来自教员的学科知识,而其体例特征则源自教员不断积累的教学经验,它是学科知识与学科教育共同作用的结果,是对民国学科教育现代化与教员职业化进程的如实记录。

第二节 动态中形成的独特话语——"讲义体"的话语解析

动态性是民国大学讲义的重要特性,它是指讲义不仅作为教员课堂讲授的底稿,还是学生期末复习的重要资料,很多讲义还正式出版成为学术著作,还有部分讲义成为学术著作后继续经典化,被身后学

---

① 汪静之:《作家的条件》,商务印书馆1935年版,自序第2页。

人作为授课教材重新引入课堂。授课讲稿、复习资料、学术著作、经典课本,这一流变过程动态性展示了我国新式高等教育初始阶段讲义所发挥的重要作用及其为我国现代学科发展提供的多重滋养。如果将视线下移,具体考察某一部讲义在学科教育中的动态性,就会发现,随着讲义形态的变化,其内容的传播方式也发生改变:作为授课底稿的讲义,内容首先要转化为教师的语言再传播给学生;作为复习资料的讲义,内容与课堂笔记一起供学生记忆;作为学术著作的讲义,内容直接供读者阅读,而讲义一旦转化为课本,其内容将配合新的讲义供师生使用。通常,传播方式的转变需要对传播内容的表述方法加以调整,否则将影响传播效果甚至形成无效传播。但从多数讲义的实际动态情况看,并没有对内容做过多的调整,更没有表述方式的转换。笔者认为,在学科教育实践中逐步形成的讲义话语,能够很好地适应传播方式的变化和讲义文本的动态特征。本节即尝试引入"话语"概念,将中文学科讲义视为"话语事件",呈现和解析讲义话语特征,从话语角度丰富对"讲义体"现象的认识。

一、讲义:动态的文本属性与稳定的文本内容

授课讲稿、复习资料、学术著作、经典课本是民国大学讲义动态流变过程中最典型的四种文本属性。处于授课讲稿、复习资料阶段的讲义,尚未正式出版,由各大学出版部印发,主要供校内师生使用。1920年代之前,课程多处于新开设阶段,讲义印制流程尚未成熟,讲义多以散页方式随堂发放。教师以为底稿,学生作为听课参照,学期末学生的课程讲义集齐,统一交由出版部装订成册,用作期末复习资料。1920年代以后,课程逐步稳定,各大学的讲义印刷也日臻完善,讲义改为在每学期初统一印制装订发放,教师所用底稿与学生听课、复习所用的资料基本一致。作为课堂参照的讲义与作为复习资料的讲义,虽都未经出版,但在传播角度看,二者还是存在一定差别:作为授课底稿,讲义内容在课堂上依靠口头语言和书面文字共同传播,而作为复习资料,则只有纸面文字供学生阅读,没有教师的口头讲授。从讲义的印制流程不难发现,无论是随堂散页发放、学期末统一装订,还是装订成册学期初一次性发放,改变的只是讲义的物理形态,其文本内容

没有变化。因此,讲义从课堂参考到复习资料这一阶段的属性变化中,文本内容稳定不变。

  由校内印发的讲义到正式出版的学术著作,是讲义文本属性动态变化中最重要的一个环节。讲义的正式出版始终与我国现代大学教育的发展同步。清末,京师大学堂、东吴大学的很多讲义施用后即被陆续出版;中文学科讲义如王舟瑶的《经学通论》、黄人的《中国文学史》、林纾的《韩柳文研究法》等都曾正式出版。进入民国,现代学科教育发展迅速,讲义之风日盛,经过十年积累,到1920年代初期,各大学均出现了一批经课堂教学反复打磨、学术水平高的课程讲义。当中小学教科书市场饱和,各出版商纷纷将目光投向大学,讲义成为学术出版的首选;加上各大学评聘教师时将学术成果作为重要标准,激发了教师出版著作的热情,民国时期大学讲义之出版遂十分普遍。

  以中文学科为例,笔者共搜集到讲义300余部,其中在民国时期即正式出版的有150余部,占一半以上,尤以1920年中期至1930年代末最为集中,达120余部。参与讲义出版的出版社主要集中于北京、上海等高校密集的城市,总数达40余家。正式出版的150余部讲义中,有十几部是教育部指定的"大学用书",其余130余部均为独立著作。从校内印发的讲义到独立出版的学术著作,变化的不仅是外在形态、定价、版权等,其传播方式也有变化:讲义主要依靠教师课堂讲授,口头语言和书面文字相互配合共同传播文本内容,著作则完全依靠读者独立阅读,纸面文字是文本内容的唯一传播途径;受众方面,讲义主要面向学生,教员编写时基本了解受众情况,有一定的封闭性,而一旦作为独立著作出版,任何读者都可以购买阅读,作者无法控制和掌握读者的接受,受众面的封闭性被彻底打破。

  一般来说,传播方式变化需要传播内容作出相应调整,以保证传播效果。但这种情况并没有出现在多数讲义的动态流变中。

  讲义正式出版前,作者多会做两类事情:一是对讲义文稿加以整理和修改,二是为新书作序跋之类文字。序或跋中,一般都会谈及讲义使用情况和为出版所作的修订,这为了解讲义正式出版前后的文本变化情况提供了有效途径。笔者翻阅了近百部中文学科讲义出版时撰写的序跋,有两种说法最为集中:一是介绍该书本为讲义,故编写时间仓促;一是出版时时间紧张,未及认真修改,差错讹误请读者指正。

如《中国文学史大纲》,本是容肇祖在岭南大学、辅仁大学讲授文学史的课程讲义,1935年由光明书店正式出版,其自序中有如下表述:

> 这部书,本来是我在岭南大学时的讲稿,依照这个大纲去讨论中国文学史上的问题。……这书是急着要几十份用的,本来需要细细的增删与修改的,也不及增删与修改了①。

又如钱玄同在北京大学讲授文字学的讲义《文字学音篇》,1921年由北京大学出版部正式出版,其序言称:

> 这部文字学音篇,是我在1917年教北大预科生的。……可是北大底出版部因为外面有许多人来买,初版早已卖完,重编本又不是一时就能做成的,不得已只好将此本再版一次以应急。我也没有法想,只好将书中错误之点自行检举,使看的人不致误信我这四年前的旧著中说的话错罢了②。

这些自序虽有自谦成分,但不乏坦诚:讲义编写因时间、篇幅所限,存在讹误不足实所难免,但可以用课堂讲授加以弥补;讲义出版后,口头辅助消失,全靠读者自行阅读,本该对文本做系统调整,无奈时间紧迫,无法详细修订,只能仓促调整稍加修订,仍存诸多问题,只能请读者、同行指正。可见,讲义出版前所谓的整理修订,只是对文本的简单调整,文本结构、表述方式等基本稳定。

此外,笔者还选取了几部讲义,将学校出版部印制本与正式出版的版本作了对比,考察文本具体变化情况。例如,《声韵学表解》是刘赜1929年起在武汉大学讲授音韵学的课程讲义,1934年由商务印书馆正式出版。对比1931年武汉大学出版部印制本与1934年商务印书馆初版本,二者整体章节结构基本一致,只是正式出版时在下篇增加了一章(第八章)"古二声"。具体文字表述方面变化也不大,以上篇第一章"音之构成"为例,正式出版的著作使用了新式标点,文中增加了"学者但能心知其意""故金尼阁西儒耳目资谓之同鸣者,而以母音

---

① 容肇祖:《中国文学史大纲》,开明书店1935年版,自序第1—2页。
② 钱玄同:《文字学音篇》,台湾学生书局1969年版,自序第1—2页。

为自鸣者"两句，均属于补充性语言，未对原讲义做较大改动。另有两处一字改动，一处原讲义本为"西土字母中之字音"，出版时改为"西土字母中之子音"，此处当为文字正误；一处原讲义本为"显然分上下两段"，出版时改为"显分上下两段"，此处是将讲义的较为口语化的"显然"换为更书面语化的"显……"，但整体看这种语言调整并不多。

又如刘师培《中国中古文学史讲义》之1919年北京大学出版部印发版与上海书店1923年版、刘毓盘《词史》之北京大学出版部印发版与上海群众图书公司1931年版、顾实《汉书艺文志讲疏》之南京高等师范学校出版部印发版与商务印书馆1924年版、郑宾于《中国文学流变史》之向志学院出版部印发版与北新书局1930年版、唐兰《古文字学导论》之北京大学出版部印发版与1934年正式初版等，其讲义正式出版时所作的文本调整均与《声韵学表解》的情况类似。

讲义与教材关系密切，但也存在一定的区别。民国大学讲义多是作为教材的替代品使用的。与教材相比，讲义更为灵活，针对性更强，教师的学术个性与讲授特点也更为突出。但民国时期正是现代高等学科教育的初始阶段，基础性教学资料匮乏，很多授课讲义未作普适性调整就作为教材直接出版问世。以中文学科为例，顾实的《中国文字学》、黎锦熙的《国语文法纲要六讲》、杨树达的《中国修辞学》等十余部讲义均由商务印书馆、中华书局和世界书局作为中文学科教学用书出版。还有一部分讲义，先是作为学术著作出版，随着其影响的扩大和认可度的提高，才被教员引入课堂，作为教材使用。例如陈望道在复旦大学讲授修辞学的讲义，1932年以"修辞学发凡"为题作为学术著作由大江书铺正式出版，出版后被田汉、汪馥泉、章铁民等用作中学、大学教材；龚道耕在四川高等师范教授中国文学史的讲义《中国文学史略论》作为著作出版后，被四川地区的中学、大学广泛用作教材；邵祖平在重庆中央大学讲授诗词的讲义《七绝通论》，在《文史》杂志刊发后，被沈祖棻用作教材在华西大学开设文学专题研究课。无论是直接作为教材出版，还是先作为著作出版再作为教材引入课堂，讲义的文本内容均未产生大的变化。这既与讲义本身即为教学而编写，与教材天然接近有关，客观上也因为当时正处于现代学科教育的初始阶段，尚不具备详细区分教学资料的条件。

另有一种较特殊的情况:讲义出版后迅速经典化,不仅作为教材被重新引入课堂,还成为研讨的对象,课程全部围绕研读讲解这一著作展开。中文学科中最典型的例子就是鲁迅的《中国小说史略》,先是用作讲义,然后作为著作反复出版,又被重新引入课堂。赵景深1935年起在复旦大学开设中国小说研究课程,不仅将《中国小说史略》作为教本,还以讲解此著为课程内容,由此产生的授课讲义《小说论丛》1947年由日新出版社正式出版。这类讲义文本,其内容只需保持原样,虽然性质经历了一系列变化,但文本基本稳定,表述方式没有大的调整。

授课讲稿、复习资料、学术著作、经典课本,讲义的动态属性并不依赖文本内容的调整而生成。是讲义文本的某些特征能够适应多种传播方式和多种属性促成了这一情况的出现。面对这一情况,笔者将尝试引入"话语"概念,呈现"讲义话语"的同时,借助话语的事件性与场景性,解析这一话语类型所蕴含的权力关系。

二、作为教育事件的讲义"话语"

"discourse",汉语学界选用了"话语"一词与之对应,该词虽已在社会科学很多领域使用,但至今没有非常明确的定义。诺曼·费尔克拉夫这样描述"话语"概念的不明确性:"话语是一个棘手的概念,这在很大程度上是因为存在着如此之多的相互冲突和重叠的定义,它们来自各种理论的和学科的立场。"[①]曼弗雷德·弗兰克则从词源学角度揭示"话语"的不确定性:"'Discourse'源自拉丁语的 discursus,而 discursus 反过来又源自动词 discurrere,意思是'夸夸其谈'。一个话语是一种言说,或具有(不确定的)一定长度的一次谈话,其展开或自发的展开并不受到严格的意图的阻碍。展开一个话语与召开一个会议并不是一回事。在法语语境中,'话语'非常接近于'聊天','闲聊','自由交谈','即席谈话','陈述','叙述','高谈阔论','语言'或'言

[①] 〔英〕诺曼·费尔克拉夫著,殷晓蓉译:《话语与社会变迁》,华夏出版社2003年版,第2—3页。

语'。"①

讨论"话语"问题，自然首先要提到福柯，是他创造性地运用了"话语"概念，将"话语"与语言作了区分："话语也许同语言不同，它基本上是历史的，它不是由可拥有的成分构成，而是由人们不能在话语展开的时间范围以外对它进行分析的真实和连续的事件构成。"②可见，福柯将"话语"概念延伸至单纯的语言形式之外，将其视为具有历史性和开放性的"连续的事件"，它在实践中形成，存在于事件中，同时"也反过来改变着它将它们之间建立起关系的那些领域"③，即话语也影响着实践（事件）。福柯将"话语"与事件的这种密切关系称为"话语"的整体性，"话语不是思考、认识和使用话语的主体庄严进行的展示；相反，它是一个主体的扩散、连同它自身的不连续性在其中可以得到确定的总体。话语是外在性的空间，在这个空间里，展开着一个不同位置的网络"④。"话语事件的范围是一个始终有限的，现时仅由已表述出来的语义段所限定的整体；这些语义段可能是无数的，并以其数量超过记录、记忆或者阅读的全部能力；然而他们却成了一个有限的整体"⑤。话语事件是一个系统性整体，连续的语义段是它的外在形式，可谓话语事件整体的冰山一角，无论这套语义系统多么完善、多么周密，都不可能呈现话语事件的全部，人们还需要依靠现实生活经验才能认识理论上有限的话语事件。

关于"话语"的事件性，巴赫金的"对话"和"语境"理论有很明确的表述："任何现实的已说出的话语（或者有意写就的词语）而不是在辞典中沉睡的词汇，都是说者（作者）、听众（读者）和被议论者或事件（主角）这三者社会的相互作用的表现和产物。话语是一种社会事件，他不满足于充当某个抽象的语言学的因素，也不可能是孤立地从说话者

---

① 〔德〕曼弗雷德·弗兰克：《论福柯的话语概念》，见汪民安、陈永国、马海良主编《福柯的面孔》，文化艺术出版社 2001 年版，第 84 页。
② 〔法〕福柯著，谢强、马月译：《知识考古学》，生活·读书·新知三联书店 1998 年版，第 256 页。
③ 同上书，第 93 页。
④ 同上书，第 68 页。
⑤ 同上书，第 32 页。

的主观意识中引出的心理因素","话语仿佛是某个事件的'剧本'。话语完整含义的生动理解应该是'复现'说话者相互关系的这个事件,仿佛重新'表演'这个事件,而且理解者在此扮演听众的角色"①。在巴赫金看来,"话语"不是从现实生活或事件中抽象出来的,而是始终与现实事件紧密联系在一起;理解一种"话语"及其表述方式不能仅仅依靠语言学层面的词汇构成,还要关注话语中蕴含的"言外之意",关注渗透于"话语"中的生活与事件,以社会关系与社会评价的眼光去理解"话语"。决定"话语"意义的不是词典,而是生活本身。连续的语义段是话语事件的表象,生活经验与社会常识是解析表象认识话语事件的依据,解读"话语"的目的不是读懂一个语言系统,而是将该系统置于社会生活中,在社会关系中认识语言系统及其蕴含的社会事件。

综合福柯与巴赫金有关"话语"事件性的论述,可以得到如下认识:"话语"以语言系统的形式出现,但又不是单纯的语言,它与现实生活密切关联,是生活事件的一种存在形式,因此认识"话语"不能仅从字面理解,而要将其视为表现生活事件的"剧本",在充分了解其中社会关系、社会评价的前提下,以"表演"重现事件的方式去认识。由此再做推论,一类社会事件、一种稳定的社会关系,都可以催生一种"话语"形态;而一种"话语"的存在则意味着对一类社会事件、一种社会的关系的记录与呈现。

"话语"的事件性,为民国讲义研究提供了一个别致的角度:民国讲义应用于新式学校教育,在课堂教学实践中不断改进,从而呈现出很多独特的文本现象(本文称其为"讲义体"),但彼时讲义数量巨大,今日可见只是其中很小的一部分,因此只能描述这些现象难以归纳其内涵。而"话语"不是单纯的语言形式,它以语言的形式表现出来,本身却具有实践性,始终不脱离具体的实践,这就是福柯概括的"话语,作为特殊的实践,又将这些规则现时化"②。因此,讲义"话语"就是教育事件,所有讲义文本都是讲义"话语"进行教育实践的一个定格。

---

① 〔苏〕巴赫金著,李辉凡等译:《生活话语与艺术话语》,见《巴赫金全集》第 2 卷,河北教育出版社 1998 年版,第 92—93 页。

② 同上书,第 92—93 页。

"话语"的引入,将讲义文本与学科教育、课堂的施受、稳定的师生关系联系起来,无论文本呈现何种状态,都标示着一种教育行为,是教与学这一社会事件、师与生这一社会关系的表象。

三、讲义"话语"特征解析

本节第一部分,曾对讲义文本能够适应多种文本属性和传播方式的现象进行了呈现和论述,但受制于掌握的讲义文本有限,无法准确归纳讲义文本的共有特征,进而解析讲义文本的这一特征。而"话语"概念的引入,不仅将数量巨大的讲义文本现象从教育事件的角度统一起来,随"话语"而来的一套语言系统分析方法,为解析讲义文本能够适应多种传播方式和文本属性提供了路径。

巴赫金曾撰文《长篇小说的话语》论述"话语"与"语言"的关系,他说:"本文的主旨,在于克服文学语言研究中抽象的'形式主义'同抽象的'思想派'的脱节。形式和内容在语言中得到统一,而这个语言应理解为是一种社会现象;它所活动的一切方面,它的一切成素,从声音形象直至极为抽象的意义层次,都是社会性的。"[①]形式与内容统一的语言就是"话语",传统语言学的形式与内容不再具有言说的有效性,站在"话语"角度,内容即形式,形式即内容。"话语"事件以传统语言文本的形式存在,但并不能以传统的语言分析予以观照,而应以社会性、实践性更强的"话语"分析方法去解析。巴赫金的论述不仅是对"话语"概念的建构,也奠定了"话语"研究的基本思路。

话语分析(Discourse Analysis)是对自然发生的连贯的完整的口头或书面话语的语言分析,其最重要的特征就是与语境密切联系。研究讲义"话语",就要对讲义文本做话语分析。讲义一直应用于课堂教学,有非常稳定而鲜明的语境因素。基于上述认识,笔者选用葛里高利(M. Gregory)与韩礼德(M. A. K. Halliday)提出的"语域"(register)概念,将讲义所处的教育情境划分为话语范围(语场)、话语基调(语旨)、话语方式(语式)三方面因素加以考察。

---

① 〔苏〕巴赫金著,白春仁、晓河译:《长篇小说的话语》,见《巴赫金全集》第3卷,河北教育出版社1998年版,第37页。

以韩礼德、葛里高利为代表的系统功能学派特别强调语境,即语言一定发生在语境中,并一定要在语境中被理解。他们将语境理论又向前推进了一步,提出了"语域"的概念,并将这一概念围绕情景分为话语范围(语场)、话语基调(语旨)、话语方式(语式)三大要素。

首先看讲义的话语范围,即发生的具体环境,包括话题、参与者的目的、场地以及整个话语活动。韩葛一派认为参与者的目的是话语范围的决定性因素,并将话语范围作了技术性与非技术性的二分,概念、专业术语、严整明确,是技术性话语的典型标志,而非技术性话语则是日常随意的交流谈话。

教员编写讲义的目的是用于课堂教学,向学生介绍和传授知识,讲义文本大量使用相关学科的概念、术语,因此其话语范围是技术性的。这决定了讲义文本内容清晰、明确并具有很强的专业性和理论性,这适合教师课前记忆和课堂提示知识点,也适合专业人员的研究性阅读。但技术性话语范围也造成讲义文本缺乏灵活性和生动性,鲜有引人入胜之处,直接用于课堂教学,难免使刚刚接触专业的学生们感觉枯燥、乏味,影响教学效果。此时教员的讲授就显得格外重要,他们不仅需要将知识准确地传递给学生,还需要将讲义文本的技术性话语部分转化或融入非技术性话语,构成一定的课堂交流,以保证课堂效果。今天我们看到很多关于民国大学课堂精彩讲授的回忆,正是各学科名师克服讲义文本在课堂讲授方面的不足、实现讲义话语范围完美转化的结果。

其次,来看讲义的话语基调,即参与者之间的角色关系。话语分析认为参与者之间的角色关系直接影响"话轮转换"(turn-taking),事件中占领导、组织、策划的角色往往会掌握话语权。他们不仅是多数时候的发话者,掌控着话语权,还可以随时打断处于弱势一方的话语,收回话语权。讲义用于课堂教学,其话语基调为师生关系。就课堂讲授角度来说,师生关系是不平等的,教师掌握着话语轮转权。

大学生相对成熟,自控性和主动学习的意识也强,教师无须过多考虑通过"话轮转换"调动学生积极性与听课热情,教师独自讲授是最普遍的授课形态,民国时期的大学更是如此。因此教师在编写讲义时无须考虑"话轮转换"问题,可以按步骤直接呈现自己的思考过程,这与撰写学术著作的思维方式完全一致,多数民国大学讲义可以直接作为学术著作出版、阅读,正基于此。反之,一旦课堂上出现比较多的"话语轮转",则其讲义形态就会发生明显变化,即使出版了,也非正宗的学术著作。例如容庚1926年起曾在燕京大学开设"简笔字"课程,该课程以师生课堂讨论为主要形式,授课讲义经整理后于1936年由哈佛燕京学社以字典形式正式出版,定名为"简体字典";再如路翎,1948年起在南京中央大学开设小说写作课程,据当时的学生回忆,路翎上课以聊天为主,甚至并不局限在教室,经常到操场户外讨论。① 交流讨论意味着频繁的话轮转换,因此难以产生系统、完整的讲义,更无法作为著作出版供研究性阅读。民国大学的中文学科教育中,新文学类课程和写作类课程采用讨论式授课的较多,保留下来的和作为学术著作正式出版的讲义就明显少于其他课程。过多的"话轮转换"与供个人研读的学术著作之间存在话语矛盾,是出现这一现象的重要原因之一。

第三,讲义的话语方式,即语言自身作用的发挥及交际时所采用的途径方法。口语和书面语二分是最为常见的话语方式分类。口语随意,多用短句,交流性强,条理性差,简化和口头语也经常出现;书面语则条理清晰,句子完整准确,多长句,多正式和专业性词汇,适于专业性论述和阐发。考察中文学科为中心的民国大学讲义的话语方式,可以发现,民初有少量学者编写完全文言书面语的讲义,而多数讲义的话语方式介于口语和书面语之间:既有"诸君""诸生"这样口语交流常用的称呼,也有"之乎者也"这些文言书面语的典型标志,主要内容则是稍加转化甚至是无须转化即可随堂讲授的话语方式。未见用口语编写的讲义。

关于讲义"话语"的中间性,可以做如下解析:一是话题,课堂教学有非常明确的教学目标,因此编写讲义时每一个完整的知识结构都有其明确的话题,不可信马由缰随意转换,因此讲义话语从结构上更接近书面语,条理清晰,意义完整。二是场合,讲义与课堂教学紧密相关,教员在编写讲义时带有"课堂"这一明确的场合意识。课堂是正式

---

① 朱珩青:《路翎:未完成的天才》,山东文艺出版社1997年版,第84页。

第四章 "讲义体":一种产生于教育实践的独特文体

场合,教员编写讲义时因此语言更加正式,倾向于书面语;同时课堂是师生共处的场合,语言的对象性明确,在每一课的开头处、一个完整知识结构的开始或总结,出现"诸君""诸生""我们""你们"这样的交流性口语,也是很自然的。三是有备程度,话语分析理论认为,有备程度越高,越接近书面语,反之,则越接近口语。讲义是课前编写的,有相对充分的准备时间,其语言的有备程度自然可以非常高;但讲义作为授课底稿在课堂使用,还需要教员在课堂上迅捷地将文本内容进行一定的转换,使之更利于学生接受。随堂即时进行的语言转换,有备程度非常低,稍有疏忽就会出现很不正式不适合出现在课堂上的语言,因此对教员的经验和反应要求非常高。基于此,很多教员在编写讲义时会对语言方式做折中处理,有意适当降低其语言的书面性,增加一定的规范性口语,以减轻课堂语言转化的压力,使讲义从编写到应用都处于有备状态。规范、正式又介于书面语和口语之间的话语方式,不仅利于教师的课堂讲授,当其正式出版供独立阅读时,会比单纯的学术著作便于理解和接受,读者的阅读感受也更自然轻松。

借助韩礼德、葛里高利的语境理论,我们可以这样解释讲义话语的多维性存在:讲义作为技术性话语,专业性、理论性强,本身具有作为专业书籍直接阅读的潜质,清晰明了的形式也利于教师课前记忆和课上提示,由此带来的生动性差不引人入胜的缺点,则可以通过教员的课堂讲授加以弥补;讲义"话语"暗含着非常明确的权力关系——师生关系,这样的话语基调决定了教员掌控课堂的"话轮转换",可以不受任何干扰地直接呈现个人的思考过程,与学术著作的思维方式完全一致,这为多数讲义可以作为学术著作出版奠定了基础;讲义的话语方式是介于书面语和口语之间的一种教学性语言,这种中间性话语方式的形成是教员无意之举与因课堂讲授需要有意为之共同造成的,它不仅便于课堂教学使用,作为著作出版后也比单纯的学术著作更便于读者理解和接受。

民国大学讲义,不仅在学科教育领域发挥重要作用,很多出版后成为各学科的奠基性著作,对初期的学科现代化构成了多重滋养。在不断的教学实践和著作出版过程中,适于多重文本属性的讲义话语逐步形成,反过来,这种独特的讲义话语又促进了讲义文本的动态属性。

因此,独特的话语形态是讲义得以对民国学科发展构成多重滋养的重要基础。

第三节 由"讲义体"看民国中文学科教育发展

民国大学讲义,应新式大学课堂教学需要产生,随学科现代化和教师职业化进程发展,在学科发展与教育实践的双重语境中,形成了独特的体例特征——"讲义体式",或称"讲义体"。以中文学科为例,相关课程讲义在体式特征("讲义体")方面比较集中地呈现出"分章节立标目""弹性结构""残缺结构"等特点,这些特点是对彼时中文学科学时趋于稳定、学程存在差异、课程体系形貌初具、授课方式呈现多样化等教育现象和教学细节的反映。一种"讲义体"现象就代表着曾经客观存在的一类学科教育状况,分析"讲义体"现象的过程就是了解民国学科教育状况的过程。本节即以中文学科为中心,以"讲义体"现象为途径,做出具体考察,以期有助于对现代中文学科的起源和发展、现代中文教育的形式和内容拓宽认识,加深理解。

一、由"讲义体"看民国中文学科教育的学程与学时

"分章节、立标目",是最突出的"讲义体"现象,它将讲义中完整的知识体系划分为若干小的单位,而其划分主要依据两个方面:其一是知识系统的内部结构,其二是教学的实际需要。以文学史课程为例,课程讲义基本都是以时代、文体作为章节划分的主要依据,先秦、两汉、魏晋、唐、宋元、明清等朝代与文、诗词、曲剧、小说等文体的组合,是最常用的章节题目。显然这是以知识系统的内部结构作章节划分。在此基础上,一些文学史课程讲义还会进一步划分,例如陆侃如、冯沅君的《中国文学史简编》就将"古民族的文学"分为上中下三部分作为讲义的第二、三、四讲,将唐代散文"散文的进展"分为上下两部分作为讲义的第八、九讲。① 当按照知识结构划分出现明显冗长的章节时,出于课堂教学的实际需要,就要做进一步划分,使其与其他章节的体量

---

① 陆侃如、冯沅君:《中国文学史简编》,开明书店1932年版。

保持一致,达到每课时完成一个讲义章节的目的。多数讲义即便未对同一内容板块进行拆分,也会尽力使各章节篇幅、体量保持基本一致。这种"讲义体"现象说明,民国大学每学时的讲授时间已经稳定,教员需要从传统的自由安排、随意讲授的授课习惯中解脱出来,逐步适应规范化的学时安排。讲授内容与学时关联,寻求章节均衡便是顺理顺情的做法。

此外,由于民国大学教员流动频繁,很多讲义都跟随教员施用于多所大学,像陆侃如和冯沅君的《中国文学史简编》就曾先后施用于中法大学、中国公学、安徽大学、北京师范大学、北京大学等校[①],讲义的章节体量无须调整即可适应各校授课之用,可见民国各大学每学时的长度已基本一致。这既是学科教育规范化的表现,也为教学交流和教员流动提供了便利。

"分章节,立标目",还为教学实践带来另外一种可能,即各章节内容相对完整、独立,某一章节的讲授不依赖前后章节的关联性,章节之间的联系一定程度上被削弱;这给教员调整章节位置、跳讲或选讲某些章节提供了可能;进而逐步形成了另一种重要的"讲义体"现象——"弹性结构"。中文学科中,这一现象在语言学理论和文学概论等理论色彩较浓的课程中出现较多。

姜亮夫曾于1930年至1933年在上海大夏大学和复旦大学开设音韵学课程,授课讲义于1933年由世界书局以"中国声韵学"为题正式出版。在该书的编辑大意中,作者特别说明:

> 书系著者在学校中讲授声韵学所编之讲义,此一科目,在大学课程中并无一定之标准,时间多寡之分配,往往因学校而异。初编此书时,即同时在两个时间多少悬殊之学校讲授,因欲两方皆无过多过少之虑,编制方面乃不得不有伸缩之余地。故大体隐分两部,一为"原理之分析",以为讲授时间较少者用,一为"历史之叙述",以为讲授时间较多者扩充之用。[②]

---

① 参看陆侃如、冯沅君:《中国文学史简编》,序例,开明书店1932年版。
② 姜亮夫:《中国声韵学》,编辑大意,世界书局1933年版,见"民国丛书"第2编第53卷,上海书店1990年版。

黎锦熙曾于1920年至1924年在北京师范大学开设国语文法课程,授课讲义于1924年由商务印书馆以"新著国语文法"为题正式出版,作者为该书专门撰写了授课与使用方法,其中说道:

> 本书虽曾用作师范大学国文学系底讲义,但也曾用作初级中学一年级底教本;其体例编制,大体上即是供初、高两级中学之用的。因为这书是寓圆周法于二十章底进程之中:大约前三章为第一圆周;第四、五两章和第十二、十三两章又成一段落;中间插入第六至十一凡六章底词类细目,只备参检之用;第十四章以下又进而成一段落;故下自短期的讲习所、补习科,上至大学专门的文科各系,都可用为课本。短期讲习,只以前三章为限,以下即可作"归而求之有余师"的自修课程;专门研究,则以全书为大纲,可依类博稽载籍,旁搜材料,而归纳有方,系统不乱。①

可见,"弹性结构"作为一种"讲义体"现象,其产生的根源在于教员希望讲义能适应不同的学程安排,进而适应不同学校的授课需要。这说明,民国各大学中文学科课程的学程安排并不一致,即使是同一课程,不同学校每学期的课时数也有差异。这与各大学较强的教育自主性有关,也说明中文学科在各大学的发展很不均衡:师资实力强的课程,所授内容就深入具体,相应的课时数也更多;师资匮乏的课程则请兼课教师简要讲授,课时数较少。学科实力的差距还直接影响了学生的水平,跨校兼课的教员们在编写讲义时除了要考虑学程调整、讲义体量,还要考虑不同学校学生的差异,调整讲义内容的深浅。这表现为:首先,讲义正式出版时,作者一定会着力说明该书适宜的读者群,如王力在其诗法讲义以"汉语诗律学"为题出版时,就在自序中强调:"全书的内容是这样的:从一般常识到比较高深的知识;从前人的研究成果到作者自己的一些心得。这样的一部教学参考用书,对于大学高年级专门化课程(有关汉语诗律学的),也许还不无小补。"②其次,在讲义的知识深度上要有拓展性,例如在各章节或整部讲义最后附列参考书目和拓展阅读文献,标识出与该课程相关知识点所在位置,张

---

① 黎锦熙:《新著国语文法》引论,商务印书馆1924年版。
② 王力:《汉语诗律学》自序,新知识出版社1958年版。

世禄在其语音学讲义以"语音学纲要"为题正式出版时,就在例言中作了说明:"本书每篇篇末,附录各种主要参考书,并注明其章节页数,以示著作对于本书编制时取材的根据,并为本书读者进而研究之用。"①

二、由"讲义体"看民国中文学科教育课程体系雏形

民国大学中文学科的部分讲义存在知识结构不完备、未全面涵盖今天看来一些重要的知识点等情况。如果作为一部独立的学术著作,上述情况自然是明显的不足和遗憾,但如果将这些"不足"还原到当时学科教育状况中去考察,则其将成为一种重要的"讲义体"现象,其中蕴含着很多珍贵的学科教育发展片段。

知识结构不完整,是指讲义未能包含课程规定的全部内容,这一情况集中出现在文学史类课程中。中国文学史作为较早确定的中文学科"核心"课程,在民国高校普遍开设,产生的课程讲义也最多,其中还有相当部分正式出版。在中国文学史课程讲义中,贯穿由先秦到明清整个古代文学发展始终的并不多,多数讲义只包含文学史的部分内容,在出版时会对著作名称有所调整。这一现象由多种客观因素促成:如受学时限制无法完整讲授。鲁迅在厦门大学讲授中国文学史的课程讲义原题为"中国文学史略",仅编写到汉代,就是为学时所限,故次年在中山大学讲授时即改题为"古代汉文学史纲要"(入全集时又易名为"汉文学史纲要")②;再如中途更换教师,无须编写完整。刘永济在东北大学讲授文学史纲要的讲义就只编写到隋,后以"十四朝文学要略"为题正式出版,出版前言说明这一情况云:"本书原在东北大学为诸生讲授我国文学史而作讲义,编至隋代而此课由大学别聘刘君燊龙讲授,因而罢手。"③

除课时所限、教员流动等客观原因,"讲义体"知识结构不完备,还与当时中文学科课程体系之逐步形成有关。这主要表现在两个方面:

第一,北京大学、东南大学等师资力量较雄厚的高校,会将中文

---

① 张世禄:《语音学纲要》例言,开明书店1932年版。
② 《汉文学史纲要》,《鲁迅三十年集》第20卷,鲁迅全集出版社1947年版。
③ 刘永济:《十四朝文学要略》前言,中华书局2007年版。

学史课程按时代拆分,交由不同教员讲授。多位教员的参与,使中国文学史从一门课程转变为一套课程体系。此举不仅使教员可以各展所长,提高文学史授课质量,还可以使文学史课程教学与教员同时开设的选修课程形成互补,为以文学史为主干,以文体、思潮、批评、作家作品等专题研究为辅助的中国文学史课程体系的形成奠定基础。北京大学早在1917年就将文学史课程拆分为"周秦文学""汉魏六朝文学""唐宋文学""元明清文学"四个部分[①],刘师培的文学史讲义以中古为下限[②],吴梅的文学史讲义以辽金元为下限[③],正是文学史课程体系形成的佐证。

第二,一些不分阶段开设文学史课程或课时数有限的高校,其讲义则呈现了另一种课程体系形态。很多文学史讲义都止于唐宋甚至更早,胡适的《白话文学史》、胡小石的《中国文学史讲稿》、鲁迅的《汉文学史纲要》、傅斯年的《中国古代文学史讲义》、游国恩的《中国文学史讲义》、闻一多的《中国文学史稿》莫不如此。与之相呼应的,是唐诗、宋词、元杂剧、明清传奇小说等专题研究类课程的大量开设和授课讲义的编写、出版。据此可以推测,中国文学史与其他古代文学专题类课程在实际讲授中逐步形成互补,唐、宋、元、明、清等时段以专题研究形式开设的课程比较多,讲授中国文学史课程的教员在课时受限或精力不济的情况下,就会据此略讲这些时段的文学史内容,而借助专题课程实现知识结构的完整性。如胡小石曾先后在北京女子师范大学、武昌高等师范学校、南京中央大学和金陵大学开设中国文学史课程,其讲义1928年在上海人文出版社出版,内容截至唐宋,因此称《中国文学史讲稿上编》。据其学生回忆,胡小石这样解释其讲义的不完整:"元人杂剧,宋元南戏,明清传奇、小说,与各种俗文学,目前均有专家研究,成绩斐然,余实无多发明,口述作介绍则可,汇录成书则不可。"[④]

---

① 参看《文科改定课程会议议决案修正》,见《北京大学日刊》1917年12月9日。
② 参看刘师培《中古文学史》,上海书店1923年版。
③ 参看吴梅《辽金元文学史》,商务印书馆1934年版。
④ 参看胡小石《中国文学史讲稿》后记,见《胡小石论文集续编》,上海古籍出版社1996年版,第205页。

另有一部分讲义,虽然在结构上较为完整,但并未涵盖课程应有的全部要点。如果学术著作如此,便是明显的缺陷,但作为讲义,却往往表征着彼时中文学科课程体系化的雏形与趋势。与文学史课程与专题研究类课程形成的互补类似,同时开设多门课程的教员会根据几门课程之间的关系,建构与个人学术研究体系相对应的课程体系。这种情况的典型代表是刘师培。他在北京大学开设中古文学史课程时曾编写《中国中古文学史讲义》,该讲义后经反复出版成为汉魏六朝文学研究的经典著作。但与现今对文学史的全面认识相对比,该讲义在内容上存在明显的知识遗漏:"譬如总集如《文选》、《玉台新咏》,文学批评著作如《文心雕龙》、《诗品》,均未曾专门论列。虽名以'中古',然其论述的范围始于汉末曹氏当政,终于陈代,上不及秦汉,下未论北朝及隋代,显得很不全面。"[①] 从学术研究角度考察,这一评价无疑是准确而中肯的,但《中国中古文学史》曾经是一部讲义,如果站在学科教育的立场,回到当时的教育情境之中,则会产生另一种论断。刘师培1917—1918年在北京大学中国文学门同时开设三门课程,分别为中国文学史(中古部分)、汉魏六朝专家文研究和《文心雕龙》研究,后来,其中国文学史的课程讲义由本人整理出版,[②] 后两门课程则根据学生罗常培的听课笔记整理出版[③]。从课程和讲义的名称可以看出,两门选修课所讲内容对《中国中古文学史》的不足作了有效补充,形成了整体述史、作品研究、专书研究三门课程相互照应的中古文学课程体系。

在中文学科课程体系化进程中,教员发挥着重要作用,通过他们的授课讲义,能非常清楚地看到这一点。例如,陈柱尊曾于1924年起在上海大夏大学开设墨子研究课,留下了两本完全不同的课程讲义,一部名为"《定本墨子间诂》补正",是在孙仲容《定本墨子间诂》基础上编写的课程讲义,以句读和文字注疏为主要内容,1927年群众图书公

---

① 刘跃进:《关于魏晋南北朝文学研究的若干问题》,见《走向融通——世纪之交的中国古典文学研究》,知识产权出版社2005年版,第195页。
② 刘师培:《中古文学史》,1920年由北京大学出版部正式出版。
③ 《汉魏六朝专家文研究》根据罗常培课堂笔记整理,1945年由独立出版社出版;《〈文心雕龙〉讲录二种》根据罗常培课堂笔记整理,以"左庵文论"为题载于《国文月刊》第9、10、36期。见《刘师培中古文学论集》,中国社会科学出版社1997年版。

司正式出版;另一部名为"墨学十论",是以专题形式对墨子及其相关学说进行通讲,1926年由商务印书馆正式出版。1927年起,陈柱尊又开设了老子研究课,同样留下了两本讲义:以文字训诂和句读为主要内容的《老子集训》和以学理分析为主的《老学八篇》。同一门课程,有两部内容、体例、形态完全不同的讲义,这一独特现象背后是教员们对课程体系建构的自觉努力和探索。陈柱尊认为,"治古书当先从事于考证,训诂,以求通其文词,而后义理可明"①。他因此在开设课程时做了如下安排:"为诸生讲老子,爰著《老子集训》,略采诸家之说,参以己见,意欲使之粗明训诂,稍通玄旨也。既课毕,爰复授此八篇,以与集训为一经一纬之用焉。"②教员按照个人对知识系统和教学规律的理解,将一门课分为两个部分,两部分知识之间的关系不是并列,而是先行后续,前一部分为先导,后一部分总结提升,课程的系统化特征非常明显。

三、由"讲义体"看民国中文学科课堂讲授方式

最后,通过考察"讲义"及其体式,还可以一定程度上"复原"民国大学中文学科教育课堂讲授的一些情况。

课堂讲授是学科教育的重要环节,教师的教育理念、教学设计在这一环节实施,学生接触新知识、记忆和掌握新知识,以这一环节为起点;这也是师生接触、交流最频繁的一个环节,直接影响着教学效果,也非常直观地反映着当时的学科教育状况。近年来,学术界开始重视对民国大学"课堂"的研究,主要以各大学校史资料和师生回忆为材料,力图重现彼时大学"课堂"场景,为学科史、教育史研究提供新的角度。但其较多依赖校史资料和当事人的回忆,因此其成果主要是以课程名称呈现教学情况,或通过回忆感性呈现师生风仪和课堂氛围,而对授课内容、讲授方式等与学科教育关系最密切的内容则鲜有涉及。讲义是教员课堂讲授的蓝本,通过讲义,不仅可以了解民国大学课堂

---

① 陈柱尊:《老子集训》自序,商务印书馆1928年版。见"民国丛书"第5编第5卷,上海书店1990年版。

② 陈柱尊:《老学八篇》自序,商务印书馆1928年版。

的授课内容,还可以由"讲义体"考察教员的授课方式,进而把握民国中文学科课堂教育教学状况。这里列举中文学科几种具代表性的"讲义体"现象,从课堂教学角度解读其出现的原因,挖掘其背后的授课方式真相。

教师个人讲授和师生讨论互动,是中文学科教育最常见的两种授课方式。民国时期大学,教员个人讲授占绝大多数,讨论互动则较稀少,这也许是因为中文学科教育对传统私塾教育的教学方法有所继承,加之当时学生成熟较早,自控能力强,教员不大有动力设计讨论等授课环节以调动学习热情。以交流讨论为主要方式的课程少,相应的,供这类课程使用的讲义就更少。在笔者搜集到的讲义中,有一本为容庚在燕京大学开设"简笔字"课的讲义,1936年由哈佛燕京学社以"简体字典"为名出版。① 该讲义为字典形式,没有一般讲义的章节结构,卓定谋为该书作序称此书是容庚逐字讲授并与学生随堂讨论记录而成②。故《简体字典》与其说是讨论课的讲义,不如说是讨论课的记录和成果,独特的体例形式证明了民国中文学科教育中讨论式授课的存在。其实在各体文习作课尤其是文学创作类课程中,讨论式授课也是存在的。但这种授课方式随机性强,不能完全按照教员的设计进行,因此往往无法形成较为详细完整的讲义。

与讨论式授课讲义罕见不同,以教师讲授为主的中文学科课程则基本都编有讲义,其中一部分以学术著作或文献史料的形式保存至今。从现存的讲义看,主要有四种体例:系统式,专题式,辅助式和移用式。透过四种"讲义体"现象,可以看到民国中文学科教员最常用的四种授课方式。

系统式讲义数量最多。教员根据学程安排和学时数,把要讲授的知识作筛选和分割,形成一符合教学规律、适应学程安排的系统。系统的各个部分各自相对完整,但又不是完全独立的,它们彼此相关——或先后相继,或由浅入深,或互为因果……中国文学史等述史

---

① 见《容庚学术著作全集》第14卷,中华书局2011年版。
② 参看《简体字典》卓序,《简体字典》,哈佛燕京学社1936年版。见《容庚学术著作全集》第14册,中华书局2011年版,第227页。

类课程,文学概论、语言学概论等理论性较强的概论课程,教员会较多选用这种体例。讲义体例的集中,促进了上述课程讲授方式的固定,如文学史以时代为经、文体为纬的结构方式,语言学概论语音、词汇、语法顺序排列的结构方式等等。多数教员在编写讲义时遵循这些潜在的结构方式,使之巩固下来;少数教员则在讲义中注入个人的理解和思考,使之渐趋完善。直到今天,系统式仍是中文学科最常见的成果形式和最常用的授课方式。

专题式讲义由多篇独立文章组合而成。这些文章内容完整,可独立发表;相互之间是平行关系,没有非常紧密的关联。专题式主要见于新文学和写作类课程讲义,是担任教职的新文学作家们使用较多的讲义体例。苏雪林在武汉大学讲授新文学研究的讲义就是由《沈从文论》《郁达夫论》《周作人先生研究》等多篇独立文章构成的[1];废名在北京大学讲授现代文艺的讲义是由对《尝试集》等诗歌作品的若干评论文章构成的[2];许杰抗日战争时期在后方几所大学讲授小说戏剧选读的讲义由《谈鲁迅的〈药〉》《鲁迅的〈故乡〉》等评论文章构成[3];还有陈望道在复旦大学讲授作文法的《作文法讲义》[4],沈从文在西南联大讲授各体文习作的讲义《习作举例》[5],俞平伯在清华大学讲授高级作文的讲义《词课示例》[6],汪静之在暨南大学讲授小说通论的讲义《作家的条件》[7]等,都属于专题式讲义。这些讲义中的文章或前或后多在报刊上独立发表。从编写难度上看,专题式讲义其组成较为简易,不要求教员对所授内容有完整系统把握,而实践、鉴赏等要求较强。这对于新兴课程和系统性较弱的课程非常适用。因为讲义由独立文章构成,专题式讲授更较自由灵活,教员在课程进行中可以随时调整授课内容和顺序,每一课的内容则相对明确集中,便于教员讲授和学生记忆。

---

[1] 参看苏雪林《中国二三十年代作家》,台湾纯文学书社 1983 年版。
[2] 参看废名《谈新诗》,北平新民印书馆 1944 年版。
[3] 参看许杰《鲁迅小说讲话》,泥土社 1951 年版。
[4] 参看陈望道《作文法讲义》,民智书局 1923 年版。
[5] 参看沈从文《习作举例》,《国文月刊》第 1 卷第 1、2、3 期刊发。
[6] 参看俞平伯《词课示例》,《俞平伯全集》第 4 卷收录,花山文艺出版社 1997 年版。
[7] 参看汪静之《作家的条件》,商务印书馆 1937 年版。

第四章 "讲义体":一种产生于教育实践的独特文体

在今天的中文学科教育中,专题式讲授在作家研究、作品研究和某些前沿性选修课中仍被较多采用,所产生的教学、科研成果则多以论文集的形式出现。

辅助式讲义,多用于以一本或多本元典性著作为教本的课程中。其中,元典或为课程的主要研究对象,或为课程的主要知识来源,讲义则配合元典编写;授课时讲义与元典配合使用,既便于教员讲授,也利于学生理解掌握。辅助性讲义主要应用于以下几类课程:第一类是诸子研究,教员授课多由文字考释、句读、语言疏通讲起,选定一个前人注本为教本,讲义则是配合该教本编写,起辅助教学的作用。例如陈柱尊在南洋大学、暨南大学开设庄子研究,该课程以王先谦《庄子集解》为教本,同时编写讲义《庄子内篇学》以为辅助[1];在暨南大学、大夏大学开设中庸研究,则以郑玄的中庸注本为教本,编写讲义《中庸注参》作为授课辅助[2]。第二类是作品研究,教员会选取理想版本的作品为教本,讲义编写不再引入教本内容,授课时作品与讲义配合使用。例如钱基博在上海光华大学开设韩文研究,选用坊印本《东雅堂韩昌黎集》为教本,编写讲义《韩愈志》《韩愈文读》配合讲授[3]。第三类是专书研究,尤以《文心雕龙》《说文解字》研究最为集中,黄侃[4]、林损[5]、李审言[6]、范文澜[7]都曾开设过《文心雕龙》研究课程,均以原书为教本,

---

[1] 参看陈柱尊《庄子内篇学》自序,学术讨论出版社1916年版。
[2] 参看陈柱尊《中庸注参》自序,商务印书馆1931年版。
[3] 参看伍大福《钱基博文史教育述论》,刊于《江南大学学报》2007年4月。
[4] 黄侃1914年在北京大学讲授文学概论,课程以《文心雕龙》研究为主要内容,编写有讲义《文心雕龙札记》,1927年北京文化学社出版《神思》以下20篇;1935年中央大学《文艺丛刊》刊发《原道》以下11篇,1953年由中华书局首次合并出版。
[5] 林损1918年起在北京大学讲授文学概论,课程以《文心雕龙》研究为主要内容,编写有《文心雕龙讲义》,未独立出版,今《林损集》收录,黄山书社2010年版。
[6] 李审言1923—1925年在东南大学讲授《文心雕龙》研究,编有《文心雕龙讲义》,未正式出版,讲义残卷现藏广东省兴化市图书馆。
[7] 范文澜1925年在南开大学讲授《文心雕龙》研究,编写有讲义《文心雕龙讲疏》,天津新懋书局1925年正式出版。

另外编写讲义作为辅助;陈汉章[①]、赵少咸[②]等都开设过"说文"研究课程,围绕教本《说文解字》编写授课讲义。此外,程千帆1945年在武汉大学开设《史通》研究,以浦起龙《史通通释》为教本,编写讲义《史通笺记》作为教学辅助[③]。第四类是音韵学课程,教员选用前人音韵专书作为教本,围绕前人专书编写授课讲义,如李亮工1916年在山西大学讲授音韵学,将《章氏二十三部音准》用为教本,编写讲义《音韵学手稿》作为辅助[④];杨树达自1927年起在清华大学讲授古文字学,选用吴承仕《六书条例》为教本,编写辅助性讲义,后以《古声韵讨论集》[⑤]为题出版。

移用式讲义,是指教员没有为课程专门编写讲义,而是直接将他人的讲义或翻译外国著作用于自己的课堂讲授。直接将他人讲义移作己用,则此时的讲义与课本已非常接近,这种做法减弱了讲义的灵活性、适应性等特征,教员的学术个性、教学理念体现得也不明显。但这种移用降低了开课的门槛,很多对教员水平要求较高的课程因讲义的移用得以在更多学校开设,利于中文学科教育的普遍开展。例如,邵祖平曾先后在重庆中央大学、四川大学开设诗词研究课,编写有讲义《七绝通论》与《七绝诗话》[⑥],沈祖棻随后在华西大学开设"诗歌专题研究"课,就是直接移用了邵祖平的讲义[⑦];龚道耕在成都高等师范学校的讲义《中国文学史略论》[⑧],胡适在南开大学暑期学校和教育部两

---

① 陈汉章1918年在北京大学开设"说文"课,编写《说文讲义》作为辅助,讲义未正式出版,今仅存油印本第10—17节残卷,现藏国家图书馆。
② 赵少咸1920年起在成都大学开设"文字学"课程,编写《说文集注》作为辅助,讲义未正式出版,现仅存六卷。
③ 该讲义初名"笺记",1980年由中华书局以"史通笺记"为题正式出版。
④ 未出版,手稿由其家人收藏。
⑤ 涵研究论文六篇,好望书店1933年出版。
⑥ 《七绝通论》为邵祖平任重庆中央大学的授课讲义,曾在《学术世界》1936年第1卷第8—11期连载,当时没有统一题目,1941年顾颉刚将其刊发于《文史杂志》第1卷第11、12期,取名为《七绝通论》;《七绝诗话》为邵祖平在四川大学任教期间编写的授课讲义,1943年由中国文化服务社成都分社正式出版。1946年应张映怀之邀,两部讲义由中国文化服务社成都分社合并出版。
⑦ 参看邵祖平《七绝诗论、七绝诗话合编》自序,巴蜀书社1986年版。
⑧ 参看龚道耕《中国文学史略论》自序,见《龚道耕儒学论集》,四川大学出版社2010年版,第57页。

期国语讲习所授课所用讲义《国语文学史》①,则分别被四川地区和北京地区的大学教员移用为授课讲义。翻译外国著作用为讲义的情况不多,但这种做法缩短了某些新课程的筹备时间,对推动新兴课程的发展、加快中文学科教育现代化进程有所促进。例如孔芥在中山大学开设文学概论课,所用讲义《文学原论》即是翻译帕克《美学原理》而成②;孙俍工在复旦大学讲授诗歌原理课,所用讲义为翻译荻原朔太郎《诗底原理》而成③。类似情况还有陈瘦竹1942年至1947年在江安国立剧专讲授戏剧批评课,全文翻译聂考尔的《戏剧理论》用作讲义④。

民国大学中文学科的课堂教学以教员独自讲授为主要形式,但通过几种比较集中的"讲义体"现象,不难发现同属教员独自讲授,仍存在授课方式上的不同:系统式讲义代表教员授课的主流方式,自成系统,按部就班,利于中文学科核心课程教学方法的形成和稳定;专题式讲义代表着一种相对灵活自由的授课方式,便于教员及时将最新、学生最感兴趣的内容引入课堂,且每堂课的内容自成体系,因此对学生更具吸引力,课堂氛围也更自由活跃;辅助式讲义主要出现在传统性知识内容的课程中,教员将前人元典与个人讲义相结合,将传统的经验式阐发转化为更较现代的系统知识,从授课角度实现了部分学科内容的现代性转化;使用移用式讲义的课堂很像今天的课本教学,这种授课方式降低了经典课程对教员业务能力的要求,利于拉近不同师资水平的大学之间的距离,推进学科教育整体的规范化发展。

作为民国大学教员在学科教育实践中逐步摸索出的一种文本体式,讲义和"讲义体"蕴含了丰富的民国学科教育教学信息。虽则民国大学讲义数量庞大,保存至今可供研究的有限,暂时尚无法对"讲义体"的内涵和特征做穷尽式归纳,但在研读现存讲义文本的基础上,梳理分析其比较集中反映出的相关问题,仍不失为研究民国大学学科教育状况的有效途径。过往中文学术史与中文教育的研究,于此多有忽

---

① 参看《白话文学史》自序,上海古籍出版社1999年版。
② 参看孔芥编《文学原论》序,正中书局1937年版。
③ 参看荻原朔太郎著、孙俍工译《诗底原理》,译者序,中华书局1933年版。
④ 参看《陈瘦竹戏剧论集》前言,江苏教育出版社1999年版。

略。这一方面缘于旧讲义实物难睹、文本多变,另一方面,也是因为观念上对此一独特现象重视不够。对"讲义"这一珍贵的学科教育史料的详细呈现和深入解析,不仅可以丰富现有中文学科教育史研究,还可以为民国高等教育研究提供新的视角和方法。

第五章　民国中文学科讲义经典化现象

现代中文学科自萌生至今,已经历了百余年的发展历程。民国时期是其快速发展走向成熟的一个关键阶段:学科外延得以确定,内部分支逐步清晰,学科教育体系基本成型,课程、学程、课堂教学得以规范,学术研究范式建立,以论文发表、著作出版为主要方式的学术成果生产呈现繁荣局面。各大学的中文学科在这一过程中起到了至关重要的作用,它们不仅承担了教育与学术的双重使命,还在双重任务间实现了良性互动。而一部分授课讲义就是这种互动的有效载体。通过前面的研究,可以看到,讲义依照课程、学程编写,在教学实践中不断调整,既是对学科教育的适应,也是一种规范;一部分讲义因其学术价值和学科贡献以著作形式出版或作为论文发表,成为学术成果;同时"讲义体"还作为一种范式在课堂上为学生(潜在的学科从业者)所适应,为学术交流所接受。一部分大学讲义几乎参与到中文学科发展的各个方面,随着学科的成熟,它们很自然地成为我国现代中文学科的奠基性著作。

这些在现代中文学科奠基阶段起到重要作用的授课讲义,其中一部分历经近百年的洗礼,逐步经典化。讲义的经典化历程与纯粹的学术著作不同,它们既要在教育实践中发挥作用,又要在学术层面得到认可,性质已超出学术经典的范畴,可以称作学科经典。

在我国,"经典"一词出现很早,始见于汉书,指重要的儒家典籍,如《汉书·孙宝传》有"周公上圣,召公大贤。尚犹有不相说,著於经典,两不相损"[①]。唐代刘知几《史通·叙事》有"自圣贤述作,是曰经

---

① 《汉书·孙宝传》,卷七七,清乾隆武英殿刻本,第1181页。

典"①。后指涉范围扩大到宗教和其他重要文献。今一般指具有传统性、权威性、根本性的文献典籍。定义的描述性,使"经典"难有统一标准,更多是在一定范围内的约定俗成。鉴于此,本章将不从经典角度对民国大学讲义做定性研究,而是借用西方文学研究中"经典化"的概念,考察个别被公认为学科经典的讲义的经典化过程,呈现中文学科讲义的某些经典化现象,分析讲义经典化现象背后的学科内部动因。

第一节 《中国小说史略》:中文学科讲义经典化之范例

在西方,经典研究是文学研究的一个重要方面,"文学经典是一个历史概念,它是在历史长河中形成的,时间和空间是文学经典化的载体。缺少了文学经典形成的历史时间及其空间,文学经典就不可能形成"②。可见,经典是一种结果,经典化则是实现这一结果的过程。无论是文学作品还是学术著作,成为经典的过程都是漫长的。成为经典只是极少数文本的归宿。

就中文学科而言,笔者共搜集到 300 余部民国大学讲义,其中有相当部分只是线索,能够看到文本内容的尚不足 200 部,这只是民国大学全部中文学科讲义中的一部分。遗失的讲义自然永远失去了成为经典的可能,现存可以称之为经典的也只是一小部分,原因有三:第一,现代中文学科诞生不过百余年,多数讲义也只有百年左右的历史,这个时间长度能否足以完成经典化,尚难定论;第二,很多判定经典的依据,如布鲁姆提出的教育机构遴选出来受教育者的必读书目,佛克马提出的很有教育价值等,都无法适应于讲义这种出身于学校教育的文本;第三,讲义与现代中文学科发展关系密切,几乎参与到学科发展的各个环节,但从空间角度看,这些讲义的重要价值是否已超越中文学科尚不得而知。同时,现代中文学科发展时间尚短,对学科规律与

---

① 《史通》卷六,内篇,四库丛刊景明万历刻本,第 35 页。
② 聂珍钊:《文学经典:阅读、阐释和价值发现》,见《文学经典化问题研究》,人民文学出版社 2010 年版,第 27 页。

前景的认识还处于初级阶段,目前已成为重要学术著作的讲义从更长远的时间看是否仍可保持经典的地位,也难下定论。因此,笔者关注重心由经典性研究转化为经典化现象研究,选取《中国小说史略》这部经典化程度最深、历程最完整的中文学科讲义为范本,考察其经典化过程,同时呈现某些与之相关的经典化现象。

一、从近年的"经典丛书"说起

民国大学讲义自其应用于课堂教学起,就存在着经典化的潜在可能,其中一小部分随着学科发展逐步向经典行列迈进,与之相伴的是讲义的各种经典化现象,散落在百年现代中文学科史的各个角落。在学校教育中广泛应用,成为某个研究领域公认的重要著作,被相关研究成果反复参阅引用,在学术史上占据一席之地,被写入各种学术史等等,都是比较典型的讲义经典化现象。

新时期以来,各学科相继迈入新的发展阶段,学术界开始重视对学科史的梳理,作为现代学科的萌发期和定型期,民国时期的学术成果,其价值被重新认定和估计,在图书市场出现了一批以"现代名著""百年经典"等以经典定性的褒奖之辞命名的学术丛书。这些丛书编辑目的各异,甚至有趁"民国热"之风抢占市场份额的经济目的,但能冠以"经典"之名从浩如烟海的民国著作中选取出来,对被收录者而言无疑近乎经典化认定的表现。据笔者考察,有多部大学"中文"讲义被收入近年出版的"经典丛书",这堪称典型的讲义经典化现象。关注这一现象对讲义经典化研究有三方面好处:首先,"经典丛书"现象比广泛应用于学校教育、被相关文章反复引用等现象更加直观,便于经典化现象的呈现;其次,"经典丛书"往往是不分具体学科,以人文社会科学混合出版的形式出现,因此讲义的经典化程度要高于学科内部,而不同丛书不同的编选标准,则体现出讲义经典化各种不同的动力;最后,从时间角度看,近年出版的"经典丛书"时间跨度更长,有"世纪回眸"做学科整体梳理的意味,因此对讲义的经典化程度认识的更宏阔也较准确。以下整理近年较有代表性的"经典丛书"收录中文学科讲义的情况,借助各丛书的编选标准考察近年讲义经典化的动力。

笔者选取了河北教育出版社《中国现代学术经典》①,东方出版社《民国学术经典文库》②,岳麓书社《民国学术文化名著》③,上海古籍出版社《蓬莱阁丛书》④、《百年经典学术丛刊》⑤和商务印书馆《中华现代学术名著丛书》⑥等五部"经典丛书",对其中收录中文学科讲义情况整理如下表:

表 5.1　近年代表性"经典丛书"收录中文学科讲义简况表

丛书名称	所在丛书卷次	讲义名称	编著者	施用学校	课程
中国现代学术经典（河北教育出版社）	鲁迅、吴宓、吴梅、刘师曾卷	中国小说史略	鲁迅	北京大学	小说史
	鲁迅、吴宓、吴梅、刘师曾卷	文学与人生	吴宓	清华大学	系列讲座
	鲁迅、吴宓、吴梅、刘师曾卷	中国戏曲概论	吴梅	东南大学	戏曲概论
	梁启超卷	中国韵文里头所表现的情感	梁启超	清华大学	系列讲座
	余嘉锡、杨树达卷	目录学发微	余嘉锡	北平各大学	目录学
	余嘉锡、杨树达卷	古书通例	余嘉锡	北平各大学	目录学
	余嘉锡、杨树达卷	古书句读释例	杨树达	清华大学	古书句读法
	黄侃、刘师培卷	文心雕龙札记	黄侃	北京大学	文学概论
	黄侃、刘师培卷	说文略说	黄侃	武汉大学	文字训诂
	黄侃、刘师培卷	声韵略说	黄侃	武汉大学	文字训诂
	黄侃、刘师培卷	中国中古文学史	刘师培	北京大学	中国文学史

---

① 《中国现代学术经典》共 34 卷,刘梦溪主编,河北教育出版社 1997 年版。
② 《民国学术经典文库》分思想史、文学史、历史学三类,共 30 部,东方出版社 1996 年选编出版,2012 年再版。
③ 《民国学术文化名著》共 8 辑 150 种,岳麓书社 2010—2012 年陆续出版。
④ 《蓬莱阁丛书》,共 55 种,上海古籍出版社 1999—2006 年陆续出版。
⑤ 《百年经典学术丛刊》,共 32 种,上海古籍出版社 2013 年出版。
⑥ 《中华现代学术名著丛书》,共 3 辑 100 种,商务印书馆 2010—2011 年陆续出版。

第五章 民国中文学科讲义经典化现象

(续表)

丛书名称	所在丛书卷次	讲义名称	编著者	施用学校	课程
民国学术经典文库(东方出版社)	文学史类	乐府文学史	罗根泽	河南大学、河北大学	乐府教坊
	文学史类	词曲史	王易	心远大学	词曲课
	文学史类	中国小说史略	鲁迅	北京大学	小说史
	文学史类	白话文学史	胡适	教育部国语讲习所、南开大学暑期学校	国语课程
民国学术文化名著(岳麓书社)	第一辑	中国文化史	柳诒徵	南京高等师范专科学校	中国文化史
	第一辑	中国戏曲概论	吴梅	东南大学	戏曲概论
	第一辑	白话文学史	胡适	教育部国语讲习所、南开大学暑期学校	国语课程
	第一辑	中国小说史略	鲁迅	北京大学	小说史
	第二辑	诗论	朱光潜	清华大学	文艺心理学
	第二辑	欧洲文学史	周作人	北京大学	欧洲近世文学史
	第二辑	目录学发微	余嘉锡	北平各大学	目录学
	第二辑	古书通例	余嘉锡	北平各大学	目录学
	第四辑	要辑解题及其读法	梁启超	清华大学	群书概要
	第四辑	古籍举要	钱基博	无锡国专	古籍举要
	第六辑	词曲史	王易	心远大学	词曲课
	第六辑	明代文学	钱基博	国立师范	中国文学史
	第七辑	明清戏曲史	卢前	成都大学	戏曲
	第七辑	八股文小史	卢前	暨南大学	明清文学
	第七辑	中国中古文学史	刘师培	北京大学	中国文学史
	第八辑	中国文法通论	刘复	北京大学	文法

(续表)

丛书名称	所在丛书卷次	讲义名称	编著者	施用学校	课程
蓬莱阁丛书(上海古籍出版社)	单行本	中国中古文学史	刘师培	北京大学	中国文学史
	单行本	中国文学批评史大纲	朱东润	武汉大学	中国文学批评史
	单行本	中国小说史略	鲁迅	北京大学	小说史
	单行本	文心雕龙札记	黄侃	北京大学	文学概论
	顾曲麈谈、中国戏曲概论	中国戏曲概论	吴梅	东南大学	戏曲概论
	中国近代文学之变迁、最近三十年中国文学史	中国近代文学之变迁	陈子展	上海南国艺术学院	专题讲座
	单行本	诗论	朱光潜	清华大学	文艺心理学
	单行本	白话文学史	胡适	教育部国语讲习所、南开大学暑期学校	国语课程
中华现代学术名著丛书(商务印书馆)	第一辑吴梅词曲论著四种	曲学通论	吴梅	北京大学	词曲
	第一辑吴梅词曲论著四种	中国戏曲概论	吴梅	东南大学	戏曲概论
	第一辑吴梅词曲论著四种	词学通论	吴梅	东南大学	词学
	第一辑中国中古文学史、汉魏六朝专家文研究	汉魏六朝专家文研究	刘师培	北京大学	中古文学
	第一辑中国中古文学史、汉魏六朝专家文研究	中国中古文学史	刘师培	北京大学	中国文学史
	第二辑目录学发微、古书通例	目录学发微	余嘉锡	北平各大学	目录学
	第二辑目录学发微、古书通例	古书通例	余嘉锡	北平各大学	目录学
	第三辑中国小说史略外一种	中国小说史略	鲁迅	北京大学	小说史
	第三辑中国小说史略外一种	汉文学史纲要	鲁迅	厦门大学	中国文学史

作为又一波较为集中的民国讲义经典化现象，五部"经典丛书"共收入民国中文学科讲义48部次，从课程分布情况看，文学类课程讲义入选数量要远远超过语言类课程，文学史类课程讲义数量最大。可见，相比专业性更强的语言学课程，文学类课程讲义更容易为"经典丛书"收录，史述类是更容易跨入经典行列的著作形态。从讲义作者的学校分布上看，主要集中于北京大学、清华大学、东南大学、武汉大学等知名院校。从编撰讲义的教员情况看，都是具有相当影响力的著名学者。可见，学校和教员是讲义学术水平的保证，同时也是讲义经典化过程中的直接推动力。课程性质、学校与教员的名气，是笔者通过整理近年"经典丛书"的讲义情况总结的此次讲义经典化现象的几方面主导因素。此外，还可以借助几部"经典丛书"的编选标准，考察这些入选讲义的经典化程度，以此次经典化现象为样本分析中文学科讲义经典化的原动力。

上述五部"经典丛书"均在编例或出版说明中对收录标准作了说明。"中国现代学术经典丛书""所收著作以典范性和代表性为基准，主要从学术本身的独立价值着眼，虽然有的著作以前曾以不同的形式出版过，但纳入经典系列，在中国现代学术特定概念笼括下出版，尚属首次"①。"民国学术经典文库"则"考虑到作品本身的学术价值、时代学术发展轨迹和现今出版状况"②。"民国学术文化名著丛书""着力于'学术'与'文化'两方面，所收著作或为学术上开新之作，或为文化上奠基之作"③。"蓬莱阁丛书""辑取其中尤具开创性而篇幅不大者"④。"中华现代学术名著丛书""收录上自晚清下至20世纪80年代末中国大陆及港澳台地区海外华人学者的原创学术名著"，是"中华现代学术史上诸多开山之著、扛鼎之作"，可谓"成果斐然、泽被学林"⑤。五部"经典丛书"的收录标准可以归纳为以下方面：首先要有较高的学术价

---

① 刘梦溪主编"中国现代学术经典丛书"编例，河北教育出版社1997年版，第1页。
② "民国学术经典文库"编选说明，东方出版社2012年版，第1页。
③ "民国学术文化名著丛书"整理说明，岳麓书社2010—2012年版，第1页。
④ "蓬莱阁丛书"出版说明，上海古籍出版社1999—2006年版。
⑤ "中华现代学术名著丛书"，商务印书馆2010—2011年版，出版说明第1—2页，凡例第1页。

值,其次在相关领域具有开创性,第三在学科内具有基础性典范性作用,第四影响力超出所在学科扩及文化领域。五部丛书均收录中文学科讲义,因此学术价值、开创意义、基础典范、广泛影响四点也可视为讲义经典化的必要条件。

除了收录标准,五部"经典丛书"还为收录著作添加了导读性文字,借助导读文字的内容指向,可以探察出某些经典化推动力。首先是关于作者的导读文字,几部丛书都将作者介绍列为非常重要的导读内容,"中国现代学术经典丛书"每卷前有学人小传,卷末还附有作者学术年表和著述要目;"蓬莱阁丛书"注意挖掘撰写者当时特定的情境与心态,凸显大师们的学术个性;"民国学术文化名著丛书"各书均附有后记,说明著者简历。足见著者之于著作经典化的重要影响。这与笔者观察到的收入"经典丛书"之中文学科讲义多出自学术大师、文化名流之手相吻合。其次是师承与学派源流,丛书导读多会介绍著者的师承关系,所属学派及其源流等,还有依据师承学派将著作合并为一卷者,可见其对著作经典化的影响。第三是出版与存藏,"经典丛书"都非常重视收录著作的版本情况,不仅特别标明所用版本,还会在导读中专门介绍著作出版、存藏和版本流变。可见出版、再版以及不同版本的存藏,对著作的经典化进程有重要影响。由"经典丛书"导读内容的主要指向,我们可以发现,作者的声望影响、作者的师承与学术流派、著作的出版与版本存藏,是影响学术著作经典化进程的外部因素,也可以看做中文学科讲义经典化的外部动力,需要重点关注。

"中国现代学术经典丛书""民国学术经典文库"等五部"经典丛书"收录了多部中文学科讲义。这不仅是中文学科讲义的一种经典化现象展示,同时还说明,部分讲义经历了近百年的经典化历程,已成为中文学科乃至整个人文学科的经典著作。从笔者列举的五部"经典丛书"收录中文学科讲义的情况看,有些讲义就被几部丛书较为集中地反复收录,如鲁迅的《中国小说史略》、吴梅的《中国戏曲概论》、刘师培的《中国中古文学史》等。其中尤以鲁迅的《中国小说史略》被收录次数最多,五部"经典丛书"全部将其收录。仅由此即可推断,《中国小说史略》几乎是经典化程度最深的民国中文学科讲义。因此,以下选取鲁迅的《中国小说史略》为范本,呈现具有典范意义的中文学科讲义经典化进程,希望能以该讲义为标尺,对中文学科讲义的经典化情况加以归类。

二、《中国小说史略》之经典化历程

与单纯的学术著作先出版、后在学科内部传播获得认可,再成为相关学术研究之基础以致学校授课之教本的经典化历程不同,讲义一产生就应用于学校,在教学中不断打磨修订,达到一定学术水平方才正式出版;有些被公认为重要的学科奠基之作,有的则又被重新引入课堂,作为授课教本或研究对象。《中国小说史略》作为一部中文学科授课讲义,比较完整地经历了这一经典化过程。

首先考察作为授课讲义的《中国小说史略》。鲁迅于1920年秋季起在北京大学、北京高等师范学校任教,讲授小说史课程,直至1926年年初①。鲁迅讲授小说史课程的讲义最初为油印本。由于是初次讲授,讲义随课程的进展陆续编写印制,每次课前以散页形式发放,学生收集整理后装订成册作为复习资料。油印讲义现存两部:一部藏于北京鲁迅博物馆,题名为"中国小说史";另一部为单演义私藏,此本曾经藏家整理、标点,1981年由陕西人民出版社出版,题名为"小说史大略"。由于是散页发放学生个人集齐装订,因此油印本小说史讲义没有目录。据收藏人单演义描述:"讲义的纸张是黄色毛边,印出后骑缝折叠,每面十行,每行约二十三、四字,骑缝上部写'小说史'三个字,中下部写页码,最下部写'周树人'三个字。"②油印本讲义共17篇,其中"六朝之鬼神志怪书""唐传奇体传记"两篇分为上下两部分,内容较为简略,类似梗概,但已呈现出以文体类型概括一个时代小说作品的思路和特征。

---

① 参看许寿裳编《鲁迅先生年谱》,《鲁迅先生纪念集》,1979年12月版,第5—6页。
② 单演义:"关于最早油印本《小说史大略》讲义的说明",见《鲁迅小说史大略》附录,陕西人民出版社1981年版,第119—120页。

除了油印本,鲁迅的小说史课程讲义还有铅印本①。虽然仍是散页印发,但由油印到铅印是该讲义内容变化最大的一次,不仅新增8篇,将原有"明之神魔小说""明之人情小说"均扩充为上下两部分,还对油印本部分小说类型重新定名和分类。铅印本讲义确定了《中国小说史略》的框架结构和基本内容,铅印本讲义之后的各种版本只是作少量史料增补和文字修改,再未有大的改动。

扎实、独到、充分的史料准备,对中国文学深刻的理解和认识,以文体特征概括一时代之小说面貌的创建性体例,使鲁迅的小说史讲义从一出现就具备了经典化的潜质。由油印本到铅印本的过程,是讲义由简单到丰富,由粗略到细致的过程。这既可看作经典化的基础,也可以视为迈向学术经典的第一步。站在学术角度,讲义内容的扩充和细化是不断发掘新材料、研究逐步走向深入的结果,可见学术质量的高标,是推动讲义经典化的根本动力。讲义不同于普通学术著作,它应用于课堂教学,考察其经典化问题,教育教学也是必须考虑的角度。从日记情况看,鲁迅是1920年8月受聘于北京大学讲授小说史课程的②。受聘后鲁迅并未马上开课,而是与北大和北京高等师范学校有较多的书信往来,据笔者推测是与两校商定授课细节同时准备授课讲义。鲁迅首次在北京大学授课已是12月24日③,首次在北京高师授课已到了转年1月④。截至1921年3月,分别为北大和高师授课8次和7次,这应为使用油印讲义讲授小说史的课时数。1921年9月起,鲁迅在北京大学、北京高等师范学校第二轮讲授小说史课程。这一论讲授一直延续到1922年4月,两校课时量分别达到28次和25次,比

---

① 关于鲁迅小说史课程铅印本讲义,现有两种关于版本的说法,第一种认为铅印本为北大印刷所印制,由鲁迅的学生常惠负责校对(参见常惠《回忆鲁迅先生》,鲁迅博物馆鲁迅研究室编《鲁迅诞辰百年纪念集》,第515—516页,湖南人民出版社1981年版);第二种认为铅印本为北京高等师范学校印制,该说法是单演义在翻阅鲁迅日记等史料后提出的(参看单演义"关于最早油印本《小说史大略》讲义的说明",《鲁迅小说史大略》附录,陕西人民出版社1981年版,第121—122页)。

② 参看1920年8月6日鲁迅日记,见《鲁迅日记》上卷,人民文学出版社1959年版,第342页。

③ 同上书,第349页。

④ 同上书,第353页。

第一轮授课有明显增加。鲁迅的课堂讲授以讲义为纲,据听过鲁迅讲课的学生回忆,鲁迅上课"先是一阵微笑,接着先生便念出讲义上的页数,马上开始讲起来"①。鲁迅讲义的长度与课时量直接相关,1921年第二轮授课的课时量,要远远超出1920年第一轮讲授。这要求鲁迅必须对原有讲义内容进行扩充,以满足增加课时的需要。

由"油印讲义"扩充到"铅印讲义",是《中国小说史略》经典化之路的第一步,也是最重要的一步。作者鲁迅在学术上的充分准备和研究的不断深入,是推动经典化的根本动力,而课时量的增加则是现实动因。讲义阶段的《中国小说史略》,是在学术、教育双重动力的推动下走上经典化之路的,而这一过程是其他单纯学术著作所没有的,为讲义之经典化所独具。

其次考察作为学术著作的《中国小说史略》。作为学术著作的《中国小说史略》有两种版本形态:上下卷本与合订本。1923年12月,《中国小说史略》上卷由北京大学第一院新潮社出版,1924年6月下卷出版,由于第一版很快售罄,1925年2月新潮社再版。正式出版的版本与铅印本讲义相比,增加了"序言""后记"和"目录"。1925年9月,北新书局首次出版了《中国小说史略》的合订本,到1931年9月共再版10次,其中第8次和第10次再版,对内容作过小规模的修订②。

对学术著作而言,正式出版是其在学术界传播并产生影响的开端,而反复再版则意味着传播和影响范围的扩大。因此,出版和再版,是学术著作经典化过程中最重要的环节。授课讲义的情况略有不同,他们在正式出版前已经在听课的学生中、同一学校或同一地区教授类似课程的教师中传播。这种传播,是以教育为推动力的学科内部传播,虽然相对封闭,影响的范围也较有限,但因为受众或是同行或是潜在的同行,对传播内容的接受程度要好于一般的出版发行。先以教育为推动力在学科内部传播,后以学术水平、学术影响为基础在开放的文化界传播,是讲义经典化在传播角度留下的独特印记。以《中国小

---

① 荆有麟:《鲁迅教书时》,见孙伏园等编《鲁迅先生二三事:前期弟子忆鲁迅》,河北教育出版社2000年版,第202页。

② 参看鲍国华《鲁迅小说史学研究》,天津社会科学院出版社2008年版,第41—45页。

说史略》为例,其正式出版的时间为 1923 年 12 月,1925 年就有再版,到 1931 年已再版了 10 次,足见其影响力。与短时间内多次再版不相符的是,学术界、读书界很长一段时间对《史略》的反响可称冷淡,1925 年才第一次有关于《史略》的讨论见诸报端。陈西滢在《闲话》中批评鲁迅的《史略》抄袭日本学者盐谷温《支那文学概论讲话》中的小说部分①,鲁迅对陈的说法作了驳斥。但这种讨论更像一种私人意气发泄,并不是真正的理论研评。最早对《史略》做学理评价的是胡适,1928 年他在其《白话文学史》自序中称,"但最大的成绩自然是鲁迅先生的《中国小说史略》;这是一部开山的创作,搜集甚勤,取材甚精,断制也甚谨严,可以为我们研究文学史的人节省无数精力。"②此时,《史略》已再版 6 次。最早关于《史略》的专论出现在 1935 年,胡怀琛撰文《读鲁迅〈中国小说史略〉》,发表于 1935 年 8 月 25 日的《时事新报》,此时《史略》已再版 10 次。鲁迅逝世后,关于其小说史研究和《史略》的评论性文章才大量出现。

在学术、文化界产生影响,大量评论、研究性文章的出现,也是一部学术著作经典化进程的重要标志。而作为学术著作的《中国小说史略》,一面是迅速出版和不断再版,另一面则是学术文化界反响冷淡鲜有评论,这种反差固然与彼时完整学术圈尚未形成,学术交流相对较少有关,但也反映出在《史略》正式出版后,推动其反复再版的主因并非学术影响,而是教育需要。

首先,1920 年代的北大知名教授云集,师资力量雄厚,吸引大量其他大学学生和社会人员到课堂听课,旁听生太多,散页讲义又是按照选课学生数印制,因此经常出现选课学生反而拿不到讲义的情况,也增加了学校的经济压力。为解决这一问题,北大开始逐步由随堂发放散页讲义调整为学期初集中发放装订成册讲义。鲁迅的小说课是北大最受欢迎的课程之一,因此很早就暴露出选课学生拿不到讲义的问题。据听课学生回忆,"可是先生的讲义数目,是依照学校选科人数散发的。而听讲者,无论在哪一个学校,都有非选科的学生自动来听讲。

---

① 参看陈西滢《闲话》,见《现代评论》1925 年 11 月 21 日,第 2 卷,第 50 期。
② 胡适:《白话文学史》,百花文艺出版社 2002 年版,自序第 5—6 页。

甚至在北大,每次遇到先生讲课时,连校外的人都有许多去听讲。讲义不够是常事,校外人常常将课堂坐满,而选先生课的学生,反无座位可坐。"①因此,小说史课程讲义1923年12月起由北京大学第一院新潮社出版,与许多其他课程讲义交由出版部统一装订印发,情况类似,都是希望减少讲义损耗,使选课学生能拿到讲义用于听课和期末复习。其他旁听生如果想获得讲义,只能购买。旁听生数量庞大,对《中国小说史略》的购买量也大,因此随后几年的反复再版也与小说史课程的开设直接相关。

其次,讲义作为学术著作出版,在学界引起关注和讨论,一般都会有滞后性。因为最先接触相关的内容是听课的学生,他们以学习、吸收的姿态接受,讲义上的学科知识为其所吸收,汇入其学科知识系统。大学生是学科潜在的从业者,民国大学更是如此,当这些潜在学者、教员走上岗位,开始他们的研究和教学时,当年所学将得到进一步传播、延伸甚至发扬光大,当年由讲义而成的著作也因此得到学界重视,开启其经典化历程。

大学教学的客观需要推动《史略》反复再版。讲义的经典化历程是教育和学术双重动力共同作用的结果,阶段不同,占据主导的动力也有所不同。初期主导的往往是教育因素,而当受教育的学生开始从事相关学科的教学科研时,讲义的有关内容将随之融入学科体系,被充分地重视、讨论、利用,造成学术因素的推动力,使之成为学科奠基之作、学术经典。

最后,考察作为学科教育元典的《中国小说史略》。鲁迅逝世后,学术界出现了大量肯定《中国小说史略》在小说研究方面贡献的研究性文章,如周作人的《关于鲁迅》,蔡元培为《鲁迅全集》所作序言,赵景深的《中国小说史家的鲁迅先生》《〈中国小说史略〉勘误》,郑振铎的《鲁迅先生的治学精神》《鲁迅的辑佚工作》,阿英的《作为小说学者的鲁迅先生》,台静农的《鲁迅先生整理中国古代文学之成绩》等,都是这方面文章的代表。反复再版、学界的广泛肯定,标志着《史略》经典化

---

① 荆有麟:《鲁迅教书时》,见孙伏园等编《鲁迅先生二三事:前期弟子忆鲁迅》,河北教育出版社2000年版,第202页。

程度在不断加深。而《史略》成为真正意义上的学科经典的标志,是它作为学科元典性著作,被重新引入大学课堂用作教本。

赵景深从1930年代末起先后在安徽大学、复旦大学开设中国小说研究课程,其中一部分讲义经整理于1947年由日新出版社以"小说论丛"为题正式出版。在自序中,赵景深指出,"这里一共是二十篇文章,论排的次序按照鲁迅的《中国小说史略》"①。后面又分别介绍了各篇与《史略》各章节间的对应参考关系。可见赵景深在两所大学开设中国小说研究课程,是将《史略》作为教本的,同时配合教本自编了讲义。在西方语境下,经典就是指教育机构所遴选的书,是接受教育者的必修书目。虽然语境不同,但出自课堂的讲义在出版后能够作为教本被重新用于教育,已足见其经典性。在民国中文学科教育中,选取一部或多部著作为教本,配合教本自编讲义的情况还有许多,但主要出现在诸子研究、专书研究、作品研究等课程中,选用教本多是前人所作诸子训诂解读之作或《文心雕龙》《说文解字》等元典性著作之笺注本。较比之下,不难看出,《史略》在1930年代末已被视为中文学科的经典性著作,成为中国小说研究的奠基性著作,是从事相关教学和研究的必备参考。

另有一事例可见《中国小说史略》在学科教育中的经典地位。1926年鲁迅离开北京远赴厦门任教,小说史课程由著名的藏书家、版本学家马廉接替开设,马廉对中国小说颇有研究,鲁迅在编写讲义时也曾向他求教并借阅书籍。但马廉并未延续鲁迅的思路讲授,而是在分析了《史略》后,选择《史略》最薄弱的白话短篇小说用于教学,并编写了一部名为"短篇小说"的课程讲义②。白话短篇小说在我国古代小说研究中所占分量有限,马廉选讲这一部分内容实属无奈,他既不愿沿用鲁迅的讲义,又无法自编讲义超越《史略》,只得回避与《史略》一较短长。或沿用,或回避,足见《史略》当时已在中国小说研究和教学中占据了经典地位。

纵观《中国小说史略》的经典化历程,是学术和教育双重作用的结果。《古小说钩沉》《谈薮》《小说备校》《唐宋传奇集》等史料成果,足见

---

① 赵景深:《小说论丛》,日新出版社1947年版,序第1页。
② 马廉:《短篇小说》,讲义未正式出版,原稿现藏于南京大学图书馆。

鲁迅在中国小说研究方面的学术积累,也保证了《史略》较高的学术水平,可以看作经典化之基础。但如果没有受聘大学讲授小说史的经历,鲁迅的研究成果很可能沿着版本、钩沉的路径延伸,不会以述史的方式出现。因此,现代学科教育对课程形态的要求是促成《史略》形成和奠定其基本形态的主导因素之一。正式出版和反复再版是《史略》经典化历程的重要阶段,但推动出版和再版的原动力更多来自教学的现实需要。在学术交流尚不发达的年代,讲义的学科知识是通过教育为学生所接受,又通过学生从事研究和教学融入学科体系成为中文学科基础性著作,被用作教本重新引入学科教育并辅之以新的讲义加以解读,则是成为学科奠基乃至元典的重要表征之一。

课程讲义、学术著作、元典教本,《中国小说史略》经历了三个阶段,成为现代中文学科最初的学术经典。《史略》的经典化过程只有短短二十几年,每一阶段和整个过程都非常清晰,因此可以作为中文学科讲义经典化之典范加以呈现和解析,还可以作为标尺考察其他讲义的经典化程度,分析其原因。

经典和经典化是一个历史性概念,现代中文学科从萌生至今不过百余年,像《中国小说史略》这样在短时间内完成经典化历程,且阶段性这样明显的,难寻第二部。但以《史略》为参照,可以认为某些讲义还是部分地完成了经典化历程。

对于课程讲义而言,正式出版是经典化最关键的一步。虽然在学术交流有限的年代,出版不能代表一种学术影响和学术认可,但出版仍可以算是一种肯定,暗含了与彼时文化、教育、学科发展存在某些方面和某种程度的吻合。更为关键的是,出版还实现了对课程讲义的存藏。无论有多高的学术价值,在学科教育中发挥了多大作用,一旦讲义文本亡佚,其经典化历程都将戛然而止。在笔者搜集的中文学科讲义中,有120余部在民国时期即正式独立出版,这一数字约占笔者搜集讲义总数的百分之四十。但正式出版的讲义只是浩如烟海的中文学科讲义中的少数。这些讲义多属于北大、清华、东南大学等著名高校,且多出于学术名家之手。在学科评估机制尚未建立的年代,名校、名师是学术水平的基本保障,因此讲义施用学校、编撰人是影响出版的外在因素,也是影响讲义经典化的因素之一。此外,民国时期出版行业分布不均,形成了北平(京)、上海两个中心。与出版中心的地缘关系、学校当地的经济文化发展水平,直接影响讲义出版,也可算是影响讲义经典化的又一外在因素。

还有一部分讲义在民国时期未获出版机会,在1949年后甚至1980年代才被正式出版。这种情况下的多数讲义不能据此算作开启了其经典化历程。因为这类正式出版主要是两种情况:第一,作为全集的一部分出版,此时讲义出版的意义在于全集的完整性;第二,虽是独立出版,但多是因与一时的文化热点、阅读时尚相契合,此时的讲义已成为一种文化消费品,不能算是经典化的表现。

讲义正式出版只是为经典化提供了基础和可能,由学术著作到学术经典,还要经历一个很复杂的过程:学界的关注、对著作持续不断的评论与阐发、作为讲义或课本施用的年限与学生的接受情况、学生从事相关后续研究的情况、是否为他人移用为讲义或教本……种种因素都会对讲义的经典化产生影响。因此,一部讲义成为学术经典是一个漫长的过程,终成经典的只是凤毛麟角,能够走在经典化路上的,也只是很少一部分。

第二节 讲义经典化的学科内部动因

民国大学讲义的经典化历程是在学术和教育双重动力的作用下开启的,从《中国小说史略》的情况看,讲义的经典化历程一般会受到讲义施用学校、编撰人、地区经济尤其是出版行业发展状况、出版商的出版计划、图书市场的整体状况等诸多外部因素的影响,而较高的学术价值则是讲义经典化的内部因素和基本保证。民初之大学,同时承担学科教育和学术研究双重使命,讲义在学科教育中的贡献是其学术价值的重要方面,往往一部讲义在学科教育中的贡献越大,越容易通过受教育者融入不断完善的学科体系,成为奠基之作。本节以分类举例的方式,从教育角度举例分析讲义经典化进程的学科内部动因。

一、开创性

民国大学讲义多编撰和施用于现代学科初创的年代,彼时,学科范围尚未划定,各构成分支亦不明确,更谈不上体系化和系统性。这一情况在中文、历史、哲学等传统深厚的学科表现得尤其突出。大学教员们既要对传统知识内容筛选和转换,使之符合现代学科教育要求,又要熟悉和掌握西方舶来的新知识尤其是教育方式,以实现对学科的建构。编写讲义正是教员们在传统与现代的博弈中建构新式学科的实践。这使很多讲义参与到最初的学科建构中,也使部分讲义因此具有了对学科的开创性贡献,并由此开启了正式出版、学科奠基的经典化之路。

由于民国大学同时承担学科教育和学术研究双重使命,因此所谓开创性,具有教育和学术的双重内涵,指讲义开创了一种课程类型进而奠定了一种研究范式,或是开创了一门课程并将课程内容纳入新的学科体系。以中文学科为例,开创性对于经典化的推动作用在鲁迅的《中国小说史略》、黄侃的《文心雕龙札记》等讲义上表现得较为明显。

在《中国小说史略》序言中,鲁迅称"中国之小说自来无史;有之,则先见于外国人所作之中国文学史中,而后中国人所作者中亦有之,然其量皆不及全书之什一,故于小说仍不详。此稿虽专史,亦粗略也。然而有作者,三年期,偶当讲述此史,自虑不善言谈,听者或多不憭,则疏其大要,写印以赋同人;……"①足见鲁迅本人对《史略》的开创性有充分的自信。其实在《史略》之前已有王钟麟的《中国历代小说史论》②和张静庐的《中国小说史大纲》③问世,但在规模、材料的准确性和科学性等方面都存在明显不足,不能算作现代意义上的小说史研究。《史略》在小说史研究领域的开创性已为学界所公认,这自然是其经典化的根本动力,这里不再赘述。但笔者想要强调的是,《史略》的开创性不仅体现在学术研究方面,还体现在学科教育方面,而且教育还是《史略》能够成形的直接动因。谈到《史略》成书缘由,鲁迅说"三年前,偶

---

① 鲁迅:《中国小说史略》序言,北新书局1932年版。见"民国丛书"第2编第61卷,上海书店出版社1990年版。

② 参看黄霖、韩同文选编《中国历代小说论著选》下册,江西人民出版社2000年版,第313—320页。

③ 参看张静庐《中国小说史大纲》,泰东图书局1920年版。

当讲述此史,自虑不善言谈,听者或多不憭,则疏其大要,写印以贻同人"①,可见《史略》是为授课而编写,且当时学生对小说史并不熟悉,属于新开课程。鲁迅在小说研究方面积累颇多,这也是北京大学聘请他开设小说史课程的原因。彼时的中文学科受欧美学制影响,文学史已成为非常重要的课程形态,这促使鲁迅不得不放弃先前文献整理、史料钩沉的研究喜好,②以文学史的体式讲小说、划分时代、总结定名,以文体类型演进的思路研究文艺发展等,都是在文学史体式的督促下展开的。可以说是教育的学科化促成了《史略》的体式,使它不仅为中文学科教育的一门新课提供了教本,更使传统意义上的中国古代小说研究与新的述史体式接轨,开创了中国古代小说研究现代化的基本范式。③ 因此,《史略》是在中文学科教育现代化的带动下产生的,它既开创了一门新的课程,也为其他分体文学课程提供了借鉴,它在现代中文学科内开创了分体文学史这一重要的教育、研究范式,这是其迅速经典化的重要驱动力。

1913年北京大学曾聘请章太炎到校讲授文字、音韵等课程,章太炎婉拒邀请并推荐自己的学生黄侃任教北大。黄侃到北大后接替姚永朴讲授"文学概论"课程,与姚永朴以《文学研究法》授桐城派理论不同,黄侃围绕《文心雕龙》授课,讲义汇编成《文心雕龙札记》,于是成就了一部具有"准经典"性质的讲义诞生。《札记》的开创性主要表现在三个方面:

首先,黄侃接替姚永朴,《札记》接替《文学研究法》,是"文选"派对桐城古文派的挑战和清肃。民初北大的中文学科,桐城古文派占据主导,黄侃和其他章氏门生相继入校,组成"文选"派和"朴学"派取而代之,黄侃及其《札记》是其中的先行者④。北京大学作为当时思想文化

---

① 鲁迅:《中国小说史略》序言,北新书局1932年版。见《民国丛书》第2编第61卷,上海书店出版社1990年版。

② 鲁迅在《〈古小说钩沉〉序》中称:"余少喜披览古说,或见讹敚,则取证类书,偶会逸文,辄亦写出",见《鲁迅全集》第10卷,人民文学出版社1981年版。

③ 参看陈平原《作为文学史家的鲁迅》,见《陈平原小说史论集》(下),石家庄人民出版社1997年版,第1771页。

④ 关于桐城古文派与"文选"派、"朴学"派论争的研究成果已相当丰富,且此内容非本文研究的重点,故这里不再赘述。

的中心和高等教育的领军者,《札记》在思想文化界和高等教育界的影响被广为传播。①

其次,《札记》是对一门新式课程之授课内容的调整,开启了"文学概论"课新的发展趋势。"文学概论"是由欧美大学教育引入的一门新式课程,并与文学史一起很快成为彼时中文学科的主干课程。黄侃前任姚永朴讲授"文学概论"以桐城古文理论为中心加入个人的经验和思考,讲义《文学研究法》曾名噪一时。黄侃接任后以我国古代文论扛鼎之专书《文心雕龙》为中心,重新编写讲义《文心雕龙札记》。两部讲义最大区别在于,《文学研究法》是一部强调义理的文章学专书,②虽多数内容同样适用于文学,但与"文学概论"课讲授文学自身发展规律与现象特征的题旨有根本不同。而《札记》是对《文心雕龙》的讲读,内容完全围绕文学的创作、风格、赏析展开,因此虽选用了中国传统文章学著作,但其立意根本与"文学概论"课程应有之义更为接近。林损于1918年进入北大讲授"文学概论"仍以《文心雕龙》为中心,编写有《文心雕龙讲义》,可见《札记》对"文学概论"课内容的调整成功和新的发展方向的确定。

最后,《札记》开启了中文学科内一个新的教学、研究分支。《文心雕龙》最初是通过"文学概论"这门新课被纳入新的学科教育体系的,随着中文学科现代化程度的加深,"文学概论"逐步与西方接轨,进入1920年代,有很多独立的"文学概论"课程讲义出现。如梅光迪在南京高师暑期学校施用的《文学概论讲义》、③李笠施用于函授教学的《文学概论讲义》、④卢前施用于金陵大学、光华大学的《何谓文学》、⑤刘永济

---

① 《文心雕龙札记》曾在《华国月刊》1925年第2卷第5、6、10期,1926年第3卷第1、3期连载;1927年《神思》以下20篇为北京文化学社印发,1935年《原道》以下11篇为《文艺丛刊》刊发,足见其思想文化界的影响力;《文心雕龙札记》作为讲义在教育界流传也很广,与黄侃有师生关系的刘师培也在北大讲授过《文心雕龙》的相关课程,由罗常培的课堂笔记《文心雕龙讲录二种》看,内容观点与《札记》犹如桴鼓之相应,足见《札记》彼时在学科教育内之影响。
② 参看吴孟复《桐城文派述论》,安徽教育出版社2001年版,第180页。
③ 参看梁寿增、欧梁的课堂笔记,刊于《现代中文学刊》总第4期。
④ 参看李笠《文学概论讲义》,商务印书馆1925年版。
⑤ 参看卢前《何谓文学》,大东书局1930年出版,见《卢前文史论稿》,中华书局2006年版。

施用于武汉大学的《文学论》、①姜亮夫施用于复旦大学的《文学概论讲述》②等等,这意味着"文学概论"作为一门独立主干课程的成形,也意味着《文心雕龙》已无法继续通过"文学概论"课为现代中文学科所接纳。

但《文心雕龙》并未在随后的中文学科教育中消失。李审言1923—1925年在东南大学开设"文心雕龙研究"课程,编有《文心雕龙讲义》;③范文澜在南开大学1925年的暑期学校开设"文心雕龙研究"课程,编有讲义《文心雕龙讲疏》④等等。可见,《札记》虽然最初作为"文学概论"课程讲义使用,但"文心雕龙研究"已通过课程方式融入现代中文学科,当不再作为讲义使用,该书已具备了成为一门独立课程的条件,正如牟世金所说"《札记》的出现,标志着近世《文心雕龙》研究的开始,它在'龙学'史上的地位是不可低估的"⑤。

《中国小说史略》是鲁迅个人丰厚积淀与现代课程形式共同促成的一部学术著作,它开创了中国古代小说乃至分体文学史的课程模式与研究范式;《文心雕龙札记》是用传统文论内容调和西方舶来的新式课程而逐步为现代中文学科所接纳的阶段性产物,它调整了民初大学"文学概论"课的讲授内容,使其与课程应有题旨更加接近,同时也将《文心雕龙》纳入现代中文学科,开启了近世"龙学"的研究与教学。

在民国大学中文学科讲义中,与《史略》《札记》情况类似的还有很多,如余嘉锡在北京几所高校使用的讲义《目录学发微》,⑥改变了先前目录学课程讲读《汉书·艺文志》《隋书·经籍志》等传统类书的教学方式,使目录学有了新的独立完整的课程内容;刘复在北京大学施用的讲义《中国文法通论》,⑦改变了先前中国文法研究依照马建忠《文

---

① 参看刘永济《文学论》,商务印书馆1931年版,见《刘永济集》,中华书局2010年版。
② 参看姜亮夫《文学概论讲述》,北新书局1933年版,见《姜亮夫全集》第21卷,云南人民出版社2003年版。
③ 李审言:《文心雕龙讲义》,未正式出版,残卷今藏于广东省兴化市图书馆。
④ 参看范文澜《文心雕龙讲疏》,天津新懋印书局1925年出版,见《范文澜全集》第3卷,河北教育出版社2002年版。
⑤ 牟世金:《〈文心雕龙〉研究》,人民文学出版社1995年版,第10—11页。
⑥ 参看余嘉锡《目录学发微》,巴蜀书社1991年版。
⑦ 参看刘复《中国文法通论》,中华书局1939年版。

通》以西方语法图解汉语语法的状况,开启了中国文法研究的新篇章;陈望道在复旦大学施用的课程讲义《修辞学发凡》,①结束了当时以传统文章学替代西方修辞学的情况,开创了现代中文学科真正意义上的修辞学课程等等。处于现代中文学科的草创阶段,赋予这些讲义开创的可能,教员们深厚的学术积累、开阔的学术眼界和对现代学科教育的追随,将这种可能变为现实,这些讲义随着现代学科教育的发展成为学科的奠基之作,一定程度的开创性是它们成为经典的主要动力。

二、总结性

动态性是讲义文本的独特属性,是指讲义使用中教员可以对其逐年修改调整,随着研究的深入增加新内容,结合经验调整以更好地满足教学实践的需要等。此外,讲义还会随教员流动,教员因施用学校不同、学程安排不同调整内容,这对于讲义文本来说是一个不断积累扩充的过程。有些文学史类课程讲义就是随着授课不断扩充,最后成为通史。不断修订、增加新内容、扩大涵盖范围,无疑是对讲义学术质量和学科教育功能的提升,最终形成的讲义文本或学术著作因此具有了某一方面的总结性,这是推动讲义经典化的动力之一。

在总结性的推动下开启经典化历程的讲义,主要出现于文学史类课程。如钱基博的《中国文学史》,其主体部分是 1939—1942 年在国立师范任教时编写的讲义,包括《先秦两汉魏晋南北朝文学史》《唐代文学史》《宋金文学史》《元代文学史》,《明代文学史》则为独立著作。对于这部以课程讲义为主体的《中国文学史》,钱锺书的评价是"先君遗著有独绝处"。所谓"独绝"从文学史撰写角度看,可以理解为钱基博将中国传统的史学观念与西方引入的文学史模式结合起来,提出了"事""文""义""三要"的文学史建构理论,②避免了民国时期多数文学史照搬西方或中西杂糅的状况。对文学史编写理念方面的贡献,是钱氏《中国文学史》成为经典的学术基础,而其独特的成书经历和最终成

---

① 参看陈望道《修辞学发凡》,见《陈望道全集》第 4 卷,浙江大学出版社 2011 年版。
② 钱基博在《中国文学史》绪论中指出:"作史有三要:曰事,曰文,曰义;……夫文学史之事,捃采诸史;文学史之文,滂沛寸心;而义则或于文史之属有取焉。"引自钱基博《中国文学史》,华中师范大学出版社 2011 年版,第 9 页。

为总结性成果,则是推动其经典化的主要动力。

钱基博的《中国文学史》中,明代部分撰写最早,1933年即由商务印书馆正式出版,其他部分则均撰写于国立师范任教期间,是中国文学史课程的讲义,上古至隋唐部分完成于1939年,当年由湖南蓝田袖珍书店出版;辽宋金部分完成于1942年,当年由湖南蓝田公益书局出版;元代部分完成于1943年,由湖南蓝田中国书局出版。纵观钱基博《中国文学史》的成书经过,明显可分为两个阶段:第一阶段是明代部分的撰写,这一部分集中体现了钱基博的文学史撰写理念和他对当时文学史整体状况的反思和理念创新;第二阶段是先秦至元代部分的撰写,此时钱基博任教国立师范,因此这些部分是作为讲义逐步编写、陆续修订出版的。明代文学史撰写过程中形成的理念继续融入后续各部分的撰写,并在教学实践中反复修订调整,日益完善,使整部文学史的质量不断提升。此外,随课程编写讲义,尤其如钱基博在一校任文学史课多年,给了作者较为充裕的时间,保证了写作质量,便于积累成一部文学通史。民国时期的文学史著作,呈现出断代史和简史多、通史少的特点,钱基博《中国文学史》作为一部内容相对充实的通史较为少见,是在教学中作为课程讲义不断扩充、修订、调整的结果。

与钱基博《中国文学史》情况类似的还有朱东润的《中国文学批评史》。这部中国文学批评研究的经典著作,其前身是朱东润施用于武汉大学的讲义。朱东润自1931年起在武汉大学开设中国文学批评史课程,1932年夏编写完成《中国文学批评史讲义》用于课堂教学,1933年完成对讲义的第一次修订,后继续使用,1936完成对讲义的第三次修订,并于1937年开始排印使用。因抗战爆发,书稿的排印受到影响,第三稿未能全部印完,我们今天看到的《中国文学批评史大纲》是第三稿上半部与第二稿下半部拼合而成,1944年由开明书店正式出版。[①] 民国大学多对授课讲义有所要求,逐年修订就是其中非常重要一条。基于此,讲义的施用过程就是其修改、扩充、提高的过程。施用多年的讲义往往能够汇集相关领域的主干知识和新的研究成果,这种总结性也成为部分讲义经典化的动力之一。

---

① 参看朱东润《中国文学批评史大纲》自序,武汉大学出版社2009年版。

三、时代性

民国大学不仅是教育机构,还因知识分子的聚集成为思想文化交流、碰撞的中心,很多文化运动、社会思潮都在高校发端,大学教员尤其是人文学科的教师们为最活跃的社会文化精英。以中文学科为例,胡适、鲁迅、周作人、朱自清等等,都是兼有大学教师和社会思潮引领者或参与者的多重身份,他们的课程常会与某些重要的社会文化思潮相关,所编写的讲义一方面是文化潮流的产物,一方面又借助潮流开启经典化之路。

因顺应社会文化潮流而开启经典化之路的中文学科讲义,在"五四"前后和抗日战争时期出现得最为集中。《白话文学史》是民国时期一部重要的学术著作,其前身是胡适于1921年为教育部国语讲习所授课的讲义,1922年在南开大学暑期学校也曾使用过;1924年讲义大要以"国语文学史"为题在《国文月刊》第二期发表,1928年经修改扩充后以"白话文学史"为题由新月书店出版,后反复再版,现存多个版本,《胡适文集》第四卷收录了该书。① 《白话文学史》部头不大,内容也较粗略,是胡适在时间紧张情况下随编随讲完成的。② 能够成为中文学科一部经典性著作,与其顺应"五四"兴起的白话文运动有直接关系。白话文运动是"五四"文学革命的核心内容之一,胡适又是白话文运动的领袖,他的授课是对白话文运动最好的宣传,而课程讲义则作为胡适发动白话文运动的又一重要成果引起人们重视。出自白话文运动领军人物之手,《白话文学史》无疑是最能顺应这一重要文化运动的一部著作。这种顺应为其开启了经典化历程。

还有一些讲义与《白话文学史》情况类似,比如乐炳嗣施用于中小学教师国语进修学校的讲义《国语概论》③和《国语话》,④黎锦熙施用

---

① 参看胡适《白话文学史》,《胡适文集》第四卷,人民文学出版社1998年版。
② 胡适在《白话文学史》自序中称:"民国十年(1921年),教育部办第三届国语讲习所,要我去讲国语文学史。我在八星期之内编了十五篇讲义",可见该讲义当是随讲随编而成。
③ 讲义《国语概论》在施用当年(1923)即由中华书局正式出版。
④ 讲义《国语话》1926年由中华书局正式出版。

于武汉中华大学、河北第二师范暑期学校的讲义《国语文法纲要六讲》[①]等,都是顺应1920年教育界掀起的国语运动而产生的。这种顺应性使它们施用后迅速得以出版,并伴随国语运动的深入得到更多的关注和使用,开启了其经典化历程。

通过上述例证不难发现,在顺应性推动下开始经典化历程的讲义,多出自社会教育或暑期学校的课程,这说明彼时大学课程的科目和学程等已相对稳定,即使再符合某种运动或思潮内容,也不能随即直接进入大学正常的课程体系,而社会教育、暑期学校的系列讲座正好为这些内容提供了舞台。事实上,社会教育比学校教育更利于相关内容的传播,推动运动和思潮走向深入。而中文学科讲义有因顺应性而经典化的情况存在,可见民国时期的中文学科在参与社会、影响社会文化方面发挥了较大作用。

四、资料性

所谓资料性,是指某些讲义未能开创一门课程或一种研究范式,其学术水平在今天看来甚至在当时都算不得上乘,但这些讲义的存在记录了中文学科曾经出现过某种现象——或开设过某类课程,或有过某些研究方法、理念,学术史、学科史往往不得不提及相关课程讲义或学术著作,以保证述史的完整性。例如,郑宾于施用于北京中俄大学和福建协和大学的"中国文学史"课程讲义,该讲义在校内印行后1930年由北新书局以"中国文学流变史"为题正式出版,现有中州古籍出版社1991年版,《民国丛书》第3编第53卷也收录了该书。

民国时期的中国文学史,已基本形成了以代表性文学体裁概括一个时代之文学的编写方式,诸子散文、汉赋、唐诗、宋词、元曲、明清小说是最常见的文学史章节安排。经过时代检验,这样的文学史分体分期是科学、合理且利于教学的。而郑宾于的文学史恰与之相反,他在《中国文学流变史》"题讲"中表示,希望能够回避各时代最具代表性的文学样式,将授课重点置于为人们所忽视的角度,甚至引入一些多数

[①] 该讲义1925年由中华书局以"国语文法纲要六讲"为题正式出版。

文学史不予纳入的内容。① 基于此种观点,郑宾于的文学史内容非常繁杂,长度远远超过当时的同类著作。《中国文学流变史》与其他文学史著述相比,存在的缺点和不足非常明显,但它依然能够保持到今天并在中文学科史上留下一笔,正是基于该讲义的记录性。它记录了彼时另外一种关于文学史编写形式和讲授方式的思考和尝试,记录了另外一种文学史课程教育曾经存在。

范烟桥在东吴大学施用于"小说研究"的课程讲义《民国旧派小说史略》,② 王哲甫在山西教育学院施用于"新文学研究"的课程讲义《中国新文学运动史》,③ 卢前在暨南大学施用于"明清文学"的课程讲义《八股文小史》④等,这些既不是当时最具影响的课程讲义,也没有非常高的学术质量,但时至今日仍然会为一些研究所提及,就是因为他们记录了中文学科学术史、教育史上曾经的一种存在。有了它们,中文学科的史述才算得上完整。这些具有记录性的讲义,今天看来尚不能算是经典,它们留存至今,更多的价值在于作为一种珍贵的学科史研究资料。将它们置回施用的年代,可以使历史语境的建构更加完整,也为今天学科建设和发展研究提供了反思的角度。

---

① 参看郑宾于《中国文学流变史》题讲,中州古籍出版社1991年版。
② 范烟桥:《民国旧派小说史略》,1961年本人整理定稿,收入魏绍昌主编《中国现代文学资料丛刊》甲种。
③ 王哲甫:《中国新文学运动史》,1933年由北平杰成印书局出版,见"民国丛书"第5编第50卷,上海书店1996年版。
④ 卢前:《八股文小史》,1937年由商务印书馆出版,今见《卢前文史论稿》,中华书局2006年版。

第六章 "老讲义"与"新文学":以讲义为视角的现代文学教育考察

　　民国中文学科课程讲义研究,其目的不仅限于对讲义线索和文本的搜集整理,或对讲义产生的时代背景、生成方式、出版与经典化以及体例特征的研究,更希望借助讲义将中文学科教育研究场景化,丰富中文学科史的述史方式。因此,与其他研究将创设完备的研究范畴作为终极目标不同,范畴创设之于讲义研究只是第一步,下一步是以中文学科史为终极指向,将范畴转化为一种研究路径和审视眼光,为学科史研究以及各学科分支研究注入新的动力,提供新的可能。

　　中国现代文学(早期亦称"新文学")作为中文学科的一个重要分支,经过长期积累,形成了以现代文学史为核心,以思潮研究、作家研究、作品研究为主体的教育—研究体系。近年新增的学校教育角度的研究也取得了一定成果,成为中国现代文学研究的又一重要方向。本章尝试在前五章讲义整体研究的基础上,结合中国现代文学研究现状,首先对与现代文学学科相关的讲义作一整理,随后利用这些资料,呈现新文学在民国中文学科教育中的多种存在方式,对近年兴起的民国大学新文学教育的研究形成补充;同时以讲义为视角,探究新文学作家在大学任教的不同处境、心态和不同作家的课堂讲授风格,展现现代作家之介入高等教育的又一侧面,拓展作家研究的角度和思路,达到丰富现代文学研究和述史的目的。因此,本章之"讲义"兼具研究对象、研究史料和研究路径的三重属性,是提升讲义研究的学科贡献的一次努力,方法具有尝试性和示例性。

第六章 "老讲义"与"新文学":以讲义为视角的现代文学教育考察

第一节 由讲义看新文学在民国大学"中文"课堂的多样性存在

现今所谓"中国现当代文学"学科,在其发展进程中,学校教育尤其是大学中文学科的专业教育一直是一个不可忽视的动力。温儒敏就曾指出:"现当代文学学科的建立本来就和教学密切相关,是教学催生了学科,促进了学科发展……"[①]虽然民国时期的"新文学"课程与现在所谓"中国现当代文学"学科存在明显断裂,但从部分民国大学国文系很早即开设新文学课程、众多新文学作家有大学任教经历,以及王瑶、李何林、唐弢等现当代文学学科定名时期的第一批学者都曾参与或接触过民国新文学教育活动等情况看,在现当代文学学科的"史前"阶段,"新文学"就已成为中文学科教育的组成部分。由于其时此一分支学科尚未形成,新文学在中文学科教育体系中的存在形态较为松散,参与学科教育的方式更为灵活,这既为现当代文学学科史研究提供了广阔空间,也增加了相关研究的难度。

目前探讨新文学在民国大学中文学科教育中的情况,"课程"是一个比较直观的角度,借助各大学的校史资料,钩沉相关课程的开设情况,彼时大学新文学教育的概况即可较清晰呈现,这样的研究自有价值。但课程研究也存在弱点,比如将研究范围完全局限于新文学教育本身,忽略了新文学作为一种强劲的文化力量对整个中文学科教育体系的渗透和影响;将研究对象简化为静止的独立客体,放弃了对创作、研究、教育之间动态关系的观照;将课程名称作为最主要依据,落入"唯名"的风险等等。通过对新文学课程研究的反思,笔者放弃因迷执于新文学课程名称形成的预设,直接借助课程讲义了解当时中文学科各类课程的讲授内容,从中整理与新文学教育相关的历史信息,展现新文学在民国大学"中文"课堂的多样性存在,进而揭示"新文学"融入中文学科的方式及其对中文学科整体的影响。

[①] 温儒敏等:《中国现当代文学学科概要》,北京大学出版社2005年版,第422页。

一、新文学专门课程讲义概观

　　从笔者收集到的资料看,民国大学中文学科中的新文学课程讲义数量有限,这与当时只有少量大学开设新文学课程有直接关系。北京大学直到1931年秋天国文系课表上才出现与新文学相关的课程,即在B类(文学类)科目中开设了"文学讲演"和"新文艺试作"两科,从课程介绍看,"文学讲演"以讨论新作品新批评为主要内容,由胡适、周作人、徐志摩负责计划组织,课程形式为不定期的系列演讲;"新文艺试作"以新文学作家指导学生习作为主,由周作人、胡适负责计划组织,但具体的内容当时尚未确定。① 可见两门课程都不是完备的系统教学,因此也难以出现完整的课程讲义。清华大学在1928—1929学年度第二学期开设了"中国新文学研究""新文学习作"及"当代比较文学"三门与新文学相关的课程,分别由朱自清和杨振声担任主讲教师②。其中"中国新文学研究"共开设了三轮,编有比较完备的讲义,1932年被作为选修课列入《中国文学系改定必修选修科目案》,但都未能开班,而"新文学习作"和"当代比较文学"两门课程则随着杨振声调离而废止,未能留下讲义。青岛大学曾在1930年代初由沈从文开设高级作文课,按诗歌、小说、戏剧、散文四种文体讲授新文学创作。从当时的课程表看,该课每两周讲授一次,修诗歌、小说习作只能获得一个学分,而戏剧、散文习作则从未开设,故没有标注学分情况。③ 可见课程开设具有一定随意性,难以出现系统性讲义。武汉大学曾在1930年代中期有过"新文学研究"课程,由苏雪林主讲,是为大学三年级学生开设的选修课,每周二小时,一年授完。④ 因为属于系统教学,因此编写有较完备的讲义。其他开设过新文学类课程的学校,还有北平师

---

　　① 参看"北京大学文学院中国文学系课程表(民国二十年九月至二十一年六月)",《北京大学日刊》1931年9月14日。

　　② 参看"民国十七年至十八年度学年考试时间表",1929年6月3日《国立清华大学校刊》第76期。

　　③ 参看《山东大学本校学程指导书、规章制度及校历》,现藏于山东省档案馆,档案号J110-01-353。

　　④ 参看《国立武汉大学一览(民国二十四年度)》,台北传记文学出版社1971年版。

范大学、上海中国公学、安徽大学等有限几所。西南联大一直开设有新文学课程，包括现代中国文学、各体文习作、现代文选等，沈从文、杨振声、李广田、张清常担任主讲教师。但受客观条件限制，都未能产生比较完备的课程讲义。

由于开设学校较少，且课程开设有随意性，缺乏系统性和稳定性，因此新文学课程在各大学国文系一直处于边缘状态。1938年和1939年，教育部分别对大学课程和各系必修、选修课程作了整理①，到1940年代中期，大学国文系已有了比较明确的骨干课程安排，其中必修科目仅"各体文习作"因"包括古代、现代各体"而与新文学有关，选修科目也仅一门"现代中国文学讨论及习作"新文学课程。

开设的随意性虽然不利于新文学类课程成为当时国文系的骨干课程，但也为教师的讲授提供了一定的宽松度，教员可以根据个人学术特长和对新文学理解授课，这样就使有限的课程呈现出类型多样、个性十足的特点。从讲义情况看，今天现当代文学学科的主要课程类型、重要研究专题等，在新文学课程开设早期均已出现。随之产生的新文学讲义大体可分为两种类型。

一是述史类课程讲义。

虽然民国时期各大学没有统一的新文学课程，但从讲义情况看，实际上多数新文学课程都不约而同地将述史作为最主要的讲授方式。整体述史的讲义包括：王哲甫1933年在山西教育学院讲授"中国新文学史"的课程讲义《中国新文学运动史》，林庚1937年在北平师范大学讲授"新文学史"的课程讲义《新文学略说》，周扬1939—1940年在鲁迅艺术文学院讲授"中国文艺运动史"的课程讲义《新文学运动讲义提纲》，李耿1948年在西江文理学院讲授"新文学"的课程讲义《民国革命文学大纲》，尤其是奠定中国现代文学史基本形态的王瑶1948—1950年在清华大学讲授"中国新文学史"的课程讲义《中国新文学史稿》。而就某一文体述史的包括：沈从文1929—1931年在中国公学和武汉大学讲授"新文学研究"的课程讲义《新文学研究——新诗发展》，

---

① 参见《教育部整理大学课程》，《教育杂志》1938年第11期；《大学各学院分系必修及选修科目表实行要求》，《教育杂志》1939年第12期。

范烟桥1932年在东吴大学讲授"小说"的课程讲义《民国旧派小说史略》等。

一些大学以专题讲座的方式开设新文学课程,因此产生了一些系列讲座的讲稿。虽是系列讲座,但讲授人并没有以专题形式编写讲稿,而是有非常明显的述史倾向。这些讲稿实际等同于讲义,如:陈子展在上海南国艺术学院系列讲座的讲稿《中国近代文学之变迁》,周作人在辅仁大学暑期学校系列讲座的讲稿《中国新文学源流》,蔡仪在华北大学二部系列讲座的讲稿《中国新文学史讲话》等。

二是专题类课程讲义。

除述史外,另有一些新文学课程讲义呈现出专题性结构特征,作家研究、作品研究、思潮研究等今天现代文学教学、研究最重要的几个范畴,在这些讲义中都已出现。作家研究专题有苏雪林在武汉大学讲授"新文学研究"的课程讲义《中国二三十年代作家》,汪静之在安徽大学讲授"小说研究"的课程讲义《小说研究讲义》、在上海暨南大学讲授"小说研究"的课程讲义《作家的条件》等;作品研究专题有废名在北京大学讲授"现代文艺"的课程讲义《新诗讲义》,许杰在广东文理学院、建阳暨南大学讲授"小说概论"等小说课程的讲义《鲁迅小说讲话》、讲授"小说戏剧选读"的课程讲义《现代小说过眼录》等。而朱自清在清华大学讲授"新文学研究"的课程讲义《中国新文学研究纲要》,则是从思潮和文学批评角度详细描述新文学的产生及各文体的发展,可以看做现代文学思潮和文学批评理论两大专题的合并。

从以上两类新文学专门课程讲义的情况看,虽然当时开设新文学课程的大学较少,课程数量有限,更谈不上完备的课程体系,但已呈现出以文学史为核心,作家、作品、思潮三大专题为辅助的课程体系雏形,而今天的现当代文学学科课程也基本沿用了这一体系。笔者认为,由于民国时期新文学课程的随意性、教师的流动性及作家个人倾向对课程的影响,现代文学学科体系在"史前"的生成存在一定的偶然性,但其中蕴含的必然因素也不可否认。中国文学史在民国时期已成为中文学科的绝对核心课程,将新文学纳入中国文学史,不仅是为新文学找寻一个相对成熟的教学方式,更意味着中文学科对新文学的接纳和认可。因此新文学课程讲义呈现出回溯至晚清文学革命、沿用中国文学史固有述史方式等特征。而作家、作品、思潮三大专题的出现，则与新文学课程最初全部由新文学作家开设有关，他们作为新文学产生、发展的亲历者和参与者，不仅最熟悉这三方面的内容，能够使课程内容更加具体深入，同时新文学作家的身份也使他们的视角、思维不同于一般的大学教授，因而可以吸引更多学生的关注。对于选修课程而言，学生的关注是其得以稳定存在的重要条件之一。

二、隐匿于其他课程中的新文学讲义

除上述新文学课程外，其他一些课程也涉及新文学的内容。依靠这些课程的讲义，我们不仅可以了解到新文学在其他课程中的存在方式以及课堂上的呈现形态，而且可以对新文学汇入中文学科课程体系的过程有更全面的掌握，使现当代文学学科及其教育的"史前"状态呈现更加完整，该学科对整个中文学科的贡献也更加具体详尽。

先来看写作课程中的新文学内容。

至20世纪40年代，"各体文习作"和"中国现代文学讨论及习作"分别作为必修课和选修课被纳入教育部制定的大学中文学科课程体系。可见写作课在当时的开设还是比较普遍的。"各体文习作"分为两类，一类为古体文写作，如俞平伯在清华大学讲授"高级写作课"就是以词的写作为主要内容，顾随在辅仁大学讲授习作课也是以古体文写作为主；另一类为白话文习作，这类课程多为新文学作家所开设，杨振声、李广田、沈从文等都曾在大学讲授过写作课程，因此在白话文习作课程中讲授新文学的相关内容就显得顺理成章。

在收集讲义线索和文本时，笔者发现，虽然很多新文学作家讲授过写作课程，但留下的讲义线索和完整的授课讲义却非常有限。究其原因，一方面与写作课的性质有关，新文学作家主要讲授文艺写作，也就是今天习称的文学创作，而文学创作更多依赖灵感爆发和经验的积累，这些显然难以转化为体系性的学科知识；另一方面也与新文学作家自身有关，他们虽然在新文学创作中取得了成就，但对课堂教学缺乏经验，加上授课时仍处于创作阶段，尚未对个人创作经历和相关经验做系统的整理总结，因此课程安排比较随意，或与近期个人创作相关，或依据近期撰写的评论文章，因此很难从容编写出具有系统性的课程讲义。

笔者共收集到两部以新文学为主要内容的习作课程讲义。一部是孙席珍1930年代在中国大学讲授"文艺习作"课的课程讲义《诗歌论》。该讲义1935年由中国大学出版部在校内印发,未正式出版,现存不详。但据当时听课的学生李汝琳回忆:

> 文艺习作课是直接指导我们写作,我们按时交上习作,他看过之后,就在课室里提意见,指出缺点,教导我们怎样选取题材,怎样写作,写得不错的,就推荐给北平作家协会的会刊《文学周报》或别的刊物发表。①

课堂作业发表在由郑振铎、叶绍钧等创办的旨在重建中国文学的《文学周报》上,可见讲授和讨论的内容完全围绕新文学展开。

另一部讲义是沈从文在西南联大讲授"各体文习作"课程时编写的,名为《习作举例》。该讲义虽也未正式结集出版,甚至未曾装订成册在校内印发,但因为曾陆续发表在《国文月刊》1940年的前三期上,因此我们得以了解讲义的内容。讲义的三个专题为"从徐志摩作品学习抒情""从周作人鲁迅作品学习抒情"和"从丁玲到废名"。三个专题都围绕写作中的抒情展开,援引几位作家的大量作品,通过分析作品讲授抒情的几种笔法。每个专题各自独立成篇,但相互之间又常有比较,独立看是讲各个作家抒情方式,连贯成一个整体看,则是系统讲授写作中抒情手法运用的教本。沈从文的《习作举例》在新文学作家的写作课程讲义中应有代表性,独立专题结构、以新文学作家作品为例证、以评析作品代替纯粹写作理论的讲授、因内容的前沿性和讲授者的身份而便于独立发表,是其特征。

除上述习作课程讲义外,陈望道1920年至1931年在复旦大学讲授作文法课程的《作文法讲义》中,也大量列举新文学作品作为例证,用来说明各种写作的概念和方法。

另一类隐匿于其他课程中的新文学讲义,则呈现为作为中国文学史尾巴的"新文学史"讲述。

---

① 李汝琳:《回忆孙席珍先生》,见《新文学史料》1985年第4期,第143页。

黄修已在《中国新文学史编撰史》中指出:"带着新文学尾巴的中国文学史著,在建国以前还真不少,如蔡振华的《中国文艺思潮》(1935年世界书局出版)、杨荫深的《中国文学史大纲》(1938年商务印书馆出版)等等,不必一一列举。但其中还有几部,新文学部分虽简单却仍有其特色,亦可供今日参考。"①由此可见,作为中国文学史的尾巴,是民国时期新文学史述存在的一种重要方式,同时也说明新文学已开始为学术界所认可,逐步被纳入中文学术的研究范围。其实不仅在学术研究领域,新文学史还作为中国文学史的尾巴被搬上大学课堂,融入中文学科教育;而且,其进入大学教育实践的时间要早于相关学术著作出版的时间。很多学生第一次接触新文学不是通过新文学专门课程,而是在中国文学史的课堂上,虽然此时可能已是该课程的"强弩之末"。

从现存的课程讲义看,最早在中国文学史结尾处讲授新文学的,是谭正璧。他于1923年起在上海神州女校讲授文学专修课,根据授课需要编写了课程讲义《中国文学史大纲》,并于1924年由上海泰东书局出版,光华书局、光明书局有过再版。②《中国文学史大纲》共十二章,第一章和第十二章分别为绪论和结论,中间将中国文学史分为十章讲授,其中第十一章即为"现代文学与将来的趋势",这部分内容从第147页至第170页,共24面,在全书180页中占很大篇幅比例,可见讲授者对新文学的重视。但作为中国文学史通史课程,新文学所占比例高于唐代文学、宋代文学,从学科教育角度看并不合理。这也反映了当时一部分新文学热衷者忽视中文学科教育的科学性、系统性,将个人喜好和文学主张带入课堂教学的情况。同时应该看到,谭正璧的《中国文学史大纲》作为课程讲义也有其优点。第十一章除讲授现代文学外,还对中国文学的未来作了展望。将"远景展望"纳入课程教育,对学生贯通掌握中国文学史,了解文学史的学科规律,都有积极作用,在1920年代即能做到这一点,实属难得。

除了谭正璧,新文学的内容还很自然地出现在一些新文学作家讲授的中国文学史课程中。《中国文学史简编》是陆侃如和冯沅君自

---

① 黄修已:《中国新文学史编撰史》,北京大学出版社1995年版,第18页。
② 参看《谭正璧自传——谭寻笔录》,《晋阳学刊》1982年第3期,第37页。

1927年起先后在中法大学、中国公学、安徽大学、北京师范大学、北京大学讲授中国文学史课程的讲义,1932年由开明书店出版。该讲义分为上、下两编,共20讲,每一个专题以讲授一个时代的重要文体为基本内容。其中第二十讲题为"文学与革命",内容涵盖晚清"三界革命""白话文运动"及"无产文学运动",着重从文学运动角度讲授新文学发展史。与谭正璧的讲义相比,《中国文学史简编》的各讲长度基本一致,最后一讲"文学与革命"也没有因为讲授者之一的新文学作家身份而被过分突出,作为讲义很符合课程讲授的需要。

苏雪林的《中国文学史略》是她1931年起在武汉大学讲授中国文学史课程的讲义,1933年装订成册在武汉大学校内印发,未出版,现藏于武汉大学图书馆古籍部。① 该讲义共4编,30讲。第4编题为"元明清及近代文学",第29讲、30讲为新文学史的内容,第29讲题为"西洋文化的输入与五四运动",把西洋文化的传入看做推动中国文学发展的第一动力,并介绍"三界革命""新文化运动"的基本情况,核心人物的核心主张及成果;第30讲题为"现代文坛鸟瞰",讲述自1919年五四运动以来到1937年卢沟桥事变间新文学的发展情况,着重介绍诗歌、小品文、小说、戏剧创作方面的重要作家、作品以及文学研究会这一重要文学社团的构成和活动情况。苏雪林讲授的新文学,虽然仅有两讲,但内容丰富,结构合理,对新文学发展的重要方面均有涉及,已基本呈现出现代文学史课程的雏形。

除了新文学作家将新文学作为中国文学史课程的结尾部分讲授外,有些学者也将新文学纳入自己讲授中国文学史的课程内容。如果说前者还有些个人情感好恶的成分,那么后者将新文学纳入中国文学史的讲授范围,则完全基于他们对中文学科教育乃至整个学科发展的认识和思考。

容肇祖作为著名的国学和民间文学研究专家,1930年起曾先后在岭南大学、辅仁大学讲授中国文学史课程,编写讲义《中国文学史大纲》,并于1935年由开明书店出版。该讲义共47章,其中最后一章题

---

① 武汉大学古籍部现藏有1933年印制《中国文学史略》,档案编号:002.411.554—22。

为"民国的文学及新文学运动",介绍了民国初期著名的古文学作者、"文学革命"的基本情况以及新文学的几位著名作家。新文学一章仅两页,内容明显少于其他章节。这种"有而少"的情况可以说明两个问题:第一,新文学已经为授课者所接受,被他视作中国文学发展的重要一环,他在序言曾谈到对文学史的看法:"我的意见,是注重每一个时代的新兴的文学,要将这种文学的来源明白地说出来。"①在容肇祖看来,新文学正是民国时期最具代表性的文学,需要被纳入整个中国文学史;第二,讲授者肯定了新文学在学科内部的影响,他在谈及讲义的详略问题时指出,"因为要明白且清楚的缘故,便有大家所同知的少说几句话,大家所忽略的多说几句话了。"新文学部分的"略",恰恰说明在容肇祖看来,新文学的相关内容已经为学科内同仁以及学生们所熟知,无须多述。

朱维之是文学史家和外国文学研究的知名学者,1934年至1935年曾在协和大学讲授中国文学史课程,编写讲义《中国文艺思潮史略》,1939年由开明书店出版。讲义共11章,从文艺思潮角度重新梳理了中国文学史。第十一章题为"写实主义(清以来)",下设四个部分,第四部分即"五四以来新文学的主潮",站在现实主义文艺观角度对"五四"新文学的发展作了评析并展望其发展趋势。朱维之的讲授意味着从文艺思潮角度对新文学的认可和接纳,是新文学进入中文学科课程体系的又一侧面。

上述以新文学为结尾的中国文学史讲义,呈现出新文学在大学课堂中一种比较隐蔽的存在方式。虽然所占学时有限,内容也不够系统充分,但这种存在方式的意义并不亚于独立开设的新文学课程。首先,中国文学史作为中文学科的骨干课程、"重头戏",在所有大学国文系都会开设,而开设新文学课程的学校则比较有限。因此新文学借助中国文学史被更多学生所认识和了解,也算是新文学教育的启蒙;其次,为学科核心课程所接纳,可以看做一种肯定,新文学是中文学科应有的组成部分,更是中国文学自身发展的必然结果;第三,中国文学史的形态当时已经成熟,新文学被纳入其中,对其自身的学科化进程、对

---

① 容肇祖:《中国文学史大纲》序言,开明书店1935年版,第1页。

新文学史的书写和教育,都是很好的借鉴和规范。

借助课程讲义这一视角,可以看到,新文学在民国中文学科教育中的存在方式是多样的,它不仅存在于新文学课程,也渗透到写作、中国文学史课程的教学实践。所以,新文学被纳入中文学科体系的方式并不单一,发展也并不孤立,它是在与中文学科内部既有元素的相互关联、相互作用中建立起来的。也是因为最初的这种情形,新文学不仅融入中文学科,同时也改变了中文学科的固有面貌,影响了中文学科的发展走向。

第二节 新文学作家的讲台生涯与讲义编撰

新文学早期,作家的创作并不能为他们提供一个稳定的职业岗位和生活来源,作家们或依靠创作找到一份与之相关的工作,或先觅得一份工作再依靠创作去巩固和发展。他们一般会选择供职于报馆、出版社、新式学校等文化单位,其中新式大学更是他们的首选。鲁迅、周作人、胡适、刘半农等等,几乎所有著名新文学作家都有大学任教的经历。他们所授课程或属于中文学科,或与中文学科有着密切联系,新文学作家的大学任教也成为中文学科史研究的一个角度,其中特别应予以关注的,是其从教中的心态变迁。本节以新文学讲义为中心,呈现新文学作家在新式大学的任教情况和任教心态,挖掘学科教育的有意味的细节。

一、边缘与坚守:教授国文课程的新文学作家们

新文学作家首选任教新式大学,主要有以下原因:首先是经济原因,民国大学教员的收入整体处于较高水平,北洋政府时期国立大学教员分为 4 等,每等又分 6 级,共 24 级,正教授月薪 300—400 银元,本科教授月薪 180—280 银元,预科教授月薪 140—240 银元,助教月薪 50—120 银元;[①]民国政府时期教育行政委员会将大学教员月薪分

---

① 参见《教育部公布国立大学职员任用及薪俸规程令》,《中华民国史档案资料汇编》第 3 辑,教育分册第 165—166 页,江苏古籍出版社 1991 年版。

为四等,教授月薪 400—600 元,副教授 260—400 元,讲师月薪 160—260 元,助教月薪 100—160 元①,这在民国时期属于绝对的高收入工作②,因此受到新文学作家的青睐。其次,大学有理想的工作环境,大学图书馆等设施可以提供丰富的图书资料,知识分子聚集可以形成良好的交流氛围,而青年学生是新文学最主要的读者,为大学生授课、与他们交流是最理想的推广新文学的途径。最后,出于一种客观原因,民国新式大学在招聘时青睐有国外留学经历的教师,高等教育在全国范围迅速发展的二三十年代,更有很多学校直接将海外留学的硕士博士聘为教授③。而新文学作家大部分都有海外留学经历,据统计,"在现代文学史上较为重要的 300 余位现代作家中,具有留学背景的竟有 150 位之多"④,因此客观上很多新文学作家有条件为新式大学所接纳。

据笔者对民国时期 20 所大学师资情况的考察,新文学作家大学任教并不限于国文系。郭沫若任教于中山大学历史系,胡适、朱希祖等则在历史系、哲学系等同时兼课。留学经历给了新文学作家们很强的外语能力,因此在外文系任教的很多,郁达夫、穆木天、林语堂、梁实秋、钱锺书等均是。还有些新文学作家在国外留学所学专业与国文相去甚远,因此起初回国任教于其他专业,后转至国文系,例如张资平最初为地理学系教授,后因创作才能出众才受聘暨南大学国文系;成仿吾最初任教于广东大学物理系,到解放区后转教文学课程;沈雁冰先在中央军事政治学院讲授政治经济学,后受聘于上海大学为国文系学生讲授小说研究,为英语系学生开设希腊神话等课程。

---

① 参见《大学教员薪俸表》,《中国民国教育法规选编》第 636—638 页,江苏教育出版社 2005 年版。

② 据陈存仁在《银元时代生活史》(广西师范大学出版社 2007 年版)中的回忆,1930 年代上海工人月薪为每月 20 元,卫生局科长每月收入也仅有 30 元,相比之下,大学教师尤其是教授们的收入非常可观。

③ 南开大学在 1920 年代初就将很多欧美大学刚刚毕业的硕士、博士直接聘为教授(金以林:《大学史话》,第 57—58 页,社会科学文献出版社 2000 年版);又如冯友兰回忆说"我们在回国之前,中州大学都已经同我们取得联系。我被内定为文科主任(相当于后来的文学院长),回到开封以后就走马上任"(冯友兰:《三松堂自序》,第 58 页,生活·读书·新知三联书店 1984 年版)。

④ 郑春:《留学背景与现代中国文学》,第 32 页,山东教育出版社 2002 年版。

任教国文系的新文学作家们,并非全都讲授新文学课程。这一方面与当时新文学课程开设并不普遍有直接关系,另一方面也与作家们的知识结构以及对大学国文教育的理解有关。新文学作家在国文系任教情况基本可分为三种:第一种是讲授新文学及相关创作类课程,第二种是讲授国文系其他课程,第三种则是开设新文学课程的同时也开设其他课程。

有些新文学作家虽在多所大学开课,但始终只讲授新文学及创作类课程。他们是最早一批萌生现代文学学科意识并执着坚守新文学创作的作家,但总量不大。例如杨晦,先后在北京女子师范、孔德学院、青岛大学、西北大学等多所大学任教,一直只开设现代文学和现代文艺批评两门课程;方令儒先后在青岛大学、复旦大学任教,开设写作课,讲授诗歌、散文创作理论;汪静之先后在安徽大学、暨南大学、复旦大学任教,开设小说研究和小说通论课,讲授现代小说创作理论;白薇在武昌中山大学只开设新文学赏析与创作等课程;路翎1948年起在中央大学短暂任教,只开设小说写作课程。

也有一些新文学作家虽任教国文系,但是从未开设过新文学及创作类课程,将学术与新文学创作截然分开。这与个人的知识构成有一定关系,同时也渗透着他们对大学中文学科教育的认识。鲁迅先后任教北京大学、中山大学、厦门大学,只开设中国文学史和小说史两门课程;刘半农、钱玄同长期任教北京大学国文系,只开设语言学类课程;郑振铎先后在燕京大学、清华大学、暨南大学任教,开设中国小说史、中国戏曲史、比较文学等课程;赵景深先后任教于上海大学、复旦大学,开设民间文学、童话研究、戏曲研究、小说研究、曲艺研究等课程;李劼人任教成都大学六年,开设文学概论、中国文学史等课程。

与前两种情况相比,更多任教国文系的新文学作家,选择在讲授新文学课程的同时,不断开设其他课程。从中既可以看出大学环境中新文学作家的成长和提高,也能看出由于新文学课程的边缘性地位,多数新文学作家必须不断学习积累,开出核心课程以保住教职维持生计。这样的作家数量众多,最具代表性的有周作人、朱自清、刘大杰等。

据笔者统计,新文学作家们比较集中开设的国文系其他课程主要是以下三门。首先是文学概论,这门课程在民国大学的国文系基本都有设,但讲授内容却千差万别,中国文论、西方文论、文艺思潮等等,宽泛的讲授内容和普遍的留学背景,是新文学作家们选择这一课程的主要原因。老舍、杨振声、李广田、李长之、张资平、吴文祺、许杰等都开设过文学概论。其次是中国文学史,该课程是国文系的第一核心课程,其重要位置是吸引作家们开设的原因之一;文学史又是西方舶来的课程形态,有留学经历的作家们熟悉这一课程的基本思路,文学史类著作的不断出版也为开课提供了丰富的参考资料。杨振声、刘大白、朱自清、台静农、刘大杰、苏雪林、林庚、张长弓等都曾开设过中国文学史课程。最后,外国文学这类课程虽然当时并不是国文系的核心课程,但在外文系处于核心位置,课程可同时供两系学生修课,得天独厚的留学经历和良好的外语能力,也为作家开设这类课程提供了条件。胡适、周作人、许地山、穆木天、陈瘦竹、老舍、沈雁冰等都开设过此类课程。

从新文学作家任教国文系的情况看,只有少数人选择对新文学课程的执着坚守,多数则选择开设新课另谋出路。从中可以体会现代文学被学科接纳的艰难过程。新文学课程的边缘性、生存的危机自然是"另谋出路"的原因之一,但对于敏感的作家们来说,来自中文学科内部的轻视和由此带来的对新文学发展的迷茫感则对其影响更大。西南联大遭受日军轰炸,刘文典大骂沈从文"你跑做什么!我跑,因为我炸死了,就不再有人讲《庄子》"[1];苏雪林武汉大学讲授新文学研究遭遇窘境,学生"若不点名,谁也不愿意来上课了"[2],这都是新文学及其讲授者在中文学科内部处境的一个缩影;而朱自清则是基于对社会发展和整个中文学科的思考,将新国学视作自己的职业,而将新文学放在娱乐的位置[3]。1931年朱自清撰写的《中国文学系概况》还将"创造我们这个时代的新文学"作为中文学科最重要的教学目的之一,到了1934年再次撰写概况时,则对新文学只字未提[4],非常清晰地标识出

---

[1] 参看张中行《刘叔雅》,见《桑门清话》,陕西师范大学出版社2008年版,第116页。
[2] 参看《苏雪林自传》,江苏文艺出版社1996年版,第87页。
[3] 参看徐德明、李真《朱自清传》,团结出版社1999年版,第101页。
[4] 参看《清华周刊》1931年第11—12期以及1934年第13—14期的《中国文学系概况》。

新文学课程初入中文学科的处境以及由此带来的新文学作家任教心态的变化。

二、新文学作家的讲义编写：不无艰辛的工作

在民国的大学任教，编写讲义可算得上必修课。这不仅是教学的需要、也是学校和学生的要求，新文学作家任课时自然不能例外。但经过一番史料整理，笔者发现，在近50位曾在大学任教的新文学作家中，仅有20位有比较明确的编写课程讲义的线索，还不到任教总数的一半。这应该与新文学作家集中所授课程的性质、他们的授课方式和思维习惯存在一定关系。下面就从不同性质的新文学课程入手，呈现新文学作家讲义生产的情况，并简要分析其成因。

首先看新文学课程。在近50位作家中，开设过真正意义上的新文学课程的有20余位，开设课程近30门。但笔者搜集到的讲义线索仅16部，如果除去系列讲座、暑期学校、实际开设在1949年后的，仅有10部左右。这其中由大学出版部印发过的，仅有朱自清、沈从文、林庚、废名等人的五六部。新文学课程讲义数量的稀少，有两方面原因。

一是国文系整体教研氛围的保守。抗战爆发前，各大学国文系仍旧以文字、音韵、训诂、古典文学文献等为主要教学内容，创新主要体现于研究方法而非教学内容的拓展，学科实力越强，这一倾向表现得就越明显。以北京大学和东南大学为例，两所大学中文学科最强，抗战前都未开设过专门的新文学研究性课程[1]。后来，即使开设了新文学课程，教师也能感受到来自传统的压力。朱自清在清华大学讲授"新文学研究"课程仅两年即不再开设，甚至放弃了"创造新文学"的教育理想；苏雪林回忆自己在武汉大学讲授"新文学研究"时也谈到"大凡邃于国学者，思想总不免倾向保守。武大中文系几位老先生都可说是保守分子。"[2]在压力下她不得不传统与新文学并重，自嘲为"只知写

---

[1] 北京大学曾在1931年9月至1932年6月开设"新文艺习作"课程(《北京大学文学院中国文学系课程表》，见《北京大学日刊》1931年9月14日)，为便于论述这里将其视为写作类课程。

[2] 苏雪林：《我们中文系主任刘博平》，龙泉明、徐正榜编《走近武大》，第52页。

写白话文,国学没有根柢的人"①。这样的氛围,无疑对教师编写新文学专门课程的讲义的积极性产生了负面影响。即使编写好,讲义印发时也容易受到其他课程的排挤而难以保证顺利发放。而抗战爆发后成立的西南联大,由于多位现代作家的加盟使教学氛围有所好转,也开设了一些新文学课程,但限于客观条件,也难以编发较为完备的课程讲义。

二是对新文学课程内容缺乏共识。新文学从诞生之日起就具有一定分裂性,被划分为若干派系阵营,其间交锋不断。这种状态对新文学引起社会关注、占据舆论中心并逐步占据文坛核心有积极作用,但对于力求全面、客观、公允的高校课堂教学,则制造了一定困难。没有得到广泛认可的观点和标准、讲授者参与其中缺乏必要的反思和总结,相对完整的学术圈尚未形成,使得一部分了解学科教育理念的新文学作家尽量选择回避争议与分歧,一部分不顾学科教育要求者则将课堂作为宣传个人文学观点的途径和文艺论争的战场,课堂讲授有随机性,难以形成系统完备的授课讲义。

学科教育体系中的边缘化处境,教师讲授的随机性,不仅造成了新文学课程讲义数量的稀少,也造就了新文学讲义一种独特的存在形式——报刊发表。开设新文学课程的作家们虽然在大学被边缘化,但他们是报刊的宠儿,加上讲授的随意和随机性,使课堂所讲成为作家职业写作的延伸,适合作为理想的专题文章见于报端。周作人的《中国新文学源流》、苏雪林的《中国二三十年代作家》、废名的《新诗讲义》、许杰的《现代小说过眼录》,都是随讲随发。大学新文学课堂的基本形态很大程度是依靠这些报刊文章保存下来的。

其次看写作类课程。"各体文习作"是民国各大学国文系普遍开设的课程,1940年代还被教育部列为国文系必修课。知名大学一般多会聘请新文学作家讲授,俞平伯、杨振声、沈从文、孙俍工、孙席珍、杨晦、方令孺、张资平、许杰、路翎等都曾讲授过此类课程。但这门由作家开设的写作类必修课,留下的讲义却非常有限。笔者搜集到的仅有:孙俍工1928年至1931年在复旦大学讲授诗歌习作的讲义《诗的

---

① 苏雪林:《我们中文系主任刘博平》,龙泉明、徐正榜编《走近武大》,第51页。

原理》①,沈从文 1929 年至 1931 年在上海公学和武汉大学讲授小说习作的讲义《中国小说史》,俞平伯 1930 年在清华大学讲授高级作文(词的写作部分)的讲义《词课示例》,孙席珍 1930 年代在中国大学讲授文艺习作的讲义《诗歌论》,沈从文在西南联大讲授各体文习作(白话文部分)的讲义《习作举例》,许杰抗战时期在广东文理学院、建阳暨南大学讲授小说习作的讲义《鲁迅小说讲话》。新文学作家未能生产出较多的写作类课程讲义,也有两方面原因。

  第一,写作的经验性积累难以转化为系统性知识用于课堂讲授。刘文典曾在西南联大短暂讲授过习作课程,"他告诉学生,其实写好文章并不是什么难事,只要大家记住'观世音菩萨'这几个字就行了。……'观就是要多观察;世就是要懂得人情世故;音就是要讲求音韵;菩萨就是要有救苦救难的胸怀。'"②刘文典的话虽有调侃的成分,但很好地揭示出写作的基本条件,习惯、经验、技巧和情怀,这其中可以课堂习得的只有技巧。不可言说的情怀尚可在师生交流中传递,而需要个人积累揣摩的习惯和经验,要作为一种知识搬上课堂,并编写出系统完善、条理清晰的讲义,其难度可想而知。新文学作家也认识到写作的经验性与大学课堂知识性讲授之间的矛盾,普遍选择回避个人创作经验以提高写作课内容的客观性和知识性。从笔者掌握的几部习作课程讲义看,或翻译外国理论著作,或分析其他作家的作品,却绝不涉及个人写作体会和经验。汪静之在《作家的条件》③序言中写道:"我所说的作家的条件,没有一句是我个人创作的经验,或我个人的体验、推测、假定,是归纳综合了古今中外很多大作家的创作的经验,我不过是一个访问调查的人,是一个搜集编撰的人。各种材料与理论都是尽量引经据典,一方面是不敢掠美,一方面是要取信于读者,使读者相信

---

  ① 该讲义为翻译荻原朔太郎同名著作,1933 年由中华书局出版。
  ② 章玉政:《狂人刘文典:远去的国学大师及其时代》,广西师范大学出版社 2008 年版,第 203 页。
  ③ 《作家的条件》最初为汪静之与南京中学文学社学生交流的讲稿,后用于安徽大学、暨南大学小说研究的授课讲义,其间做过修改。本文参阅并引用了 1936 年商务印书馆首次出版之版本。

我是言必有据的。"①汪静之的自序真切地反映出新文学作家讲授习作课的普遍心理和做法。主观经验向客观知识转化存在的先天困难，为了追求客观性对个人写作经验的回避，新文学作家对各文体写作缺乏系统性、历时性的整理，是习作课没有产生大量完备课程讲义最重要的原因。

也有一部分新文学作家，在讲授习作课时注意发挥个人优长，以讲评学生习作②为主或以其他灵活多样的方式授课③，但这都无法生产出比较规范、完备的课程讲义。

第二，习作课的开设方式不利于完整讲义的生成。民国大学国文系的习作课，有两种开设方式最为常见，一是按语体分为白话文习作和文言文习作两种，一是按文体分为小说、诗歌、散文、戏剧习作四种。第一种方式在20年代至30年代初比较流行，北京大学国文系就是将文言文习作与新文学习作分别开设。随着白话文占据主导，第二种开设方式逐步增加，清华大学、青岛大学、武汉大学都是在1930年代以分文体方式开设习作课程。无论是按语体分还是按文体分，都是将习作课作了拆分，教师只需要承担某一部分的教学，这削弱了课程的系统性，而增加了讲授内容的随机性，也影响了完整讲义的生成。独特的开设方式，充分发挥了新文学作家的优势，对于当时的学生是非常宝贵的收获，但用学科发展的眼光看，却不利于写作课程自身教学体系的形成。一旦课程由非作家开设，课程自身缺乏系统性的问题就显露无遗，写作课程也在中文学科中被不断边缘化。由此可见最初的教学形态对课程发展所产生的影响，其经验教训值得今天的中文教育从业者关注和吸取。

三、疲惫与期许：新文学作家心态扫描

除了新文学课程和写作类课程，多数任教大学国文系的新文学作

---

① 《作家的条件》自序，商务印书馆1936年版，第2页。
② 习作讲评是比较常见的一种习作课授课方式，杨振声、张资平、李广田等都曾使用。
③ 有些新文学作家打破固有的授课方式，例如路翎在中央大学讲授小说写作时就以与学生聊天为主，而且不拘泥于教室，经常到户外一边观察一边讨论。(参见朱珩青：《路翎：未完成的天才》，山东文艺出版社1997年版，第84页)

家还开设有其他课程。与前两类课程编写讲义非常有限的情况不同，这些课程生成的讲义相对较多。笔者共搜集到近60部，几乎每位任教的新文学作家都编写过这类课程讲义，很多讲义甚至成为学术经典，成为学科发展的标志性著作。

在民国大学教育氛围中，编写讲义很可能是新文学作家得以开设其他课程的先决条件，因此出现了新文学、习作课程讲义少，其他课程讲义多的情况。这里无须大量列举相关讲义的编写、使用以及存藏情况，而是以这些讲义线索和文本为基础，更多关注新文学作家的讲义编写过程，尝试揭示新文学作家独特的讲义编写心态，挖掘新文学创作与中文学科教育之间的复杂关系。

新文学作家的讲义编写心态，可以用两个词来概括，即"疲惫"与"期许"。疲惫指新文学作家们编写讲义都经历了艰苦辛劳的过程，体力、脑力、心理上都颇为疲惫；期许指这些作家在编写讲义时不仅是为了开设并完成一门课程的讲授，他们还将编写讲义视为在相关领域走上研究之路，奠定学术根基的途径，其中包含了对学科身份的一份期许。疲惫与期许相辅相成，期许提高了对讲义的要求，使编写工作越发艰辛，带来更多疲惫；疲惫则激发了作家特有的迎就困苦的心态，很多作家正是在迎就困苦感受疲惫中实现了自我期许。这一复杂的讲义编写心态在鲁迅身上表现得最为明显。

1926年下半年，鲁迅在厦门大学国文系任教，其间开设小说史、专书研究和中国文学史两类课程，专书研究无人选未开课，小说史课程使用的是在北京大学任教期间编写的讲义《中国小说史略》，而中国文学史课程则需要他一边讲授一边编写讲义。鲁迅从一开始就对编写中国文学史讲义抱有较高期许。他初到厦门大学，在写给许广平的信中说"两点是中国文学史，须编讲义。看看这里久存的讲义，则我随便讲讲就很够了，但我还想认真一点，编成一本较好的文学史"[1]。稍后信中又说"我想不管旧有的讲义，而自己好好的来编一编，功罪在所不计"[2]，足见其在编写讲义工作中所蕴含的学术期许。对鲁迅强调讲义

---

[1] 《两地书》，人民文学出版社2006年版，第117页。
[2] 同上书，第123—124页。

第六章 "老讲义"与"新文学":以讲义为视角的现代文学教育考察

的学术性,许广平曾从教学角度做过提醒,"对于程度较低的学生,倘使用了过于深邃充实的材料,有时反而使他们难于吸收,更加不能了解"①,但鲁迅对此提醒似未做回应,可见想法之坚定。鲁迅的中国文学史讲义每周需编写四五千字,从 9 月 27 日起正式开始编写,每章(一讲)需要两天的时间②。如果从数量看,编写讲义的工作似乎压力并不大。但就是这看起来不甚艰巨的工作,却让鲁迅倍感疲惫。他在 9 月 30 日的信中说:"只有两小时须编讲义,然而颇费事,因为文学史的范围太大了。"③10 月 28 日的信中又说:"倘连编三四点钟讲义,便觉影响于睡眠,所以我讲义也编得很慢。"④从鲁迅自己的描述看,编写讲义的艰辛主要来自两方面,一是对讲授内容的筛选甄别,一是无法适应连续编写的工作方式。

周作人也是一突出例证。他于1917年下半年在北京大学讲授希腊文学史和近世欧洲文学史两门课程。由于是首次开课,需要一边编写讲义一边授课,讲义必须按时完成,否则将影响授课。这种讲义编写方式本身就会带来很大压力。而实际的讲义编写过程也确实占去了周作人大量时间和精力。翻阅周作人日记,考察其编写希腊文学史、近世文学史课程讲义的情况,可见其讲义编写分两步,第一步是草拟,第二步是抄录,然后方可交到北京大学出版部刻印发放。两门课程均为周两小时,从 1917 年 9 月底开始讲授,周作人讲义编写的工作情况如下⑤:

　　九月:22 日草拟、23 日抄录、24 日草拟、25 日抄录、27 日送印并草拟、28 日草拟;

　　十月:6 日抄录、9 日草拟、12 日草拟、14 日抄录、22 日送印、23 日草拟、26 日抄录、27 日抄录、31 日草拟;

　　十一月:1 日抄录、6 日草拟、8 日草拟、13 日抄录、17 日草拟并抄录、18 日抄录、19 日草拟、20 日草拟、21 日抄录、23 日抄录、

---

① 《许广平文集》第 3 卷,江苏文艺出版社 1998 年版,第 138 页。
② 参见《两地书》,人民文学出版社 2006 年版,第 123、133 页。
③ 同上书,第 136 页。
④ 同上书,第 138 页。
⑤ 依据《周作人日记》上册,1917 年 9 月—12 月,大象出版社 1996 年版。

26 日草拟；

十二月：1 日草拟、2 日抄录、4 日抄录、6 日草拟、9 日送印、10 日草拟、11 日抄录并草拟、12 日草拟、13 日草拟、14 日抄录、16 日草拟、18 日草拟、19 日草拟。

由上述统计可见，为应对两门课程，周作人每两到三天就要抽出至少半天或者一个晚上的时间编写讲义，此工作量，于社会活动丰富的新文学作家们而言，算得上一种负担和压力。

由于对讲义具有较高的学术期许，周作人虽然感受到疲惫和压力，但仍努力保证讲义具有较高的学术水平，这一点从其授课期间借阅和购买的书籍情况就可见一斑。

周作人 1917 年 7 月至 12 月借阅、购买与希腊文学、近世欧洲文学相关的图书资料情况如下：

借《希罗文学史讲义》二册、阅《露国（俄国）现代文学》、阅《希腊民俗与古宗教》、阅《英国少年义勇团的组织》、购阅《民俗研究》、购阅《童话研究》、阅《心理研究》、借《希腊文学》、借《罗马文学史》、阅《文艺复兴》、购《古代艺术与仪式》、阅《莎士比亚》、借《人类研究》、购阅《文艺思潮论》、借《古代希腊哲学》、购阅《西班牙文学史》、购阅《希腊诗选》、阅《希腊悲剧论》、购《现代独逸（德国）诗选》、购《法兰西文学史》、购《爱兰文艺复兴》、购《法国六诗人》、购《近世德国文学之精神》。[①]

在讲授希腊文学史和近世欧洲文学史前后，与两门课程相关的书籍占据了周作人借阅、购买图书的大部分，可见他对课程和讲义投入的精力和较高的学术期许。

要分析期许与疲惫成为新文学作家普遍讲义编写心态的原因，不妨借用鲁迅的说法，"我今后的路还当选择：研究而教书呢，还是仍作流民而创作？倘须兼顾，即两皆没有好成绩。或者研究一两年，将文学史编好，伺候教书无须预备，则有余暇，再从事创作之类也可以"[②]。随着大学教育的发展和教员的职业化进程，大学教师成为令多数人向往的职业，"研究而教书"与"流民而创作"的对比，见出新文学作家在

---

① 依据《周作人日记》上册，1917 年 7 月—12 月，大象出版社 1996 年版。
② 《两地书》，人民文学出版社 2006 年版，第 231 页。

自由创作与大学教职之间的选择困惑。编好一部讲义,不仅可以谋得一份教职,长期开设一门课程,甚至可以奠定自己在相关研究领域的地位。讲义不仅成为大学任教的工具,还成为在大学中生存发展的必要条件。这使得自我学术期许成为新文学作家在课程讲义编写时非常典型的心态。

另一心态——"疲惫"的产生,表面上看与工作压力和工作量密切相关,而究其根源,则是新文学作家的创作思维与课堂教学基本要求之间的矛盾造就的。鲁迅曾对厦门大学同事罗常培说过:"研究需要沉下心去搜集材料处理材料,人的才智沉下去了就浮不上来,浮上来就不容易沉下去,所以研究同创作就不能同时兼顾。"[①]新文学作家是一群有激情有才情的人,他们敏感、尖锐、快意恩仇,形成了自由、放纵、恣意挥洒的思维习惯,这与课堂教学的客观全面,与讲义要求的规范明确,都构成了矛盾。思维的矛盾加之较高的期许,使编写讲义之于新文学作家变得格外艰苦,疲惫不仅来自工作量,更来自对固有思维习惯的压抑和强行改变。如果学术期许还可算是所有担任大学教职者编写讲义的共有心态,那么思维上的矛盾当为新文学作家所独有。

四、作家所编新文学课程讲义的特征

新文学作家任教大学,其创作思维的随意、发散、尽情挥洒与课堂教学的客观、全面、清晰准确形成一定的冲突。他们在教学中不断适应调整,希望能够胜任教师角色。但先天的敏感和后天养成的创作思维还是会不时出现,参与到作家的课堂教学中。这一方面促成了作家独特的课堂教学风格,另一方面也对学科教育产生了一定的负面影响。某些讲义文本中就留下了相关痕迹。考察这些讲义,不仅可以了解部分作家的授课内容,还能间接感受他们的授课风格、创作思维与课堂教学需要间的碰撞。

简略,是新文学作家讲义比较突出的文本特征之一。这一点从讲义名称上就可见一斑,"史略""简编""纲要""要略",被新文学作家较多地用于各类文学史和新文学课程讲义的命名。从讲义篇幅上看,称

---

① 参看罗常培《蜀道难》自序,见《苍洱之间》,黄山书社2009年版。

作"略""简""要"却也名副其实。以中国文学史课程讲义为例,鲁迅在厦门大学任教的讲义《中国文学史略》,闻一多在中法大学的讲义《中国文学史稿》,陆侃如、冯沅君在多校使用的讲义《中国文学史简编》,与胡小石的《中国文学史讲稿》,胡怀琛的《中国文学史略》,郑宾于的《中国文学流变史》等非新文学作家的讲义相比,篇幅明显偏短,内容也更简略。

讲义从简最具代表性的是闻一多。从早期在清华大学讲授《诗经》,到西南联大时期开设唐诗、神话研究等课程,再到中法大学课堂上讲中国文学史和神话,其课程讲义都非常简略,提纲式成为闻一多讲义最突出的特征。闻一多课程讲义以两种方式保存至今,一种是作为未刊稿收入全集,包括在中法大学任教时编写的《神话与诗》和《中国文学史稿》,分别收入《闻一多全集》①未刊稿和第十卷《诗经》编。两部讲义均为提纲,只简略列出章节名称、各级标题、主要观点和重点概念;一种是学生课堂笔记保存至今并整理出版,此类有清华大学讲义《闻一多诗经讲义稿》②、西南联大讲义《闻一多先生说唐诗》③。虽然无法见到讲义原稿,但从当年未能出版看,其讲义当不是比较详细的成文形式。学生课堂笔记的细致程度远远高于讲义,两部课堂笔记篇幅也十分有限,由此也可推断讲义篇幅不会很长。另有汪曾祺回忆的两个细节④可为佐证。其一,闻一多的讲义本很大,字是写在特制的毛边稿纸上的,且专门收集使用别人用过的废毛笔,字是篆楷。这样的书写工具,决定了闻一多的讲义不可能是长篇大论,疏朗的提纲是其课程讲义的必然形式;其二,闻一多讲课图文并茂,以神话课程为例,他用整张毛边纸画出伏羲、女娲的各种画像,口讲指画,有声有色,引人入胜。灵活多样的讲授方式和极强的语言组织和现场表达能力,决定了过于详细的讲义将成为束缚,提纲式是最适合闻一多的讲义形式。

---

① 参看《闻一多全集》,湖北人民出版社2004年版。
② 学生刘晶瑶课堂笔记整理,天津古籍出版社2005年版。
③ 学生郑临川课堂笔记整理成文,《社会科学辑刊》1979年第4、5期,1980年第1期发表。
④ 参看汪曾祺《闻一多先生上课》,见汪曾祺著、傅光明编《人间草木》,江苏文艺出版社2005年版,第221—222页。

不仅闻一多,很多新文学作家的课堂讲授都非常精彩,胡适、鲁迅、俞平伯、老舍、沈从文等都以课堂讲授精彩著称,留下很多讲课"叫座"的校园轶事与教育佳话。笔者认为,新文学作家思维更活跃,阐发个人观点的愿望更强烈,加之很多作家经常进行社会演讲,具有很强的语言组织和现场发挥能力,提纲式讲义可以满足他们的授课需要,并且利于讲授更加灵活多变,课堂效果也非常理想。因此,相对简略、提纲式讲义的出现,与新文学作家思维特点和授课习惯密切相关。编写讲义是民国大学教育对教师的要求,大学也通过出版部不断对讲义进行规范,但从根本上说,讲义是辅助性教学工具,其内容和形式以满足教师教学需要为第一原则。新文学作家的授课,不仅促成了讲义的多样性,也成就了其灵活多变、因材施教的教学优长。

除了简略,部分新文学作家思维特点和授课习惯还造就了另一种比较特殊的讲义形态——详略不一。讲授灵活、善于阐发,往往会造成个人感兴趣、理解深入的内容讲得多,其他内容讲得少甚至不讲,或是首次讲授因缺乏经验和对课程整体性的把握,前面内容详细,后面因学程所限非常简略甚至不讲,这就产生了详略不一的讲义。这类讲义主要出现在新文学作家开设的选修课中,例如俞平伯1922年在上海大学开设诗经课,选讲《诗经》中的若干篇目,所编讲义后以"读诗札记"[①]为题出版。从篇幅上看讲义的详略不一非常明显,讲解《谷风》篇,编讲义两章,共计69页,而讲解《卷耳》,编讲义两章仅25页,讲解《北门》更是只一章10页。再如朱自清1929年起在清华大学开设歌谣课程,编写讲义《歌谣发凡》[②],共十章,但仅前六章有具体内容,后四章均为存目。笔者还翻阅了朱自清1947年下半年在清华大学讲授中国文学史课程的讲义手稿[③],提纲式,每页一讲,由章节标题、重要概念与结论及文献资料注释构成,前三页内容翔实,注释较多,越往后讲义越简练,最后三节仅有章节标题,无其他具体内容。由这两部讲义足见朱自清授课详略不均,前半程阐发过多,后面内容极简,甚至略去。

---

① 参看《读诗札记》,人文书店1934年版。
② 后以"中国歌谣"为题收入《朱自清全集》第6卷,江苏教育出版社1990年版。
③ 现藏于清华大学档案馆,盒号231,档号16011612,档案盒题名"朱自清先生的讲课稿",归档时间为1999年9月。

林庚在北京师范大学讲授新文学的讲义《新文学略说》[①]也有类似情况,最后两小节"文学研究会的分散""京派与海派",比照前面章节形式不仅略去了例证和引文,论述也格外简略,当是学程紧张、后面内容无法展开讲授、为了讲义的完整性而简单补齐的结果。

新文学作家除了创作,还大量从事评论写作,很多人因此养成了评论思维。这对他们的课堂教学也产生了一定的影响,其中最突出的就是专题式授课。在新文学作家讲义中,专题式结构的讲义占了较高比例。俞平伯燕京大学"小说史"的课程讲义《谈中国小说》、孙俍工上海劳动大学"中国劳动文艺史"讲义《唐代底劳动文艺》、沈从文上海公学、武汉大学"新文学研究"课程讲义《新文学研究——新诗发展》、汪静之暨南大学"小说通论"课程讲义《作家的条件》、赵景深复旦大学"中国小说研究"课程讲义《小说闲话》、废名北京大学"现代文艺"课程讲义《新诗讲义》、沈从文西南联大"各体习作"课程讲义《习作举例》、苏雪林武汉大学"新文学研究"课程讲义《中国二三十年代作家》、许杰建阳暨南大学"小说戏剧选读"课程讲义《现代小说过眼录》等,都是非常典型的专题式讲义。

专题式结构的讲义一般围绕某一个或几个与课程相关的主题编写,各讲内容独立完整,相互并列平行,知识间没有深度上的差别,也没有先行后续的逻辑关系,教师可根据需要随机安排讲授顺序。专题式讲义的应用与新文学作家从事评论写作有比较密切的关系。首先从讲义内容看,各讲都是对某一问题或问题某一方面做较完整的阐发,既是完整的一讲,也是一篇有重点、有例证、有层次的独立文章,这与评论文章类似;其次从讲义的结构看,松散的章节关系给了教师很大自由度,新文学作家可以结合最新的文学作品、研究动态和个人思考,安排和调整授课内容,使课程的时效性和个性凸显,这也与评论写作存在一定契合。

专题式结构不仅满足了新文学作家的讲义授课的需要,还因其体例接近评论,适合独立发表,使很多此类讲义以文章形式见诸报端。这不仅成为中文学科讲义得以保存的一条渠道,也成为其非常独特的

---

① 参看潘建国整理《新文学略说》,见《中国现代文学研究丛刊》2011年第1期。

传播方式。专题式是非常自由灵活的讲义形式,它较多地被新文学作家应用于自行开设的选修课讲授中,这既反映出新文学作家的某些思维习惯,也反映出当时中文学科教育的某些状况。文学史、文学概论等骨干课程在民国大学中不仅课程形式迅速铺开,讲授方法也很快得以固定,诗论、文论等传统课程其课程形态与讲授方法根深蒂固难以动摇,因此新文学作家比较独特的教学习惯只能在他们自行开设的选修课上发挥。老舍、苏雪林、李长之、李广田等都是极富个性和创造力的作家,但从课程讲义看,当他们讲授文学概论、中国文学史等课程时,都放弃了个性和自由,严格遵守这些课程通用的教学方式。在作家与大学教师的双重身份间,教师所受职业约束更多来自学校制度、教育规律、教学规范等多个方面,新文学作家一旦进入高校,其作家身份就会为教师身份所限制,作家个性和思维习惯在与教师身份的碰撞中,或彻底消失或隐晦存在于职业限制的"薄弱"处,讲义则是观察新文学作家这种"职业身份博弈"的途径之一。

新文学作家集中进入高校任教,是民国时期独特的文化现象和教育现象。中文学科作为接纳新文学作家数量最多的一个学科,其课程设置、教学内容、授课方式乃至整体学科发展都受这一现象影响。在中文学科教育内部,新文学研究、各体文习作等最适合新文学作家开设的课程处境边缘,加上来自传统课程和先期纳入学科教育体系的骨干课程的压力,造成了新文学作家的分流,只有少部分人坚守新文学和写作类课程,多数则选择开设文学史、文学概论等核心课程以巩固教职。这一分流现象在新文学作家的讲义生产中有明显的体现,新文学研究、写作等课程开设少、参考资料有限,课程内容转化为讲义文本也存在难度,因此生产数量有限,保存至今的更少。而开设其他课程的新文学作家们虽然生产了大量课程讲义,但作家思维习惯与教师岗位要求之间的矛盾,使他们的讲义编写工作格外艰辛。讲义生产困难的背后,是作家身份与教师岗位要求之间的冲突,教师职业化进程的迅速推进,打破了身份博弈的平衡,教师身份形成了对作家身份的抑制。因此作家的创作个性与思维习惯只能在教学限制相对薄弱处有所体现,在新文学作家们为自行开设的选修课所编写的讲义中,留下了相关印迹。

结　语

　　因授课而发讲义,这一现象在民国大学普遍存在。它推动了各大学课程讲义的规模化生产,产生了数量庞大的讲义文本,在校园内和社会上催生出丰富的讲义现象,还建构出独特的讲义文化生态。以中文学科为中心,对讲义线索、讲义文本搜集整理,对讲义运行、讲义现象加以呈现和解析,是本书的基本内容。讲义与教员、学生、课程、课堂等教学因素关系密切,处于大学教育实践的中间位置,通过对讲义及相关现象的集中考察,可以映照出民国大学教育的诸多细节和历史瞬间,为民国中文学科教育乃至整个高等教育研究建构生动的历史场景,丰富教育史的述史方式。讲义具有动态性,一方面,教员在使用中逐年修订,另一方面,部分讲义作为学术著作出版,甚至反复再版成为学科奠基之作。呈现讲义的动态性,可以反映中文学科教育的现代化进程,反映教育、学术研究作为双重动力在互动中如何推进现代中文学科的发展。以上两方面是对讲义史料特性的挖掘和利用,是本研究的根本指向;而对学科教育和学科史的关注,为讲义和讲义现象的梳理、呈现、解析赋予了观点和态度。

　　民国大学中文学科讲义,既是独立完整的研究对象,又是研究民国中文学科史和学科教育状况的重要史料,讲义的双重属性决定了本文的双重研究任务:第一重,在充分了解、掌握讲义与讲义现象的基础上,揭示现代中文学科萌生和初步发展的某些独特现象,呈现中国文学学科基本框架的形成过程,归纳其中的基本规律;第二重,站在民国大学学科化、现代化的角度,重新认识讲义的运行机制和基本属性,加深对相关现象的挖掘与思考。本结语将沿此思路,继续对民国大学中文学科讲义研究中的几个重点问题做集中归纳讨论。

一

"西方舶来"是我国近代史上一个重要现象,也是推动诸多领域现代化进程的主要动力。晚清以降,在"学西方"的大背景下,引入西方较为成熟的教育体系,开启了我国教育现代化之路。层级、学制、学程、分科之基本概念和具体做法都引自西方。而讲义作为民国时期的重要教育事物,其基本形式则为我国固有。讲义一词古已有之,最早见于晋,北宋时期与教育、讲学结缘,逐步成为惯用的授课形式,在我国传统的帝王教育、书院教育中都有重要作用和地位。施教者课前编撰,课上参照讲授,接受者课上参注,课后温习,是讲义的基本功用。其作为"原型",一直留存于我国传统教育体系中。当传统经学教育为现代分科教育所取代,适宜教本的匮乏激发了讲义"原型"的"再现",刚刚接触现代学科教育的教员们,更倾向以他们熟悉的传统方式讲授陌生的内容。本文并未对西方教育的讲义使用情况细致考察,主要基于以下考虑:我国现代教育起步远迟于西方,这造成了发展阶段的差异,当我国教育界以学习和引进西方模式和经验开启教育现代化之路时,西方现代教育已相当成熟。讲义作为教育要素,有鲜明的过渡性,西方现代教育发展成熟后,讲义自然为教材、课本所取代。加之"学西方"天然具有逐新的倾向,我国在清季民初没有机会也不会引入西方的讲义教学方式或讲义形式的成果。以讲义的"旧壶"装西方现代教育的"新酒",既是应对教本缺乏的权宜之计,也是我国文化、教育传统影响下的必然选择。

讲义不是单纯的教育现象,其影响也不仅限于校园。一方面,它为学生所熟悉和掌握,学生毕业后,将讲义形式带入更广泛的社会领域;一方面,近代教育与现代报刊、出版业关系紧密,讲义通过出版、刊发等方式走出校园走向社会,为一般民众所接受。民国始建,即对教育系统重新梳理,建构了与西方接轨的现代教育体系,教育不仅成为新国家改革的重点,也成为民众接触现代化、想象现代化的重要途径。讲义作为重要的教育元素,走出校园进入社会生活,与民众的现代化想象、对新国家的期许相契合,在社会上形成一股"讲义热"。各级学校的讲义授课,暑期学校、函授学校等各类社会教育的讲义印发,讲义汇编、讲义交流类刊物的发行,文教、娱乐、生活类讲义在通俗报刊上的刊载,授课讲义的正式出版,著作、文章对讲义体式的借鉴等等,都是"讲义热"的具体表现。因此,民国大学中文学科讲义乃至所有大学讲义,既是民国"讲义热"的引领者,同时也是其组成部分,对其梳理和呈现,要以与之相关的"讲义热"整体现象为前提。民国报刊能较为明晰地反映彼时社会文化状况,从大众读物看,其间大量刊载以讲义为题的文章,这些文章或以清晰易读的"讲义体"撰写,或戏仿讲义形成幽默效果,内容涉及行业交流、科普知识、大众娱乐、文学艺术等很多方面。同时,大众读物上还经常刊登社会名流的演讲稿或演讲现场实录,这与部分以课堂笔记方式生成的讲义非常类似,是讲义方式的另类传播。大众读物刊发讲义,与民国政府重视社会教育直接相关,教育部历次发布的全国教育计划书和颁布的教育令,都强调以通俗易懂、百姓易于接受的方式开展社会教育。向大众普及一般知识和文娱信息,大众读物与讲义的结合,就是民国社会教育方针的主要践行方式之一。而因其符合民初特别是"五四"以降平民主义的思想潮流,也为一般知识者所乐于践行。讲义也因为与大众读物的联姻,在社会教育过程中呈现出明显的平民化倾向。

"讲义热"在学校教育中的表现,可通过《教育杂志》加以考察。这部1909年由商务印书馆创办的教育刊物,比较完整地记录了我国教育现代化历程,更重要的是,商务印书馆是近代教科书出版之翘楚,其所创办的刊物也将主要精力投向教科书。讲义与教科书关系紧密,因此也成为《教育杂志》关注的主要内容。经过系统翻阅《教育杂志》,笔者发现,"讲义热"在中小学教育和大学教育中的表现完全不同,这当与两类学校教科书发展程度不同有关。民初,中小学教育得到迅速发展,在校学生人数增加,教科书需求增大,加上相对宽松的教科书审定制度,吸引很多书局参与中小学教科书的编写和出版。教科书的大量出版和使用,决定了"讲义热"在中小学教育中不会出现,数量有限的讲义更多是作为教科书的参照,用于教育者对中小学教科书出版和使用的反思。中小学教科书大量出版自然是初中级教育发展的重要成果,但当时教育界对之并非一味称颂。相反,《教育杂志》刊发了很多批评和反思文章,或对教科书质量表示担忧,或对教科书的教学效果表示怀疑,甚至有文章指出使用教科书仅是应对优秀师资缺乏的无奈之举,而批判与反思的参照正是讲义。在对比和参照中,讲义被不断美化,成为理想教育的表征。高等教育层面的"讲义热",则表现得非常直观。授课讲义大量生产,普遍使用。大学位于教育体系的最高层级,教学内容的深度和广度远超中小学,能够为大学编撰教科书的机构、人员相对有限,加之学校间发展不均衡,教师学术个性突出等因素,造成大学教科书发展明显滞后。大学教员一般以两种方式弥补教科书的不足,一是翻译或直接使用外国著述,一是自编讲义。在与外国著述共存的过程中,讲义的本国化特征得到彰显,并作为教育"本国化"的主要途径在大学校园得到认可和推重。

"讲义热"在不同教育层次的表现存在明显差异,但无论作为教育"理想化"的表征,还是教育"本国化"的手段,都体现了民国教育界谨慎着实、善于自我批判反思的精神内质。当中小学教科书快速发展,当外国教本占据大学课堂,教育界没有将眼光停留在发展和成绩上,而是积极寻找现状的不足、未来的隐患,从本国教育传统中寻求辅助和参照。在此角度上说,"讲义热"不是单纯的教育现象,它凝聚了民国时期优秀的教育精神。

高等教育层面的"讲义热",孕育了民国大学种类多样的讲义生成方式和相对规范的讲义生产机制。据笔者考察,中文学科讲义生成方式基本可归为两大类:一类是教员自编生成,另一类是由学生课堂笔记整理生成。从生成讲义的数量看,第一类方式占大多数,第二类则数量较少。除去基本的生成方式,具体到每一部讲义的生成,又表现得千差万别,笔者目光所及,有完全自编、配合前人教本编写、移用本人或他人著述、师生讨论完成等多种方式。讲义基本生成方式为教员自编、学生笔记两种,是由讲义的内涵和特性决定的。文本生成只是讲义生成的第一步,它还要经过课堂讲授,才可算作完全生成。授课讲义的传播范围、传播途径非常明确,仅限课堂上师生间传播。因此讲义只能围绕课堂生成于授课前后,出自教师或学生之手。而具体到每一部讲义的生成,反映出民国大学教师在教学方面享有的自由:讲义授课、教本与讲义结合授课、讨论授课……授课方式自由;为课程新编、利用个人学术积累、借用他人成果……教学内容自由;著作、论文、讨论提纲……教学内容多少、繁简自由。课堂教学的稳定形态决定了讲义生成的两种基本模式,教师在教学方面享有的较大自由成就了讲义生成方式的多样性。

关于讲义生成,除了在其性质上做共时研究,还可以从其数量角度做历时考察。以中文学科为例,"癸卯学制"下,仍以传统经学、小学为主要教学内容,只出现了少量与文学史、文学概论等较接近的新课程,多数课程可以延用旧有教本,因此讲义生成数量不大,只出现在很少数的新课中。"壬子癸丑学制"下,新式知识性课程大量增加,尤以文学史、概论、概要类为最多,新开课程多无适宜教本,需要编写讲义,因此讲义生成数量猛增。1922年,《大总统颁布施行之学校系统改革案》颁布,其中"选科制"的推行对大学教育产生了重大影响,在此背景下,教员们都选择各自最擅长、最具心得的内容用于授课,以体现个人学术水平,吸引更多学生选课,有些课程甚至由多位教员同时开设,内容、方法、风格各不相同,供学生选择。因此,这一时期讲义数量进一步增加,讲义的学术质量有所提高,学术个性得以凸显。经过上述三个阶段的发展,中文学科讲义在数量、种类、质量方面均趋于稳定,1929年《大学规程》颁布也未能对已有状况造成影响。笔者所搜集统计的中文学科讲义的数量分布,与上述情况基本吻合。民国大学数量庞大情况复杂,300余部仅是其中一部分,似不能据此验证上述论断。但值得注意的是讲义现象与各阶段学制的呼应关系,从中可以获得如下认识:我国高等教育现代化进程的起步阶段,政府颁布的政令、章程、学制发挥了重要作用,它们后来也成为教育史研究的重要内容和有效途径;但这些抽象的政府文件对教育实践的影响是间接的,要通过各教学要素发挥作用,学校、教员对政令规程的执行,课程、教学资料随文件规程的调整等,才是直接影响教育实践的因素,决定了教育发展的实际走向。研究政府教育文献,可以勾勒近代教育史的宏观轮廓,但它并不是教育史或学科教育史本身,历史的复杂、鲜活和场景再现,需要依靠对具体教育要素的研究去了解和建构,这应是讲义研究对教育史、学科史的又一可能的贡献。

民国大学讲义生产主要由各大学出版部完成,规范化、低成本是出版部讲义生产追求的目标。讲义生产是指教员编写讲义后,交由印刷机构批量印制，并在授课前发放给听课学生。教员编写阶段，新开课程多是一边编写一边送印，非首次开设课程已有完整讲义的按需修订即可；在印制阶段，如北京大学、清华大学、东南大学等知名学府，学生人数多、讲义用量大，一般会在校内设置出版部专门负责讲义印制，一些规模小、影响力有限的地方性大学，校内无法印制讲义，使用讲义的教员需自行委托社会印刷机构印制。作为出版社的前身，民国时期的大学出版部承担了很多教学服务职能，尤以讲义生产为大宗，讲义科或讲义股具体承担这项工作。民国大学多办有日刊、周刊等校内刊物，可用于发布通知、沟通校情等校务，是了解彼时讲义生产和校园讲义生态的有效途径。民国大学出版部讲义生产的基本流程是：教员根据课程讲授需要编写讲义，经教务长审核确定印制数量，交付出版部印制，印制完成后或教员领取随堂发放，或选课学生凭讲义证自行领取。若是初次开课印发的散页讲义，学期末出版部还负责统一回收、整理、装订成册。看似简单的生产流程，贯穿了非常明确的规范化要求：开本、封面、装帧等文本样式的统一，对讲义内容和整体质量的客观审核，对印量、印制周期、发放与领取方式的明确规定等等，这些要素共同构成了大学出版部生产讲义的规范。讲义生产的规范化趋向，反映出我国现代大学教育发展之初在教学、管理方面的标准化追求，西方大学成熟的教学要素，完善的管理制度，被中国教育界浓缩为一个概念——"标准"，大学教育的现代化以各方面的标准化为主要标志。大学出版部的规范化生产，还赋予讲义独特的外在形态——"准出版"，虽非正式出版物，却具备了出版物的基本特征，便于教学的同时，还为讲义的出版奠定了良好基础。今天看来，标准化还是讲义保存的一种有效手段。

降低成本是各大学讲义生产中追求的另一目标。多数课程使用，学生数量不断增加，标准化印制，加上社会旁听生的加入，使讲义生产成为民国各大学一项沉重的经济负担。通过翻阅各大学校刊，笔者发现，很多大学都曾尝试停发、减发、限发讲义，但均遭到教员、学生的共同反对，北京大学甚至因此爆发"讲义费风潮"。由讲义印发引起的讨论和矛盾，看似关乎教育理念、教学方法，其实核心是经济问题。值得注意的是，上述由讲义引发的矛盾，主要集中于1920年代初，到1925

年后就鲜有出现。以最具讲义传统的北京大学为例，分析这一现象，结果发现：北京大学通过改用国产纸张的方式降低了讲义印制成本；通过讲义装订成册、开学前统一发放给选课学生，降低了社会旁听生对讲义的消耗；还增印受知识文化界关注和欢迎的讲义，由出版部经营，用赢利贴补讲义印制。由经济压力引发的讲义问题，学校、教员、学生出于不同感受、不同立场产生分歧和对抗，是讲义随现代学科教育发展的一个必经阶段，化解这一问题的根源是生产成本的降低，大学讲义生产机制内部的自我调整。当教学需要与学校实际相适应时，所有问题迎刃而解，而这一内部自我调整的过程构成了民国大学特有的校园"讲义生态"。

  民国大学讲义存藏，既是本文考察的一项重点内容，也是本研究得以顺利展开的基础。笔者围绕中文学科梳理相关讲义的存藏情况，发现如下几个特点：首先，讲义作为一种独特的历史文献，尚未得到足够重视，多数讲义原稿与其他文献混合存藏，未做独立分类整理。目前民国大学讲义原稿主要存藏在各地图书馆和各大学图书馆、档案馆，就中文学科而言，国家图书馆存藏讲义原稿数量最大，北京大学图书馆、武汉大学图书馆、清华大学档案馆也有一定数量的存藏，此外中国科学院档案馆也收藏了一定数量的语言学课程讲义原稿。这些讲义多与其他古籍文献一起，存藏于各图书馆古籍部，单独分类编目的情况笔者并未发现。其次，讲义的印制方式直接影响其存藏。民国大学讲义主要分为散页和装订成册两种形态，能够保存至今的多数是装订成册一类，散页讲义目前已很难在公共图书馆找到，个别残页偶尔会出现在收藏市场；民国大学讲义的印制方式主要有三种，即油印、石印和铅印，油印讲义因油印效果不佳且油墨容易脱落不宜保存，目前存世很少；石印技术在民国大学使用并不普遍导致石印讲义最初印量就小，存藏至今的数量更小。目前存藏量最大的是铅印成册的讲义，这些讲义的印制装订技术相对成熟，与正式出版的图书已非常接近，这为它们得以长期保存奠定了基础。最后，个别存藏单位开始重视讲义原稿的整理和利用。在讲义的存藏、整理、利用方面，武汉大学近年来做出了积极的探索和努力。武汉大学是我国近代第一批国立大学之一，在中部地区影响很大，吸引了众多知名学者和文化名流前往任教，他们为武汉大学留下了丰富而宝贵的讲义资源，武汉大学特藏部目前存藏了大量民国时期的授课讲义。近年来，武汉大学图书馆开始着手讲义资源的整理和利用，一方面专门建立"本校教师撰写图书目录"，对曾在武大任教的教师们所编写的讲义单独编目，还增加了作者、课程、内容的简介；另一方面逐步对讲义原稿进行扫描，围绕讲义开展电子资源建设。这不仅是对讲义的有效保护，还为讲义资源的开发利用提供了条件，近期已有介绍、研究武汉大学馆藏讲义的多篇学术论文在《武汉大学学报》发表。

除原稿存藏，部分民国大学讲义还通过出版和再版实现了讲义内容的保存。以笔者搜集的中文学科讲义为例，很多民国时期即作为学术著作正式出版，有些还反复再版，使讲义内容得以保存至今，还有一些多年后被收入作者文集、全集或某研究领域的资料汇编。讲义作为专著出版时，一般会修订整理、调整题目，因此从著作中甄别讲义需要下一番文献工夫。笔者专门对中文学科的此类讲义做了搜集整理，基本路径是：首先翻阅各大学校史资料，梳理该校中文学科课程开设、教师任教情况；随后翻阅教师的传记资料将其授课情况细化，同时明确其著述情况；将著述与开设课程匹配，明确著述前身作为讲义施用的时间、学校、课程等基本信息；最后通过著述序跋、学生回忆和学术史著作，验证匹配情况，最终确定讲义与著作的对应关系。以著述方式存藏的讲义，比原稿更易获取，便于使用，查阅文献也是对该讲义加深理解和认识的过程。但著作形态的保存更主要是讲义内容的保存，讲义的基本形态等实物史料特性则被严重削弱。同时，讲义历次印制的版本变化情况，也是整理和使用中必须认真面对的一个难题。

二

讲义不仅是研究对象，还是重要的教育史、学科史研究资料。在整理、考察民国中文学科讲义过程中，很多游离于学科史之外的片段，散落于学科教育角落的场景都会不时浮现，学科发展的动态性和复杂的内部机理也不时显露，笔者认为这正是由讲义的史料特性决定的。作为学科史料的讲义，兼具实物史料和文献史料的双重属性，讲义不仅承载了学科知识，还吸附了丰富的历史场景和生动的时代氛围。经过整理和考察,笔者认为讲义作为学科史、教育史研究资料,最突出的特征有二:其一,与主要教育要素均有密切联系,保留了大量相关教育要素的历史信息,利于挖掘和呈现学科教育的某些场景和细节。其二,具有动态性,其动态演变轨迹是对学科尤其是学科教育发展历程的映射,对讲义动态性的呈现和解析,即是对学科发展的动态考察。

学校、教员、学生、课程、教本、课堂,是现代学校教育的六个基本要素。民国大学迅速推进的学科化进程,对教育要素形成了一定影响,由这些要素考察和了解我国高等教育现代化进程和各学科的发展状况,要比通过学制、政令、章程等文献的考察更为生动、鲜活,是对现有民国教育史、学科史述史方式的丰富。民国的大学教育,讲义基本是充当教本使用的,它处于教学的中间环节,与其他教学要素均有密切联系,关注讲义及其史料特性,不仅能从一个新角度考察教学诸要素,还可以围绕讲义将这些要素组合起来,构成相对立体的历史片段,为高等教育学科化、各学科现代化构拟相对生动、细腻的历史场景。

民国大学种类多样,按性质基本可分为公立、私立、教会三种;按招生范围又可分为全国性大学和地方性大学等等。由于学术基础、经济状况、管理模式、地理位置和文化氛围的影响,各大学的学科化进程不尽相同。像北京大学、东南大学、清华大学等全国知名的学校,不仅迅速完成了新式分科,还用很短的时间建构起与现代学科相适应的课程体系,加之学术基础深厚,地处文化中心,可吸引众多优秀学者到校任教,它们的学科化程度要远高于其他地方性大学,这形成了大学教育最初的水平分化。由于中文学科的基础性地位,几乎所有大学都有设置,学校间教育水平的差距表现得格外明显,讲义很直接地反映了这种差距。学科实力强的大学,开设的课程多,产生的授课讲义也多,由于教员学术水平高、学科影响力大,课程讲义被正式出版的也多;而在中文学科相对薄弱的大学,保留至今的讲义数量有限,正式出版者更屈指可数。在讲义内容上,学科实力强的学校,多数课程讲义的内容与课程名称贴合,而在实力弱的学校,存在讲义内容与课程名称关联性不强甚至完全不符的情况。这实际反映了学校间课程体系成熟程度的差距。如果仅依靠课程安排、教学计划等校史资料考察,则无法发现。学校间水平的差距在某些讲义的体例特征上也体现得非常直观:大学教员兼课在民国时期比较普遍,有些讲义曾随同一位教员施用于多所学校,翻阅这类讲义出版后增补的序言、示例等文字就会发现,其中多会强调讲义具有弹性结构,可根据学生水平、课时情况自行调整使用,足见民国大学间差距之明显和普遍。

教员与学生是教学活动的两端,讲义由教员编写、讲授,由学生记录接受,位于二者中间,成为绾联师生的学术纽带。现代大学对教员的要求与传统家学或书院教育完全不同,它不仅要求教员有与现代课程体系相适应的知识储备,还要具备将知识系统传授给学生的能力。因此,要在大学谋得教职,教员要应对两方面的工作,一是如何使自己的学术积累与现代化的课程体系相适应,一是如何将个人积累的学科知识和经验系统地传授给学生。具体到中文学科,有两类教员受到的挑战最大,一类是在传统经学、小学方面积累颇多的教员,要适应现代课程体系,他们或部分放弃先前所学,改授文学史、训诂学、音韵学等课程,或在教学实践中改变固有的经学知识体系和传授方式;另一类是在文学写作方面取得成绩的新文学作家,如何将个人写作经验转化为系统性的知识传授给学生,一直困扰着这些教员,他们或放弃写作,改授新文学研究甚至文学概论、文学史等骨干课程,或在困扰中摸索。学科化对"中文"教员产生的上述影响,在相关讲义中均有所体现:经学、小学课程减少,相应的,笔者收集到的讲义文本和相关线索也少,个别教员以开设"诸子研究"课的方式使传统经学在现代课程体系中部分得以保留,但从讲义看,课程内容已不再拘泥文字训诂和考释,增加了串讲通释和启发现实的内容。现代作家多数放弃讲授自己专长的文学写作,转而开设其他课程,因此现存的写作课程讲义数量非常有限,即使讲授其他课程,现代作家编写讲义的也不多,即使编写,也多为内容简略者。写作依赖灵感和经验,将它们转化为系统有条理的知识颇为困难,讲义数量的稀少就是直接体现。而现代作家总体上编写讲义数量偏少,则说明讲义式授课与作家思维习惯之间存在矛盾,在学科化之初,这一矛盾尚难以化解。大学教育学科化带动了教师的职业化,将个人的学术、经验积累转化为符合现代课程要求的知识体系,将这些知识以最易为学生接受的方式传递出去,是职业化对大学教员的新要求。讲义是当时教员适应新要求的工具和标志,而今则成为那段历史的记录和见证。

民国大学处于教育层级的顶端,学生数量少,以传授高深知识为根本目的,大学生毕业后也多会从事与所学专业直接相关的职业,尤以担任教师和研究人员的为最多。因此,民国大学生还有另一层身份,即潜在的学科从业者。专业知识由教员传递给大学生,再由这些大学生延续、继承、发展。讲义很有效地记录了这一过程:其一表现为,某些中文学科重要著作就是学生对课堂笔记整理而成的讲义,后经出版流传至今;另一方面,有些学生毕业后任教仍沿用老师的讲义,扩大讲义学术影响的同时,也是对一门课程、一种教学方法的推广。师生传承是现代中文学科和教育体系延续发展的基本动因。讲义作为载体,打破了传统口传心授的教法和狭隘的门派之见,使现代中文学科的学术与教育以更现代的方式得以传承和发展。

民国大学,课程与讲义的关系十分直观:有什么样的课程,就有什么样的讲义。一门新课的开设,依赖新讲义的编写,讲义的修改完善则预示着一门课程的发展和成熟;讲义种类的增加意味着课程体系的生长,而各类讲义数量的此消彼长则记录了课程体系内部结构的调整。通过讲义,我们不仅可以看到中文学科课程体系的宏观发展,还能了解到学科创立之初,从教者在微观层面为课程体系建构所做的努力。在翻阅中文学科讲义的过程中不难发现,不少讲义的内容只是相应课程名称涵盖的一部分,这在文学史类课程中表现得尤为突出,多数只包含若干个甚至一两个朝代,却仍称作中国文学史讲义;多数只写至唐以前,个别涉及唐以后的内容也相对简单,而各类文体研究的选修课讲义则主要集中在唐以后。还有一些讲义,比照课程名称,明显缺少重要知识点,而这类讲义的编著者往往同时开设几门课程。笔者认为,上述讲义现象背后蕴含了学科创立之初从教者对课程体系的自觉建构。文学史讲义断代,意味着文学史作为骨干课程出现由几名教员联合授课的情况;而文学史多集中于唐以前,文体研究主要集中于唐以后,又构成了骨干课与选修课在学科知识上的互补,这体现了校系层面为课程体系化所作的努力。在此体系中,教员们可以各施所长,学生避免了知识接受的重复,教育质量得以提高。一位教员开设多门课程,讲义多会出现"遗漏"重要知识点的情况,表面看是遗漏,实为教员个人对课程体系的建构：围绕个人知识储备，从不同方面开设不同课程，几门课程在内容上互补，合体形成相对完备的知识体系。当然，这样说也不排除一些教员精力不济，一些课程学时不足等因素。但总的来说，讲义研究能反映某一课程的具体内容，使课程研究摆脱"课名研究"的尴尬；可以反映课程数量变化和门类关系的变化，实现对课程体系的动态性呈现；还可以反映学校、个人在课程体系建构中所作的积极探索，实现对课程体系化建设及其动力的微观考察。

课堂无疑是学科教育实践的中心环节，各教育要素在此环节集中汇合并各自发挥作用。课堂在展现各教育要素关键形态的同时，也实现了一种综合：建构场景，传递氛围。近年，课堂研究逐步引起学界重视，以陈平原为代表的一派学者希望借助校史文献、学生回忆以及讲义等实现"重现课堂"的研究目标。课堂与其他教育要素明显不同，它不能通过文献保存，当时又缺乏影音摄录条件，因此今天所谓"重现"只是尽量多的了解课堂教学情况。与相对笼统、抽象的校史文献和主观色彩浓厚的学生回忆相比，讲义在课堂研究方面有明显优势：作为授课参照，讲义内容基本就是教员课堂所授，而通过讲义的有无、体例特征、语体特征等则可以分析出授课方式、教员授课习惯和教学风格等内容。新世纪以来的"民国热"不仅催生了大量影视作品，还引发了民国题材图书出版热，民国教育特别是民国大学是其中重要题材，这些图书多把校园轶事、师友风谊作为卖点。这种倾向渗透进学术界，对民国教育研究产生了一定的负面影响。因此，将讲义引入课堂研究，不仅是对讲义史料特性的充分利用，笔者还希望借助讲义使课堂研究的关注点回归到授课内容、方法等教育研究的核心问题上来，实现对民国教育研究的"祛魅"。

讲义作为民国大学教育的中间环节，与各重要教育要素均有密切关系，这使讲义成为从微观角度了解民国学科教育状况的有效途径。更为难得的是，以讲义为纽带将各教育要素组合起来，可以为学科教育研究建构生动的历史场景，丰富学科史的述史方式。但目前的中文学科教育研究仍处于学术边缘，建构历史场景、丰富述史方式既是未竟之业，又大有可为。笔者在论文写作过程中一直在思考这一问题。目前进行中文学科讲义研究，首先是对一类重要史料的挖掘整理，史料上的创新和突破对整个学科都是有益的;其次,是对一种新的研究方法的探索,讲义作为方法不仅适用于中文教育研究,还可应用于各分支学科的学术研究;最后,还是一种理念的传递,讲义研究代表一种"向下"的历史眼光,希望以注重细节的姿态,关注"碎片"和"散点",以此接近历史真实。

民国大学讲义另一特征是动态性。以笔者考察的中文学科为例,动态性主要有两方面表现:一方面,讲义的内容是动态的,在用于授课的过程中,教员会对讲义内容逐年修订;另一方面,讲义的文本属性是动态的,除了校内印发,很多讲义还作为学术著作正式出版,更有一些出版物多年后又作为教本被重新引入课堂,并产生了与之相配合的新讲义。

随着中文学科课程体系的稳定,教员编写的讲义往往可以连续使用多年,但讲义内容并非一成不变。每个新学程开始前,多数教员都会对讲义进行修订,再送往出版部印发。今天能见到的很多讲义,封面都会注明印发年份,国家图书馆存藏的一些讲义,就有不同年份印制的多个版本。笔者并未找到民国时期教育部、各大学对讲义修订的相关要求,因此,逐年修订讲义当是教员自觉主动的行为。讲义逐年修订的情况很不相同,有些仅作字句修改,有些会增删内容,有些还会调整结构和章节顺序。讲义在初次编写时一般都比较仓促,加之出版部多不安排讲义校对环节,出现错字误植等文字问题在所难免,需要在使用中不断修改完善。而促使教员增删内容、调整结构做较大修订的动力,则主要来自两个方面:其一,随着学科发展不断有新知识产生,同时教员的学术研究不断深入也会产生一些新的认识和想法,这些都需要增补进讲义,或替换原有内容。其二,讲义经教学实践的检验,会暴露一些问题,需要修订,同时教员在反复讲授过程中,不断接收来自学生的效果反馈,授课经验不断丰富,也希望通过讲义的修订改善教学效果,提高教学质量。讲义修订的过程,动态记录了中文学科创建初期学科知识的增加、学术研究的深入和学科教育经验的积累,也彰显出民国大学教员迅速建立的职业伦理。知识增加、研究深入、经验积累和职业伦理,共同推动中文学科从稚嫩走向成熟。

讲义的施用范围不仅限于大学校园,北京大学、东南大学等著名高校的授课讲义在供教学使用的同时,很早就面向社会销售,到20世纪20年代中期,现代大学教育经过十余年的发展,已积累了大量授课讲义,这些讲义集中出版,构成了由20年代中期至30年代后期,长达十余年的大学讲义出版高潮。讲义的"准出版"形态,中小学教科书市场的饱和,各书局关注点的转向,教育部为统一大学用书所作的努力,大学教员与书局和出版商的密切关系,学术著作被列为教员评聘的激励机制等等,共同推动了大学讲义出版。学科创建初期,本土学术著作非常有限,出版的讲义更容易引起学界关注。讲义经历过教学实践的洗礼,在此过程中不断更新完善,保证了内容的重要性、准确性和前沿性。此外,曾接受讲义教育的学生毕业后在学科内部从业,他们更重视利用和发展讲义。在以上因素的共同作用下,很多讲义出版后都成为学科奠基性著作,更有一些作为教本被重新引入课堂,并催生了新的授课讲义。由讲义到学术著作,再到教本催生新的讲义,这就是讲义文本属性的动态特征。围绕这一动态特征,笔者产生两方面思考:首先,学术研究和学科教育是学科史的核心内容,目前的中文学科史研究,或关注学术发展历程,以学术史代替学科史;或关注具体教学,忽略了学术发展对教育的影响。其实,学术和教育是推动学科发展的根本动力,尤其在缺少独立研究机构,学术圈尚未形成的民国时期,二者关系更为密切。讲义先应用于教育,出版后作为著作成果融入学术体系,有些又再次回归课堂催生新的讲义。作为连接学术研究和学科教育的纽带,讲义揭示的不仅仅是学术与教育的密切关系,更展示了二者之间的互动,是从内部要素角度实现了对学科史的考察。其次,讲义的动态性就是讲义所承载的学科知识经典化的过程,以往我们谈经典化问题更多是从学术价值角度展开,希望从学术影响和延续的角度挖掘经典化动力。讲义的动态性告诉我们,教育是经典化的另一动力,尤其在学科初创的民国时期更是如此。此外,讲义、著作、教本、新讲义……这是一个周而复始的循环,在循环过程中,学术研究得以深入,学科教育走向成熟,这就是发展着的学科史。

讲义的动态性不仅是一种教育现象,对它的关注还代表了一种学科史思维:学科发展历程不是只由一个个拐点构成的,它是一个延续的过程。而寻找一个适当的载体,呈现其动态过程,建构一个个场景,让学科的发展历程自然呈现,当是学科述史的另一理想模式。

三

前已述及,讲义自身具有独立的研究价值,又是研究学科史的重要资料和有效方法,在围绕中文学科研究讲义的过程中,对讲义和讲义现象的整理和呈现,始终以中文学科史为指向,以认识中文学科发展规律、丰富学科史述史方式为目标;反过来,对学科史的关注,也为讲义研究赋予了思考和态度,使原本零散的讲义和讲义现象渐渐成为有明确表达的整体。除了与中文学科史建构的研究互动外,笔者在讲义研究中还产生了一些零散的认识和思考,选列三条如下,作为本书具开放性的结语,为讲义研究的拓展和深入提供一些方向和可能。

第一,讲义与教科书。与教科书相比,讲义有两方面的突出特征,一是过渡性,二是针对性。当教育出现转型和重要调整,各教育要素都要随之调整。教科书编写需要一定周期,而大学处于教育最高层级,教学内容丰富而相对自由,教科书编写难度大、周期长。这时,讲义就会作为临时教本出现在大学课堂。因此,讲义可称教育过渡时期的教科书。以笔者重点关注的中文学科为例,不仅民国时期大量使用课程讲义,新中国成立之初的 20 年里由"教研组"等集体名义编写的讲义也在各高校大量出现。20 世纪 70 年代末,高等教育重新走上正轨,很多教师再次以讲义授课,其中一部分转化为新时期以来第一批学术著作或教科书,在新一轮的学科发展中发挥作用。与教科书的规范、统一相比,主要应用于教育过渡期的讲义更加自由、灵活,教师可以针对学程、学时、学生的基础、教学效果等,随时修订讲义,这就是讲义的针对性。由讲义到教科书,是自由灵活到规范统一的过程,它反映了现代学科教育一次次由不断摸索的转型期到相对稳定的成熟期的发展,转型,稳定,再次转型,再次达到稳定……这是学科教育发展的基本轨迹。转型是发展的契机,稳定既是成型的必然阶段又是对下一次转型的孕育和储备,两个阶段并无优劣之分。同样,每当讲义被教科书取代,不久都会出现配合教科书使用的新讲义,有些新讲义还会被纳入学科体系成为新的教学用书,如此循环往复。编写讲义更容易诞生新的学科知识,教科书的使用则将一个阶段稳定下来的新知识纳入学科体系,充分使用推广。从学科发展和教育目的角度看,两个阶段同样重要。

第二,讲义与现代学科发展。民国大学,开课必先编讲义。这一现象说明,讲义不仅是授课工具,还代表了教员授课的资格和权限。如果站在学科发展角度看,民国是各现代学科的初创期,学科构成和课程体系均不完善,很多知识和内容都有被纳入课程体系的可能。编写一部相对完善的讲义是将可能转化为现实的关键因素,讲义为最初的课程体系确立及其发展开拓了道路。随着大学教育的发展,很多符合现代学科教育规律的经验得以积累,其中一部分也体现在讲义上。讲义因此形成了较为固定的体例、模式、风格,这是学科教育发展的必然结果,对大学整体教学水平的提升、教学经验的交流推广等都有积极作用。但讲义自身规范、规律的形成,无形中提高了新知识、新内容进入课程体系的门槛,在讲授内容和教学方法上适宜讲义表达的知识更容易进入课堂,反之,则很可能被排斥在课程体系之外。以讲义为视角回看现代学科发展,似乎充满了偶然,却揭示了一条规律:学科发展不仅依靠新知识的产生和汇入,还需要教育的参与,经验的协助。讲义规范源自教育经验和规律,它对新知识、新内容的淘洗,正代表了学科发展过程中教育和经验的力量。

第三,讲义与教师职业化。讲义之于民国大学教员意味着什么?笔者认为首先是生计。高等教育的现代化改变了传统的教学方式和师生关系,教员成为众多社会职业中的一种。他们可能有对文化的热爱,学术的执著,师道尊严的坚守,但作为一个职业人,他们必须为稻粱谋,讲义与教职、讲义出版与职称评聘,都是他们职业生涯中不得不首先考虑的。现代社会,所有人都需要"资本"才能获得从业的机会,对教师而言,所谓"资本"就是掌握足够的学科知识,拥有足以传授知识的手段和经验。这些,很多都体现在讲义上。因此讲义就是教员的"资本",是推动教师职业化的动力。与其他行业工作利于"资本"的积累不同,教师授课将个人的知识与经验传递给更多的人,其实是对个人"资本"的消耗。这一特性催生了两种选择:其一,不断添加"资本",即教师在授课同时,不断挖掘和积累新知识,这推动了学术进步、学科发展;其二,减少"资本"损耗,选取学科中最普遍、最基本的内容用于教学,这一做法的结果就是统一教科书的生产和应用。由此可见,在教师职业化的初始阶段,教学与科研就是所有教员都必须面对的双重任务。

民国大学讲义,适应现代学科教育而生,承载了新的学科知识;在反复的教学实践中打磨完善,汇聚了丰富的教育经验;随教师的职业化进程规范统一,成为一种现代职业素养和技能的标志;在师生承袭中完善、发扬,渗透着纯真而庄严的教育情怀。知识、经验、技能、情怀,是民国大学教育的关键词,是论述学科史应有的几个方面,讲义与它们全部关联,足见其对民国教育研究和学科史研究的价值和潜力。

附录　本书涉及民国大学中文学科讲义简况表[1]

名称	著者	使用时间	施用院校	施用课程	出版与存藏	类型
经学通论	王舟瑶	1902起	京师大学堂师范馆	经学	全本现存不详，洪北平编《国学研究法》第二卷部分收录，上海民智书局出版。	为课程自编，未出版。
中国文学史	林传甲	1904	京师大学堂	文章流别	1904年广东育群书局出版，石印本今藏于国家图书馆古籍馆，索书号：119965\。1905年《南洋官报》连载。今《早期北大文学史讲义三种》收录，陈平原辑，北京大学出版社2005年版。	为课程自编，报刊连载。

---

[1] 此表以时间为序，对本著未论及但具有对照研究价值的部分讲义亦有收录，表格中用斜体标注以为区别。

(续表)

名称	著者	使用时间	施用院校	施用课程	出版与存藏	类型
中国文学史	黄人	1904起	东吴大学	文学史	曾在东吴大学内部印行,为30册本,今藏于苏州大学图书馆。1926年讲义经王文濡修改由上海国学扶轮社正式出版,今《黄人:评传·作品选》存目,中国文史出版社1998年版。	为课程自编,随后修改出版。
韩柳文研究法	林纾	1906—1911	京师大学堂	古文辞	1914年由商务印书馆正式出版,1933年再版,今"读秀"数据库影印收录。	为课程自编,随后出版。
春觉斋论文	林纾	1906—1911	京师大学堂	古文辞	1916年由都门印书局出版,人民文学出版社1958年、1998年两次重印该版本。1921年改名为《畏庐论文》由商务印书馆出版,文津出版社1979年重新出版。	为课程自编,随后出版,后更改题目出版。
文微	林纾	1906—1911	京师大学堂	古文辞	1923年弟子朱羲胄结合听课笔记整理出版。今王水照主编《历代文话》收录1925年刻印本,复旦大学出版社2007年版。	学生整理课堂笔记出版。

附录　本书涉及民国大学中文学科讲义简况表

(续表)

名称	著者	使用时间	施用院校	施用课程	出版与存藏	类型
《说文解字》授课笔记	章太炎	1908—1909	日本东京讲学	《说文解字》	1995年北京师范大学王宁主持该笔记整理项目。《章太炎〈说文解字〉授课笔记》2008年由中华书局出版，该书以朱希祖、钱玄同课堂笔记为主，有鲁迅的笔记片段。	依据当时学生课堂笔记，后人新近整理出版。
中国文学史略论	龚道耕	1912起	四川高等师范学校	中国文学史	1919年讲义编写完成出版，成为成都地区大学、中学普遍使用的教材。1925年油印本今藏于国家图书馆古籍部，索书号：79168\。今《龚道耕儒学论集》收录，四川大学出版社2010年版。	为课程自编，随后出版，出版后被用作教材。
文学研究法	姚永朴	1912起	北京大学	文学研究	1916年由商务印书馆出版，今有黄山书社1989年版，北京大学出版社2009年版等多个版本。	将个人著述(《国文学》)改编为讲义，随后出版。

(续表)

名称	著者	使用时间	施用院校	施用课程	出版与存藏	类型
声韵概要	马裕藻	1913—1937	北京大学	声韵学	北京大学校内印行，未出版。铅印本今藏于国家图书馆古籍部，索书号：字150/92334。	为课程自编，未出版。
文字学	马裕藻	1913—1937	北京大学	文字学	北京大学校内印行，未出版，铅印本今藏北京大学图书馆。	为课程自编，未出版。
文字形义学	沈兼士	1913起	北京大学	文字学大义	未出版，北京大学出版部铅印本今藏于国家图书馆古籍部，索书号：字100/92464。今《沈兼士学术论文集》作为附录收录，中华书局1986年版。	为课程自编，新近个人论文集收录。
文心雕龙札记	黄侃	1914	北京大学	文学概论	北京大学校内印行流传很广，1927年北京文化学社出版《神思》以下20篇；1935年中央大学《文艺丛刊》刊发《原道》以下11篇；1950年代中华书局将两部分合并出版，后多次再版。	为课程自编，部分出版、部分由报刊刊发，新中国成立后整理合并出版。

(续表)

名称	著者	使用时间	施用院校	施用课程	出版与存藏	类型
诗品疏	黄侃	1914	北京大学	词章学	未出版,未见存世。	为课程自编,未出版。
咏怀诗补注	黄侃	1914	北京大学	不详	未出版,今《黄季刚诗文钞》收录,湖北人民出版社1985年版。	为课程自编,未出版,新近个人文集收录。
语言学讲义	胡以鲁	1914起	北京大学	语言学	未出版,未见存世。	为课程自编,未出版。
中国文学史	刘毓盘	约1915	杭州第一师范学校	中国文学史	校内印行,1924年由上海古今图书店出版。现存不详。	为课程自编,随后出版。
美学概论	吕澂	1915—1917	上海美术专科学校	美学	1923年由商务印书馆出版。今"读秀"数据库影印收录。	为课程自编,随后出版。
现代美学思潮	吕澂	1915—1917	上海美术专科学校	美学	1931年由商务印书馆出版。今"读秀"数据库影印收录。	为课程自编,随后出版。
中国文学史辑要	朱希祖	1916	北京大学	中国文学史	1920年北京大学出版部以"中国文学史要略"为题出版,铅印本今藏于国家图书馆古籍部,索书号:79168\。今《早期北大文学史讲义三种》收录,陈平原辑,北京大学出版社2005年版。	为课程自编,后更名出版。

(续表)

名称	著者	使用时间	施用院校	施用课程	出版与存藏	类型
经学概论	王国维	1916—1917	仓圣明智大学	经学	未出版,今《王国维全集》第六卷收录,浙江教育出版社2009年版。	为课程自编,未出版,今全集收录。
庄子内篇学	陈柱尊	1916起	南洋大学、上海暨南大学	庄子文	1916年中国学术通论出版社出版,1929年在暨南大学再次用作讲义。现存不详。	为课程自编,随后出版,更换学校后再次使用。
音韵学手稿	李亮工	1916起	山西大学	音韵学	山西大学校内印行,未出版,现存不详。	以经典古本(《章氏二十三部音准》)为教本,配合教本自编,未出版。
欧洲文学史	周作人	1917—1918	北京大学	希腊罗马文学史、近世欧洲文学史	1918年商务印书馆将希腊罗马文学史、近世欧洲文学史讲义合并出版,今有河北教育出版社2002年版。	为课程自编,随后合并出版。
汉魏六朝专家文研究	刘师培	1917—1918	北京大学	中古文学	罗常培根据听课笔记整理,1945年由上海独立出版社出版。今《中华现代学术名著丛书》刘师培卷收录,商务印书馆2010年版。	学生课堂笔记整理出版。

(续表)

名称	著者	使用时间	施用院校	施用课程	出版与存藏	类型
文心雕龙讲录二种	刘师培	1917—1918	北京大学	中古文学	罗常培根据听课笔记整理,以"左庵文论"为题载于《国文月刊》第9、10、36期。今《刘师培中古文学论集》收录,中国社会科学出版社1997年版。	学生课堂笔记整理出版。
文字学形义篇	朱宗莱	1917—1920	北京大学	文字学	1918年起北京大学校内印行,未出版。铅印本今藏于国家图书馆古籍部,索书号:XD8206\。	为课程自编,未出版。
文章学初编	龚自知	1917—1922	云南高等师范学校、东陆大学	修辞学	1926年商务印书馆出版。今"读秀"数据库影印收录。	为课程自编,随后出版。
文字学音篇	钱玄同	1917起	北京大学	文字学	1918年起北京大学校内印行,铅印本今藏于国家图书馆古籍部,索书号:XD8208 \。今《钱玄同文集》第四卷收录,中国人民大学出版社1999年版。	为课程自编,新近全集收录。

(续表)

名称	著者	使用时间	施用院校	施用课程	出版与存藏	类型
词余讲义	吴梅	1917起	北京大学	词曲	1919年起北京大学校内印行，铅印本今藏于国家图书馆古籍部，索书号：/96396。1935年商务印书馆以"曲学通论"为题出版，今《吴梅全集》理论卷上册收录，河北教育出版社2002年版。	借鉴原有著述（《顾曲麈谈》）编写讲义，后更名出版。
中国文学史（唐宋迄今）	吴梅	1917起	北京大学	文学史	讲义原稿今藏于法兰西博物馆，陈平原辑《早期北大文学史讲义三种》有简要介绍。	借鉴他人讲义（黄人《中国文学史》），未出版。
尔雅学讲义	陈汉章	1918	北京大学	尔雅	北京大学校内印行，未出版。铅印本今藏于北京大学图书馆古籍部。	为课程自编，未出版。
说文讲义	陈汉章	1918	北京大学	说文	北京大学校内印行，未出版，铅印本今仅存第10—17节，藏于国家图书馆。	为课程自编，未出版。
中国中古文学史讲义	刘师培	1918—1919	北京大学	中古文学史	1920年北京大学出版部以"中国中古文学史"为题出版，后反复再版。	为课程自编，随后出版。

(续表)

名称	著者	使用时间	施用院校	施用课程	出版与存藏	类型
诗旨纂辞变雅、汉魏乐府风笺、谢康乐诗注、鲍参军诗注、曹子建诗注(外3种)、阮步兵咏怀诗注	黄节	1918—1935	北京大学、清华大学	诗歌类课程	北京大学、清华大学校内印行，部分铅印本今藏于国家图书馆古籍部：《汉魏乐府风笺》(79801\)、《谢康乐诗注》(XD6965)、《鲍参军诗注》(XD6912\)、《阮步兵咏怀诗注》(/112869)。今《黄节诗学选刊》收录，中华书局2008年版。	为课程自编，部分发表，新近整理出版。
中国文法通论	刘半农	1918起	北京大学	文法	1919年起北京大学校内印行，铅印本今藏于国家图书馆古籍部，索书号：/字220/927。1919年上海群益书社出版，今《民国丛书》第2编第55卷收录，上海书店出版社1990年版。	为课程自编，随后出版。
中国文学讲授发端	林损	1918起	北京大学	中国文学	校内印行，今《林损集》收录，黄山书社2010年版。	未出版，新近个人文集收录。
文心雕龙讲义	林损	1918起	北京大学	文学概论	校内印行，今《林损集》收录，黄山书社2010年版。	未出版，新近个人文集收录。

(续表)

名称	著者	使用时间	施用院校	施用课程	出版与存藏	类型
永嘉学派通论	林损	1918起	北京大学	唐宋以降文	校内印行,今《林损集》收录,黄山书社2010年版。	未出版,新近个人文集收录。
老子口义	林损	1918起	北京大学	晚周诸子	校内印行,今《林损集》收录,黄山书社2010年版。	未出版,新近个人文集收录。
诗学	黄节	1918起	北京大学	中国诗	1918年起北京大学校内先后印行七版,铅印本今藏于国家图书馆古籍部,索书号:147228\。今《黄节诗学诗律讲义》收录,天津古籍出版社2007年版(依据河北大学韩文佑藏1929年北京大学铅印本整理)。	修改原有讲义(《诗学源流》),随后更名出版。
词余选	吴梅	1919	北京大学	词余选	未出版,手稿今藏于南京大学图书馆。	为课程自编,未出版。
词选及作法	刘毓盘	1919	北京大学	词选及作词法	刘毓盘任教时使用,许之衡接替后继续使用,现存不详。	为课程自编,接替授课者沿用。

(续表)

名称	著者	使用时间	施用院校	施用课程	出版与存藏	类型
文章作法	夏丏尊	1919、1922	长沙第一师范、春晖中学	写作	1926年由开明书店出版。前五章为长沙第一师范讲义,第六章为春晖中学讲义。今"读秀"数据库影印收录。	为课程自编,随后出版。
宋词举	陈匪石	1919—1927	中国大学、华北大学	宋词	1927年将讲义整理成书,1941年在重庆改定,1947年中华书局出版。今有江苏古籍2002年版。	为课程自编,随后整理出版。
词史	刘毓盘	1919起	北京大学	诗词史	北京大学内部印行,1930年经曹聚仁校勘,1931年由上海群众图书公司出版。今有上海书店1985年版。	为课程自编,后经学生整理出版。
高等国文法	杨树达	1919起	北平高等师范学校、清华大学	国文法	1920年由商务印书馆出版。今有上海古籍出版社2007年版。	为课程自编,施用两校,随后出版。

(续表)

名称	著者	使用时间	施用院校	施用课程	出版与存藏	类型
中国文化史	柳诒徵	1919起	南京高等师范学校	中国文化史	1925年起在《学衡》杂志陆续发表,1928年东南大学校内合订印行,1932年由南京钟山书局出版。今有广陵书社1992年版,东方出版社2008年版等。	为课程自编,在报刊陆续发表,随后合订出版。
中国文字学	顾实	1920	东南大学	文字学	1925年作为"东南大学丛书"之一由商务印书馆出版,新近有台湾商务出版公司1977年版。	为课程自编,随后出版。
文学概论讲义	梅光迪	1920	南京高等师范学校	暑期学校	未出版,张其昀课堂笔记今存油印本,藏于国家图书馆古籍部,索书号:106184\。新近有杨寿增、欧梁课堂笔记,刊于《现代中文学刊》第4期。	学生课堂笔记存世。
新文学浅说	胡怀琛	1920	江苏第二师范学校	文学概论	1921年由泰东书局出版。今"读秀"数据库影印收录。	为课程自编,随后出版。

(续表)

名称	著者	使用时间	施用院校	施用课程	出版与存藏	类型
汉书艺文志讲疏	顾实	1920 起	南京高等师范学校	目录学	1922 年起南京高等师范学校校内印行,1924 年由商务印书馆出版。今有上海古籍出版社 1987 年版。	为课程自编,随后出版。
国文选文	吕思勉	1920—1922	沈阳高等师范学校	国文	未出版。今《吕思勉遗文集》收录删节本,华东师范大学出版社 1997 年版;《文学与文选学》收录全本,上海古籍出版社 2010 年版。	为课程自编,新近被专题文集收录。
国语文学史	胡适	1921、1922	1921 年教育部两期国语讲习所、1922 年南开大学暑期学校	国语	1924 年 12 月《国语文学史》大要在《国语月刊》1924 年第 2 期发表,1928 年修改增扩后改名为《白话文学史》由新月书店出版。今《胡适文集》第四卷收录,人民文学出版社 1998 年版。	为课程自编,后修改更名出版。
国语文法讲义	黎锦熙	1920—1924	北京师范大学	国语文法	1924 年商务印书馆以"新著国语文法"为题出版,截至 1950 年先后再版 24 次。新近有上海文艺出版社 1997 年版,湖南文艺出版社 2007 年版。	为课程自编,随后出版。

(续表)

名称	著者	使用时间	施用院校	施用课程	出版与存藏	类型
中国小说史略	鲁迅	1920—1926	北京大学	小说史	北京大学第一院新潮社分别于1923年、1924年分上下册出版,1925年合订本由北新书局出版。后反复再版,今存多个版本。	为课程自编,随后出版。
修辞学发凡	陈望道	1920—1931	复旦大学	修辞学	1923年校内印行,油印本讲义被田汉、汪馥泉、章铁民等用作中学、大学教材,1932年扩充为《修辞学发凡》,由大江书铺出版。今《陈望道文集》第2卷收录,上海人民出版社1980年版。	为课程自编,为多人使用,后修改扩充出版。
作文法讲义	陈望道	1920—1931	复旦大学	作文法	1921年起在《民国日报》副刊连载,1923年由民智书局出版。今《陈望道文集》第2卷收录,上海人民出版社1980年版。	为课程自编,随编随讲(据乐嗣炳回忆)陆续发表,后合并出版。
荀子生平简略	吴虞	1920起	北京大学	荀子	据学生回忆有此讲义,现存不详。	为课程自编,未出版。

（续表）

名称	著者	使用时间	施用院校	施用课程	出版与存藏	类型
中国修辞学研究法	郑奠	1920年代	北京大学	修辞学	北京大学校内印行，未出版，陈望道《修辞学发凡》中有引述。今袁晖《中国修辞学史》有专节介绍，安徽教育出版社1990年版。	为课程自编，未出版。
国语发音学	汪怡	1920起	国语统一筹备会办国语讲习所、北京师范大学	国音	1920—1923年在四届国语讲习所印发，同时在北京师范大学校内印行，1924年由商务印书馆出版。今"读秀"数据库影印收录。	为课程自编，随后出版。
注音符号讲义	汪怡	1920—1930年代	国语统一筹备会办国语讲习所	国语语音	在多届国语讲习所印发，1943年教育总署直辖中国大辞典编纂处出版。今"读秀"数据库影印收录。	为课程自编，随后出版。
中国文学史讲稿上编	胡小石	1920起	北京女子师范大学、金陵大学、东南大学	中国文学史	1928年因有人要窃取出版，匆匆取一学生笔记修改后出版。今《胡小石论文集续编》收录，上海古籍出版社1996年版。	学生笔记修改出版。

(续表)

名称	著者	使用时间	施用院校	施用课程	出版与存藏	类型
修辞学提要	郑权中	1920起	上海交通大学	修辞学	1933年由立达书局出版,未再版。	为课程自编,随后出版。
修辞学	郑权中	1920起	复旦大学	修辞学	1937年由中正书局出版,1946年再版;今"读秀"数据库影印收录1946年版。	为课程自编,随后出版。
说文集注	赵少咸	1920起	成都大学	文字学	未出版,现存不详。	以《说文解字》为课本,配合讲解成《说文集注》,未出版。
国文作法	高语罕	1920起	上海平民女校	写作知识系列演讲	1922年由亚东图书馆出版。今"读秀"数据库影印收录。	为课程自编,随后出版。
中国文词学研究	施畸	1921	广东政法学堂	文章学	1925年由上海出版合作社出版。今"读秀"数据库影印收录。	为课程自编,随后出版。
中国文学通评	胡怀琛	1921	沪江大学	中国文学批评	1923年由上海大东书局出版,现存不详。	为课程自编,随后出版。
国语文法讲义	邹炽昌	1921—1923	广东高等师范学校	国语文法	1925年由商务印书馆出版。今"读秀"数据库影印收录。	为课程自编,随后出版。

（续表）

名称	著者	使用时间	施用院校	施用课程	出版与存藏	类型
定本墨子间诂补正	陈柱尊	1921—1924	无锡国专	墨子	1927年群众图书公司出版《中国学术讨论集》第一集收录。今《民国丛书》第3编收录，上海书店1996年版。	以前人经典（《定本墨子间诂》）为教本，配合教本自编讲义，随后出版。
国学概论	章太炎	1922	江苏教育会邀请所做系列演讲	国学	曹聚仁课堂笔记经整理1922年由上海泰东图书馆出版（今《章太炎讲国学》收录，金城出版社2008年版）；张冥飞课堂笔记经整理1922年平民印书局以《章太炎先生国学讲演集》为题出版。	学生笔记整理出版。
说文略说、声韵略说、尔雅略说	黄侃	1922	武汉大学	文字训诂	校内印行，未出版。今《黄侃论学杂著》收录，上海古籍出版社1980年版。	为课程自编，未出版。
中学以上作文教学法	梁启超	1922	东南大学	暑期学校	1928年由中华书局出版。今《饮冰室合集集外文》收录，北京大学出版社2005年版。	为课程自编，随后出版。

(续表)

名称	著者	使用时间	施用院校	施用课程	出版与存藏	类型
中国韵文里头所表现的情感	梁启超	1922	清华大学	为文学社学生所做系列讲座	未出版。今《梁启超文选》收录,中国广播电视出版社1992年版。	为课程自编,新近为个人文集收录。
读诗札记	俞平伯	1922	上海大学	诗经	1934年由人文书店出版。今《俞平伯自选集》收录,首都师范大学出版社2008年版。	为课程自编,随后出版。
国语文法纲要六讲	黎锦熙	1922—1924	武昌中华大学、河北二师暑期学校	暑期学校	1925年中华书局以"国语文法纲要六讲"为题出版。今"读秀"数据库影印收录中华书局1934年第13版。	为课程自编,随后出版。
小说学	陈景新	1922—1926	上海大学	小说史	1926年由上海泰东书局出版。今《中国文学史书目提要》中有简要介绍,黄山书社1986年版。	为课程自编,随后出版。
词学通论	吴梅	1922起	东南大学	词学	1932年由商务印书馆出版。今《吴梅全集》理论卷收录,河北教育出版社2002年版。	为课程自编,随后出版。

附录 本书涉及民国大学中文学科讲义简况表 | 263

（续表）

名称	著者	使用时间	施用院校	施用课程	出版与存藏	类型
辽金元文学史	吴梅	1922起	东南大学	中国文学史	1934年由商务印书馆出版。今《吴梅全集》理论卷收录，河北教育出版社2002年版。	为课程自编，随后出版。
要辑解题及其读法	梁启超	1923	清华大学	群书概要	未出版。今《梁启超国学讲义》收录，中国书画出版社2010年版。	为课程自编，新近整理出版。
语言学大义、国语概论、音韵沿革、国音、国语话、国语辨音	乐嗣炳	1923	中华书局支持开办培训中小学教师的国语专修学校	语言学	《国语概论》1923年由中华书局出版；《国语话》1926年由中华书局出版。今"读秀"数据库影印收录。	为课程自编，部分内容随后出版。
论诗	吕思勉	1923—1925	江苏第一师范学校	中国文学史（韵文部分）	未出版。今《吕思勉遗文集》上册收录，华东师范大学出版社1997年版。	为课程自编，新近整理出版。
中国文学史选文	吕思勉	1923—1925	江苏第一师范学校	中国文学史（散文部分）	未出版。今《吕思勉遗文集》上册收录，华东师范大学出版社1997年版。	为课程自编，新近整理出版。
国文选文	吕思勉	1923—1925	江苏第一师范学校	国文	未出版。今《文学与文选学》收录，上海古籍出版社2010年版。	为课程自编，新近整理出版。

(续表)

名称	著者	使用时间	施用院校	施用课程	出版与存藏	类型
文心雕龙讲义	李审言	1923—1925	东南大学	文心雕龙	未出版。讲义残页今藏于广东省兴化图书馆。	为课程自编,未出版。
文选萃精说义	李审言	1923—1925	东南大学	文选	未出版。今《李审言文集》上卷收录,江苏古籍出版社1989年版。	为课程自编,新近整理出版。
中国文字变迁考、字例略说、说文解字文考	吕思勉	1923—1925	江苏第一师范学校	小学	《中国文字变迁考》1926年由商务印书馆出版;《字例略说》1927年由商务印书馆出版;《说文解字考》因当时印刷困难未出版。1985年上海教育出版社《文字学四种》收录上述三部讲义,新近有上海古籍出版社2009年版。	为课程自编,随后出版。
国学文选类纂	钱基博	1923起	上海各学校国学演讲	国学演讲	根据国学问题多次演讲的讲稿整理而成,1931年由上海书局出版。全书三卷,今仅存上卷,2010年由华东师范大学出版社出版。	多部讲义合并出版。

(续表)

名称	著者	使用时间	施用院校	施用课程	出版与存藏	类型
杜诗释义	李审言	1924	东南大学	杜子美诗	未出版。今讲义残稿藏于首都图书馆,《李审言评传》对讲义情况有所介绍,中国文联出版社2001年版。	为课程自编,未出版。
中国文学述评	李笠	1924	广东大学	文学概论	1928年由上海雅宬学社出版,未再版。	为课程自编,随后出版。
楚辞讲义	李审言	1924、1926	东南大学	楚辞	未出版。今讲义原稿藏于首都图书馆,《李审言评传》对讲义情况有所介绍,中国文联出版社2001年版。	为课程自编,未出版。
国语文法讲义	黎锦熙	1924—1927	北京师范大学	国语文法	将《马氏文通》中的例句编入著述《新著国语文法》用为讲义,1927年讲义成书《比较文法》,1933年由北平著者书店出版。今《民国丛书》第1编第56卷收录,上海书店1996年版。	扩充原有著述用做讲义,随后更名出版。

(续表)

名称	著者	使用时间	施用院校	施用课程	出版与存藏	类型
声律学讲义	许之衡	1924—1929	北京大学	声律学（1925年后分"中国曲律""中国古乐学"两门课程）	1924年起北京大学校内印行，铅印本今藏于国家图书馆古籍部，索书号：61197\。1930年商务印书馆将《声律学讲义》与《曲史》合并，以《中国音乐小史》为题出版。今上海书店"世纪文库"收录，上海书店出版社2011年版。	为课程自编，随后与其他讲义合并出版。
曲史	许之衡	1924—1930	北京大学	戏曲史	1924年起北京大学校内印行，铅印本今藏于国家图书馆古籍部，索书号：79163\。1930年商务印书馆将《声律学讲义》与《曲史》合并，以《中国音乐小史》为题出版。今上海书店"世纪文库"收录，上海书店出版社2011年版。	为课程自编，随后与其他讲义合并出版。

附录　本书涉及民国大学中文学科讲义简况表

(续表)

名称	著者	使用时间	施用院校	施用课程	出版与存藏	类型
庄子新释外篇、杂篇部分	张默生	1924起	齐鲁大学、河南大学等	庄子	1948年由东方出版社出版。今有齐鲁书社1993年版,新世界出版社2007年版等。	为课程自编,随后出版。
汉书补注补正	杨树达	1924起	北平高等师范学校	汉书	未出版。1955年以《汉书管窥》为题收入《杨树达文集》第10卷,上海古籍出版社1955年版,1984年再版。	为课程自编,后为个人文集收录出版。
墨学十论	陈柱尊	1924起	上海大夏大学	墨子	1926年由商务印书馆出版。今有广西师范大学2010年版。	以前人著作(孙仲容《定本墨子间诂》)为教本,自编讲义(《墨学十论》),又根据教学实践编写新讲义以为补充,随后出版。
中国文学概论	段凌辰	1924起	中州大学	中国文学概论	上卷1929年由瑞安集古斋书社印行,下卷1933年由北平著者书店出版。今有河南大学出版社2013年版。	为课程自编,随后分卷出版。

(续表)

名称	著者	使用时间	施用院校	施用课程	出版与存藏	类型
中国戏曲概论	吴梅	1925	东南大学	戏曲概论	1926年由上海大东书局出版。今《吴梅全集》理论卷收录,河北教育出版社2002年版。	为课程自编,随后出版。
经学概论讲义	王国维	1925	上海商务印书馆函授讲义	函授课程	原稿今藏于国家图书馆。今《艺衡》第2辑收录童岭整理稿,国家图书馆出版社2009年版。	函授讲义。
读书法讲义	梁启超	1925	上海商务印书馆函授讲义	函授课程	今《饮冰室合集集外文》收录,北京大学出版社2005年版。	函授讲义。
小说概论讲义	刘永济	1925	上海商务印书馆函授讲义	函授课程	现存无锡市图书馆。今陈洪主编《民国中国小说史著集成》第四卷收录,南开大学出版社2014年版。	函授讲义。
文学概论讲义	李笠	1925	上海商务印书馆函授讲义	函授课程	未再版,现存不详。	函授讲义。
诗学概论讲义	陈衍	1925	上海商务印书馆函授讲义	函授课程	《陈石遗集》附《陈石遗丛书总目录》存目,福建人民出版社2001年版。	函授讲义。

(续表)

名称	著者	使用时间	施用院校	施用课程	出版与存藏	类型
文心雕龙讲疏	范文澜	1925	南开大学	文心雕龙	1925年由天津新懋印书局出版。今《范文澜全集》第3卷收录,河北教育出版社2002年版。	为课程自编,随后出版。
章句论	吕思勉	1925—1926	上海沪江大学	中国文字学	1926年由商务印书馆出版。今《文字学四种》收录,上海教育出版社1985年版,新近有上海古籍出版社2009年版。	为课程自编,随后出版。
修辞学比兴篇	黎锦熙	1925—1928	北京师范大学	修辞学	1936年由商务印书馆出版,今"读秀"数据库影印收录。	为课程自编,随后出版。
童话概要	赵景深	1925—1930	上海大学	民间文学	1927年由北新书局出版。今"读秀"数据库影印收录。	为课程自编,随后出版。
文学与人生讲义(英文)	吴宓	1925—1937	清华大学(外文系)	文学与人生	1944年出版,出版社不详。今"现代学术经典丛书"收录,河北教育出版社1996年版。	为课程自编,随后出版。
美学讲稿	宗白华	1925—1946	东南大学(为哲学系、中文系、政治系开设)	美学	未出版。今《宗白华全集》第1卷收录,安徽教育出版社1994年版。	为课程自编,新近收录个人全集出版。

(续表)

名称	著者	使用时间	施用院校	施用课程	出版与存藏	类型
艺术学讲稿、艺术学(讲演)	宗白华	1925—1946	东南大学(为哲学系、中文系、政治系开设)	艺术学	未出版。今《宗白华全集》第1卷收录,安徽教育出版社1994年版。	为课程自编,新近收录个人全集出版。
诸子略义	范文澜	1925起	南开大学、北京大学	国学概论	1927年出版,出版社不详。今《范文澜全集》第2卷收录,河北教育出版社2002年版。	为课程自编,随后出版。
中国文学史略	鲁迅	1926	厦门大学	中国文学史	未出版,1947年《鲁迅三十年集》第20卷以"汉文学史纲要"为题收录,鲁迅全集出版社1947年版。今《鲁迅全集》第9卷收录,人民文学出版社1981年版。	为课程自编,更名后收入个人文集出版。
陶集说略	李审言	1926	东南大学	陶诗	未出版,讲义原稿现藏于首都图书馆。《李审言评传》对该讲义有所介绍,中国文联出版社2001年版。	为课程自编,未出版。

(续表)

名称	著者	使用时间	施用院校	施用课程	出版与存藏	类型
王荆公诗补注	李审言	1926	东南大学	王安石诗	未出版,讲义原稿现藏于首都图书馆。《李审言评传》对该讲义有所介绍,中国文联出版社2001年版。	为课程自编,未出版。
甲骨文例	胡小石	1926	金陵大学	甲骨文	校内印行,未出版。今《胡小石论文集三编》收录,上海古籍出版社1995年版。	为课程自编,新近收入个人文集出版。
李杜诗比较	胡小石	1926	金陵大学	李杜诗比较	未出版。今《胡小石文史论丛》收录,南京大学出版社2008年版。	为课程自编,新近收入个人文集出版。
金石学	容庚	1926	北京大学	金石学	1926年起北京大学校内印行,铅印本今藏国家图书馆古籍部,索书号:/古10/953。今《容庚学术著作全集》收录,中华书局2011年版。	为课程自编,新近收入个人全集出版。
词曲史	王易	1926	心远大学	词曲	未出版。今有东方出版社1996年版,江苏教育出版社2005年版。	为课程自编,新近出版。

(续表)

名称	著者	使用时间	施用院校	施用课程	出版与存藏	类型
说文练习笔记	王国维	1926—1927	清华大学	说文	学生刘盼遂课堂笔记整理发表于《国学论丛》1930年第2卷第2期。今"大成老旧刊"数据库影印收录。	学生课堂笔记发表。
观堂学书记	王国维	1926—1927	清华大学	尚书	学生刘盼遂课堂笔记整理发表于《国学论丛》1930年第2卷第2期。今"大成老旧刊"数据库影印收录。	学生课堂笔记发表。
观堂学礼记	王国维	1926—1927	清华大学	礼	学生刘盼遂课堂笔记整理发表于《国学论丛》1928年第1卷第3期。今"大成老旧刊"数据库影印收录。	学生课堂笔记发表。
观堂先生尚书讲授记	王国维	1926—1927	清华大学	尚书	学生吴其昌课堂笔记整理发表于《国学论丛》1928年第1卷第3期。今"大成老旧刊"数据库影印收录。	学生课堂笔记发表。

附录 本书涉及民国大学中文学科讲义简况表 | 273

(续表)

名称	著者	使用时间	施用院校	施用课程	出版与存藏	类型
六艺后论	陈鼎忠	1926—1928	东北大学	经学	1934年中山书局、吉美印书馆同时出版。今"读秀"数据库影印收录。	为课程自编,随后出版。
九经概要	陈鼎忠	1926—1928	东北大学	经学	配合总论编写各经讲义,陆续出版。《孟子概要》1934年由无锡国专出版部出版,今"读秀"影印收录,其他不详。	为课程自编,出版情况多数不详。
中国文学流变史	郑宾于	1926—1928	福建协和大学、向志学院	中国文学史	1930年由北新书局出版。向志学院铅印本今藏于国家图书馆古籍部,索书号:/50245。今《民国丛书》第3编第53卷收录,上海书店出版社1990年版。	为课程自编,随后出版。
修辞学通诠	王易	1926—1933	东南大学	修辞学	1930年由神州国光社出版。今《民国丛书》第2编第57卷收录,上海书店出版社1989年版。	为课程自编,随后出版。

(续表)

名称	著者	使用时间	施用院校	施用课程	出版与存藏	类型
中国文字学形编、中国文字学义编	容庚	1926起	燕京大学	文字学	1931年起燕京大学内部印行，未出版。今《容庚学术著作全集》收录，中华书局2011年版。	为课程自编，新近收入个人全集。
简体字典	容庚	1926起	燕京大学	简笔字	师生课堂讨论整理成讲义，1936年由哈佛燕京学社出版。今《容庚学术著作全集》收录，中华书局2011年版。	课堂讨论整理成讲义，随后出版。
短篇小说讲义	马廉	1926起	北京师范大学、北京大学	小说史	未出版，讲义原稿今藏于南京大学图书馆。今潘建国编著《中国小说文献丛考》第309页《马廉不登大雅堂藏书及其小说研究》对讲义有介绍，中华书局2006年版。	为课程自编，未出版。
老子集训	陈柱尊	1926起	上海大夏大学	老子	1928年由商务印书馆出版。今《民国丛书》第5编第5卷收录，上海书店1996年版。	为课程自编，随后出版。

附录　本书涉及民国大学中文学科讲义简况表 | 275

(续表)

名称	著者	使用时间	施用院校	施用课程	出版与存藏	类型
"古文辞类纂"解题及其读法	钱基博	1926起	上海光华大学	国文	1933年由中山书局出版。今《钱基博集》《集部论稿初编》收录,华中师范大学出版社2012年版。	以前人经典(姚鼐《古文辞类纂》)为教本,自编讲义,随后出版。
韩愈志、韩愈文读	钱基博	1926起	上海光华大学	韩文研究	《韩愈志》1935年由商务印书馆出版;《韩愈文读》1934年由商务印书馆出版。今《钱基博集》《韩愈志、韩愈文读》收录,华中师范大学出版社2012年版。	以原著(《东雅堂韩昌黎集》)为教本,自编讲义,随后出版。
谈中国小说	俞平伯	1927	燕京大学	小说史	未出版。吴福辉主编《20世纪中国小说理论资料》第3卷节选收录,北京大学出版社1997年版。	为课程自编,未出版。
中国戏剧史大纲	卢前	1927	金陵大学	戏剧史	未出版。在学校迁徙中全部遗失。	为课程自编,未出版。

(续表)

名称	著者	使用时间	施用院校	施用课程	出版与存藏	类型
说文古文考	胡小石	1927	第四中山大学	文字学	校内印行,未出版。今《胡小石论文集三编》收录,上海古籍出版社1995年版。	为课程自编,新近收入个人文集出版。
字原学讲义	胡韫玉	1927	上海商务印书馆函授讲义	函授课程	1927年商务印书馆函授讲义丛书出版,现存不详。	函授讲义。
文学入门	方光焘	1927—1928	暨南大学(预科)	文学概论	1930年由开明书店出版。前八章为文学概论课程讲义,其他章节由章克标在出版时增补。今"读秀"数据库收录开明书店1933年第3版,国家图书馆藏开明书店1931年版,中文图书基藏库,索书号:2009\I0\101\\。	为课程自编,随后出版。
诗经讲义稿	傅斯年	1927—1928	中山大学	诗经	未出版。今《傅斯年全集》第2卷收录,欧阳哲生主编,湖南教育出版社2003年版。	为课程自编,新近收入个人全集出版。

(续表)

名称	著者	使用时间	施用院校	施用课程	出版与存藏	类型
中国古代文学史讲义	傅斯年	1927—1928	中山大学	中国文学史	未出版。今《傅斯年全集》第2卷收录,欧阳哲生主编,湖南教育出版社2003年版。	为课程自编,新近收入个人全集出版。
何谓文学	卢前	1927—1929	金陵大学、光华大学	文学概论	1930年由大东书局出版。今《卢前文史论稿》收录,中华书局2006年版。	为课程自编,随后出版。
中国文学史	刘麟生	1927—1931	金陵女子文理学院	中国文学史	1932年由世界书局出版。今"读秀"数据库影印收录。	为课程自编,随后出版。
战国策集解	杨树达	1927起	清华大学	国文选	校内印行,未出版。油印讲义残卷今藏于清华大学图书馆。	为课程自编,随后出版。
古书之句读	杨树达	1927起	清华大学	古书句读法	初以"古书之句读"出版,1934年增加例证后改名为"古书句读法讲义",由商务印书馆出版。今《杨树达文集》第4卷收录,上海古籍出版社1986年版。	为课程自编,随后出版。

(续表)

名称	著者	使用时间	施用院校	施用课程	出版与存藏	类型
古声韵讨论集	杨树达	1927起	清华大学	古文字学	1933年由好望书店出版。新近有台湾学生书局1969年版。	以前人著述（吴承仕《六书条例》）为教本，配合教本自编讲义，随后出版。
"文史通义"解题及其读法	钱基博	1927起	无锡国专	文史通义	1929年由中山书局出版。未再版。	为课程自编，随后出版。
中国近代文学之变迁	陈子展	1927起	上海南国艺术学院	系列文艺讲座	1928年由中华书局出版。后多次再版，现存多个版本。	为课程自编，随后出版。
老学八篇	陈柱尊	1927起	上海大夏大学	老子	1928年由商务印书馆出版。今"读秀"数据库影印收录。	在原有讲义基础上补充新的内容，独立成书出版。
古籍举要	钱基博	1927起	无锡国专	古籍举要	为其侄子陈澧讲授，随记成书《东塾读书记》，后用于无锡国专，1930年上海书局以《后东塾读书记》为名出版。今有广西师大出版社2009年版，岳麓书社2010年版等。	家学随记成书，用于大学任教课程，随后更名出版。

(续表)

名称	著者	使用时间	施用院校	施用课程	出版与存藏	类型
中国文学史简编	陆侃如 冯沅君	1927起	中法大学、中国公学、安徽大学、北京师范大学、北京大学	中国文学史	1932年由开明书店出版，1947年再版。今有作家出版社1957年版，山东画报出版社2007年以《中国文学史二十讲》出版。	为课程自编，随后出版。
唐宋文举要	高步瀛	1927起	北京师范大学	唐宋文学	1935年由北平直隶书局出版。今有上海古籍出版社1982年版。	为课程自编，随后出版。
唐宋诗举要	高步瀛	1927起	北京师范大学	唐宋文学	1935年由北平直隶书局出版。新中国成立后中华书局、上海古籍均重版，但因政治原因删去了一些内容，中国书店2011年版基本恢复了讲义原貌。	为课程自编，随后出版。
中国诗史讲义	王玉章	1927起	复旦大学	诗歌史	校内印行，未出版。1934年复旦大学出版部油印本，现藏于南开大学文学院资料室。	为课程自编，未出版。

（续表）

名称	著者	使用时间	施用院校	施用课程	出版与存藏	类型
南北曲研究讲义	王玉章	1927起	复旦大学	曲学研究	校内印行，未出版。1933年复旦大学出版部油印本，现藏于南开大学文学院资料室。	为课程自编，未出版。
唐五代词、北宋慢词、曲学讲稿	周癸叔	1927起	厦门大学、安徽大学、重庆大学	词曲	未出版，现存不详。	为课程自编，未出版。
礼学略说	黄侃	1928	南京中央大学	礼学通论	未出版。今《黄侃论学杂著》收录，上海古籍出版社1980年版。	未出版，新近个人文集收录。
乐府文学史	罗根泽	1928—1929	河南大学、河北大学	乐府教坊	1931年由北平文化学社出版。今有东方出版社1996年版。	为课程自编，随后出版。
文学概论	孙俍工	1928—1931	复旦大学	文学概论	1933年由广益书局出版，未再版。今《中国现代文学基础理论与批评著译辑要1912—1949》（厦门大学出版社）2009年版有介绍。	为课程自编，随后出版。
荻原朔太郎《诗底原理》	孙俍工	1928—1931	复旦大学	诗歌原理	1933年由中华书局出版。今"读秀"数据库影印收录。	翻译外国理论著作用做讲义并出版。

附录 本书涉及民国大学中文学科讲义简况表 | 281

(续表)

名称	著者	使用时间	施用院校	施用课程	出版与存藏	类型
唐代底劳动文艺	孙俍工	1928—1931	上海劳动大学	中国劳动文艺史	1932年由亚东图书馆出版。今"读秀"数据库影印收录。	为课程自编，随后出版。
唐宋名家词选	龙榆生	1928—1933	上海暨南大学	词选	1934年由商务印书馆出版。今有上海古籍出版社1980年版	为课程自编，随后出版。
目录学发微、古书通例	余嘉锡	1928—1948	辅仁大学、北京大学、中国大学、北京师范大学	目录学	未出版。今有《余嘉锡说文献学》上海古籍出版社2001年版等。	为课程自编，新近整理出版。
文字形义学概论	高亨	1928起	东北大学、河南大学、武汉大学、齐鲁大学、	文字学	1964年首次出版。今《高亨著作集林》第8卷收录,清华大学出版社2004年版。	为课程自编，多年后出版。
文学史纲要	刘永济	1928起	东北大学	文学史	1945年中国文化服务部出版社以"十四朝文学要略"为题出版。今有中华书局2007、2010年版。	为课程自编，随后出版。
唐乐府史纲要	刘永济	1928起	东北大学	乐府史	未出版,现存不详。	为课程自编，未出版。

(续表)

名称	著者	使用时间	施用院校	施用课程	出版与存藏	类型
目录学研究	汪辟疆	1928起	东南大学	目录学	1934年由商务印书馆以"目录学研究"为题出版。今有华东师范大学出版社2000年版。	为课程自编，随后出版。
中国诗歌史讲义	汪辟疆	1928起	东南大学	中国诗歌史	未出版。今《汪辟疆文集》中对该讲义有所介绍，上海古籍出版社1988年版。	为课程自编，未出版。
文字学	汪东	1928起	中央大学	文字学	1933年起中央大学校内印行，未出版。今薛玉坤《南社词人汪东先生著述年表》对该讲义有所介绍，刊于《中国韵文学刊》2012年第1期。	为课程自编，未出版。
小说概论	李何林	1928起	河北女子师范学院	小说	1932年由北平文化学社出版。今"读秀"数据库影印收录。	为课程自编，随后出版。
读诗三札记	黄节	1929	清华大学	曹植诗、阮籍诗、谢灵运诗	萧涤非整理课堂笔记，分别于1930年将前两篇发表于《学衡》第17期，1931年将第3篇发表于《清华大学中国文学会月刊》。今《萧涤非文选》收录，山东大学出版社2006年版。	学生整理课堂笔记发表并出版。

附录　本书涉及民国大学中文学科讲义简况表 | 283

(续表)

名称	著者	使用时间	施用院校	施用课程	出版与存藏	类型
曲学及曲选	许之衡	1929	北京大学	曲学及曲选	1929年起北京大学校内印行,铅印本今藏于国家图书馆古籍部,索书号：79162\。	为课程自编,未出版。
文学概论讲述	姜亮夫	1929	复旦大学	文学概论	修改学生课堂笔记作为讲义补发,1933年正式出版,出版社不详。今《姜亮夫全集》第21卷收录,云南人民出版社2003年版。	修改学生课堂笔记作为讲义补发,随后出版。
文字朴识	姜亮夫	1929、1946	复旦大学、云南大学	甲骨文金文	校内印行,未出版。共14卷,今仅存3卷,《姜亮夫全集》第18卷收录,云南人民出版社2002年版。	为课程自编,未出版,残卷收录个人全集。
东坡乐府笺	龙榆生	1929	上海暨南大学	苏词	1931年编写完成,1936年由商务印书馆出版,1958年再版。今有上海古籍出版社2009年版。	为课程自编,随后出版。
中国文学史纲要（上古至两汉）	游国恩	1929—1931	武汉大学	中国文学史	未出版。今有《游国恩中国文学史讲义》,天津古籍出版社2006年版。	为课程自编,新近整理出版。

(续表)

名称	著者	使用时间	施用院校	施用课程	出版与存藏	类型
楚辞研究	游国恩	1929—1931	武汉大学	楚辞	未出版,现存不详。	为课程自编,未出版。
国文讲义	游国恩	1929—1931	武汉大学	国文	未出版,现存不详。	为课程自编,未出版。
中国小说史	沈从文（与孙俍工合作）	1929—1931	中国公学、武汉大学	中国小说史、小说习作	1931年武汉大学校内印行,未出版。今《沈从文全集》第16卷收录,北岳文艺出版社2009年版。	为课程自编,新近收入个人全集出版。
新文学研究—新诗发展	沈从文	1929—1931	中国公学、武汉大学	新文学研究	1931年武汉大学校内印行,未出版。今《沈从文全集》第16卷收录,北岳文艺出版社2009年版。	为课程自编,新近收入个人全集出版。
老子正诂	高亨	1929—1931	东北大学	老子	1943年由开明书店出版。1956年增订后更名为《重订老子正诂》。今《高亨著作集林》第5卷收录,清华大学出版社2004年版。	原有著述用作讲义,随后出版。
词概	赵万里	1929起	北京大学	词史	北京大学校内印行,未出版,现存不详。	为课程自编,未出版。

(续表)

名称	著者	使用时间	施用院校	施用课程	出版与存藏	类型
词学通论	赵万里	1929 起	北京大学	词学	北京大学校内印行，未出版，现存不详。	为课程自编，未出版。
中国新文学研究纲要	朱自清	1929 起	清华大学	中国新文学研究	校内印行，未出版。今《朱自清全集》第 8 卷收录，江苏教育出版社 1990 年版。	为课程自编，新近收入个人全集出版。
歌谣发凡	朱自清	1929 起	清华大学	歌谣	校内印行，未出版。今以"中国歌谣"为题收入《朱自清全集》第 6 卷，江苏教育出版社 1990 年版。	为课程自编，新近更名后收入个人全集出版。
金石学讲义	陆和九	1929 起	中国大学、辅仁大学	金石学	1929 年起在中国大学、辅仁大学校内印行。今有北京图书馆出版社 2003 年版。	为课程自编，新近整理出版。
声韵学表解	刘赜	1929 起	武汉大学	音韵学	1932 年由商务印书馆出版，后杨树达在北京大学将该书作为讲义印发。今"读秀"数据库影印收录。	为课程自编，随后出版，出版后为他人继续用作讲义。
古今诗选	徐天闵	1929 起	武汉大学	古今诗选	1934 年起武汉大学校内印行，未出版。铅印本今藏于武汉大学图书馆特藏部。	为课程自编，未出版。

(续表)

名称	著者	使用时间	施用院校	施用课程	出版与存藏	类型
词课示例	俞平伯	1930	清华大学	高级作文（词的习作）	校内印行，未出版。今《俞平伯全集》第4卷收录，花山文艺出版社1997年版。在讲义基础上成书《读词偶得》，1934年由开明书店出版。	为课程自编，新近收入个人全集出版。
中国音韵沿革讲义	罗常培	1930	清华大学	中国音韵沿革	1934年商务印书馆将部分讲义以"国音字母演进史"为题出版，1947年再版。1959年北京语言文字改革出版社更名为"汉语拼音字母演进史"再版。	为课程自编，部分出版。
中国目录学纲要	李笠	1930	武汉大学	目录学	1930年在武汉大学校内印行，未见出版，现存不详。	为课程自编，未出版。
明清戏曲史	卢前	1930	成都大学	戏曲	1933年由钟山书店出版，1935年由商务印书馆出版。今《卢前曲学四种》收录，中华书局2006年版。	为课程自编，随后出版。

(续表)

名称	著者	使用时间	施用院校	施用课程	出版与存藏	类型
散曲史	卢前	1930	成都大学	戏曲	1930年在成都大学校内印行,未出版。铅印本今藏于山东大学中文系资料室。	为课程自编,随后出版。
文学概论	许杰	1930	中山大学（预科）	文学概论	未出版,现存不详。今许玄《绵长清溪水 许杰纪传》对该讲义有所介绍,山西人民出版社1999年版。	为课程自编,未出版。
中国文学史讲义	李劼人	1930	成都大学	中国文学史	未出版,现存不详。郑宾于《中国文学流变史》第3册序言对该讲义有所介绍,中州古籍出版社1936年版。	为课程自编,未出版。
戏曲史讲义	钱南扬	1930—1931	武汉大学	戏曲史	武汉大学校内印行,未出版。铅印本今藏于武汉大学图书馆特藏部。讲义节选《戏曲史——宋以前的古剧》收入《武汉大学中文学科90周年论文集萃》武汉大学出版社2008年版。	为课程自编,未出版。

(续表)

名称	著者	使用时间	施用院校	施用课程	出版与存藏	类型
中国声韵学	姜亮夫	1930—1933	上海大夏大学、复旦大学	音韵学	1933年由世界书局出版。今《民国丛书》第2编第53卷收录，上海书店出版社1990年版；《姜亮夫全集》第15卷收录，云南人民出版社2002年版。	为课程自编，随后出版。
甲骨学通论	姜亮夫	1930—1933	上海大夏大学、复旦大学	甲骨学	校内印行，未出版。今"姜亮夫全集"第15卷收录，云南人民出版社2003年版。	为课程自编，新近收入个人全集出版。
文学概论讲义	舒舍予	1930—1934	齐鲁大学	文学概论	校内印行，未出版。1984年由北京出版社出版，新近有复旦大学出版社2004年版等。	为课程自编，新近发现出版。
中国小说史	孙楷第	1930—1937	北京大学、辅仁大学、北京师范大学	中国小说史	1936年编写完成，题为"中国小说史"，未出版。潘建国《古代小说文献丛考》节选收录，中华书局2006年版；陈洪主编《民国中国小说史著集成》（第2卷）收录全本，南开大学出版社2014年版。	为课程自编，新近收入研究文集出版。

(续表)

名称	著者	使用时间	施用院校	施用课程	出版与存藏	类型
文选理学权舆续补	向宗鲁	1930起	重庆大学	文选	授课无讲义,学生笔记整理后作为讲义补发,后遗失。	学生笔记整理成书,遗失,未出版。
目录新答问	黎锦熙	1930起	北京师范大学	目录学	1948年《国立湖南大学文院集刊》第1期《新目录学论丛》卷收录。	参考前人著作(张之洞《目录答问》)编写,随后出版。
中庸注参	陈柱尊	1930起	暨南大学、大夏大学	中庸	1931年由商务印书馆出版,新近有华东师范大学出版社2011年版等。	以前人注本(郑玄注本)为基础,博采众长编写,随后出版。
唐诗校释备课笔记	陈寅恪	1930起	清华大学	唐诗研究	未出版。今《陈寅恪集》讲义及杂稿卷收录,生活·读书·新知三联书店2002年版。	为课程自编,新近收入个人文集出版。
元白诗证史讲义	陈寅恪	1930起	清华大学	元白诗研究	未出版。今《陈寅恪集》讲义及杂稿卷收录,生活·读书·新知三联书店2002年版。	为课程自编,新近收入个人文集出版。

(续表)

名称	著者	使用时间	施用院校	施用课程	出版与存藏	类型
近代文艺思潮	孙席珍	1930起	北京师范大学	近代文艺思潮	1932年由人文书店出版。今《南京大学百年学术精品 中国语言文学卷》节录,南京大学出版社2002年版。	为课程自编,随后出版。
欧洲文学史	孙席珍	1930起	中国大学	西洋文学史	1933年在中国大学校内印行,未出版,现存不详。	为课程自编,未出版。
文学概论	孙席珍	1930起	中国大学	文学概论	1934年在中国大学校内印行,未出版,现存不详。	为课程自编,未出版。
诗歌论	孙席珍	1930起	中国大学	文艺习作	1935年在中国大学校内印行,未出版,现存不详。	为课程自编,未出版。
中国文学史大纲	容肇祖	1930起	岭南大学、辅仁大学	中国文学史	1935年由光明书店出版。今"读秀"数据库影印收录。	为课程自编,随后出版。
清代史籍书目提要讲义	伦明	1930起	辅仁大学	目录学	校内印行,未出版,现存不详。今可据学生傅振伦回忆了解讲义情况。	为课程自编,未出版。
新兴文学概论	谭丕模	1930起	北平师范学校	文学概论	1932年由北平文化学社出版。今"读秀"数据库影印收录。	为课程自编,随后出版。

(续表)

名称	著者	使用时间	施用院校	施用课程	出版与存藏	类型
中国文学史	陈介白	约1930后	北京大学	中国文学史	1937年由北京书店出版,未再版。	为课程自编,随后出版。
文学概论	陈介白	约1930后	北京大学	文学概论	1930年代在北京大学校内印行,未出版。铅印本今藏于国家图书馆古籍部,索书号:79181\。	为课程自编,未出版。
文学原论	孔芥	约1930年代	中山大学	文学概论	1937年由正中书局出版。今"读秀"数据库影印收录。	为课程自编,随后出版。
言语学概论	沈步洲	约1931前	北京大学、北京师范大学	语言学概论	1931年由商务印书馆出版,今"读秀"数据库影印收录。	为课程自编,随后出版。
乐府文学史 连同《何谓乐府及乐府的起源》《南朝乐府中的故事与作者》二文	罗根泽	1931	燕京大学	乐府及乐府史	论文今由《罗根泽古典文学论文集》收录,上海古籍出版社2009年版。	为旧有讲义增加新内容。
小说研究讲义	汪静之	1931	安徽大学	小说研究	校内印行,未出版,现存不详。	为课程自编,未出版。

(续表)

名称	著者	使用时间	施用院校	施用课程	出版与存藏	类型
言语学概论	张世禄	1931—1935	上海暨南大学	言语学	1934年由中华书局出版。今《民国丛书》第1编第51卷收录，上海书店出版社1989年版。	为课程自编，随后出版。
诵帚庵词选	刘永济	1931后	武汉大学	词选	武汉大学校内印行，未出版。讲义原稿今藏于武汉大学图书馆特藏部。新近有《唐五代两宋词简析》上海古籍出版社1981年版，为原讲义精编成书。	为课程自编，未出版，新近精编出版。
中国文学史讲义	游国恩	1931起	青岛大学	中国文学史	校内印行，未出版。今有《游国恩中国文学史讲义》，天津古籍出版社2006年版。	沿用并续写原有讲义，未出版。
中国文学史讲义	浦江清	1931起	清华大学	中国文学史	校内印行，未出版。今《中国文学史讲义(宋元部分)》《中国文学史(明清部分)》依据50年代北京大学中文系授课讲义整理而成，天津古籍出版社2009年版。	为课程自编，未出版。

附录　本书涉及民国大学中文学科讲义简况表 | 293

(续表)

名称	著者	使用时间	施用院校	施用课程	出版与存藏	类型
文心雕龙校释	刘永济	1931起	武汉大学	汉魏六朝文学	1948年由中华书局出版，1962年重印。新近有中华书局2010年版等。	为课程自编，随后出版。
中国文学批评史讲义	朱东润	1931起	武汉大学	中国文学批评史	1932年编写完成，1933、1936进行两次修订，1938年武汉大学校内印行。1933年手写稿讲义今藏于上海市图书馆。近年出版的《中国文学批评史大纲》为1936年版上半部与1933年版下半部组合而成，有多个版本。	为课程自编，新近组合出版。
语音学纲要	张世禄	1931起	上海暨南大学	语音学	1932年由开明书店修改出版。今"读秀"数据库影印收录。	为课程自编，随后修改出版。
中国文学史	苏雪林	1931起	武汉大学	中国文学史	1933年武汉大学校内印行，未出版。铅印本今藏于武汉大学图书馆特藏部。	为课程自编，未出版。
甲骨学文字编	朱芳圃	1931起	河南大学	甲骨学	1933年由上海商务印书馆出版。新近有台湾商务印书馆1983年版。	为课程自编，随后出版。

(续表)

名称	著者	使用时间	施用院校	施用课程	出版与存藏	类型
中国文学史新编	张长弓	1931 起	淮阳师范学院、开封师范学院	中国文学史	1935 年由开明书店出版。今"读秀"数据库影印收录。	为课程自编,随后出版。
《周秦两汉文学批评史》《魏晋六朝文学批评史》	罗根泽	1932	清华大学	中国文学批评史	1934 年由北京同文书店出版,1943 年商务印书馆增加隋唐、晚唐两部分出版,1961 年上海古籍出版社增加两宋部分出版。新近有上海书店 2003 年版。	为课程自编,随后出版,不断扩充内容再版。
甲骨文字研究	商承祚	1932	北京大学、北京师范大学、清华大学	甲骨文	部分讲义遗失,未出版。今天津古籍出版社"老讲义"丛书收录,2008 年出版。	为课程自编,新近整理出版。
八股文小史	卢前	1932	上海暨南大学	明清文学	1937 年由商务印书馆出版。今《卢前文史论稿》收录,中华书局 2006 年版。	为课程自编,随后出版。
文学概论讲义	赵景深	1932	上海文化函授学院	文学概论	现存不详。今赵易林《赵景深的学术道路》附表存目,山西古籍出版社 2004 年版。	函授讲义。

(续表)

名称	著者	使用时间	施用院校	施用课程	出版与存藏	类型
现代文法通论	许杰	1932	安徽大学	语法	未出版，现存不详。许玄《绵长清溪水 许杰纪传》对该讲义有所介绍，山西人民出版社1999年版。	为课程自编，未出版。
近代文艺思潮论	许杰	1932	安徽大学	近代文艺思潮	未出版，现存不详。许玄《绵长清溪水 许杰纪传》对该讲义有所介绍，山西人民出版社1999年版。	为课程自编，未出版。
中国新文学的源流	周作人	1932	辅仁大学	系列演讲	学生邓恭三记录，经周作人两次审阅并做小引后，1932年由北平人文书局出版。今有人民文学1988年版等。	修订学生笔记出版。
民国旧派小说史略	范烟桥	1932	东吴大学	小说	魏绍昌主编《鸳鸯蝴蝶派研究资料》收录，上海文艺出版社1961年版。	为课程自编，后为文集收录。
金石学讲稿	周癸叔	1932—1935	重庆大学	金石学	未出版，现存不详。	为课程自编，未出版。

(续表)

名称	著者	使用时间	施用院校	施用课程	出版与存藏	类型
形名发微	谭戒甫	1932—1938	武汉大学	形名学	1937年发表于武汉大学《文哲季刊》第6卷第3期。科学出版社1957年出版,中华书局1963年出版。	为课程自编,随后发表并出版。
吕子辑校补正	谭戒甫	1932—1938	武汉大学	吕氏春秋	武汉大学校内印行,未出版。铅印本今藏于武汉大学图书馆特藏部。	为课程自编,未出版。
诸子专书研究	谭戒甫	1932—1938	武汉大学	诸子专书研究	武汉大学校内印行,未出版。铅印本今藏于武汉大学图书馆特藏部。	为课程自编,未出版。
诸子概论	谭戒甫	1932—1938	武汉大学	诸子要论	武汉大学校内印行,未出版。铅印本今藏于武汉大学图书馆特藏部。	为课程自编,未出版。
闻一多诗经讲义	闻一多	1932起	清华大学	诗经	未出版。今根据刘晶瑶课堂笔记整理出版,天津古籍出版社2005年版。	学生课堂笔记整理出版。
尚书正读	曾运乾	1932起	中山大学、湖南大学	尚书	校内印行。今有1964年中华书局版,以湖南大学油印讲义为底本,新近有华东师范大学出版社2012年版。	为课程自编,新近整理出版。

(续表)

名称	著者	使用时间	施用院校	施用课程	出版与存藏	类型
汉语音韵学	王力	1932起	清华大学、燕京大学	中国音韵学	1936年由商务印书馆出版。今《王力文集》第4卷收录,山东教育出版社1986年版。	为课程自编,随后出版。
中国语文概论	王力	1932起	燕京大学	中国语文概论	1939年商务印书馆以《汉语讲话》为题出版。今"王力文集"第3卷收录,山东教育出版社1986年版。	为课程自编,更名后出版。
中国二三十年代作家	苏雪林	1932起	武汉大学	新文学研究	陆续发表,未整体出版。1979年广东出版社以"中国二三十年代作家和作品"为题出版,1983年台湾纯文学书社以原题出版。今《苏雪林文集》第3卷收录,安徽文艺出版社1996年版。	为课程自编,陆续发表,后整理出版。
古文字学导论	唐兰	1932起	北京大学	古文字学	1934年讲义汇编出版,出版社不详。1979年上海古籍出版社以"中国文字学"为题修订出版。1981年齐鲁书社影印再版1934年版。	为课程自编,随后出版。

(续表)

名称	著者	使用时间	施用院校	施用课程	出版与存藏	类型
殷墟文字记	唐兰	1932起	北京大学	古文字学	1934年北京大学校内印行。今有中华书局1981年版。	为课程自编,新近整理出版。
古音系研究	魏建功	1932起	北京大学	古音系研究	1935年由北京大学出版部出版。今《魏建功文集》第1卷收录,江苏教育出版社2001年版。	为课程自编,随后出版。
中国金石学	赵万里	1933	清华大学	金石学	清华大学校内印行,未出版,现存不详。	为课程自编,未出版。
读词星语	萧涤非	1933	山东大学	词选	20年代末发表于《清华周刊》,临时用作讲义。今《乐府诗词论薮》收录,齐鲁书社1985年版。	将已发表文章用作讲义。
中国新文学运动史	王哲甫	1933	山西教育学院	新文学	1933年由北平杰成印书局出版。今"读秀"数据库影印收录。	为课程自编,随后出版。
中国文学史略(上册)	齐燕铭	1933	中国大学、中法大学、东北大学	中国文学史	校内印行,未出版,现存不详。今《中国现代文学家辞典》第2册《齐燕铭传略》对该讲义有所介绍,四川人民出版社1992年版。	为课程自编,未出版。

(续表)

名称	著者	使用时间	施用院校	施用课程	出版与存藏	类型
目录学	刘㭎	1933—1941	武汉大学	目录学	1933年起武汉大学校内印行，未出版。铅印本今藏于武汉大学图书馆特藏部。	为课程自编，未出版。
国文选读	刘㭎	1933—1941	武汉大学	国文	1933年起武汉大学校内印行，未出版。铅印本今藏于武汉大学图书馆特藏部。	为课程自编，未出版。
中国训诂学史	胡朴安	1933起	持志大学、暨南大学、大夏大学、上海大学	训诂学	1939年由商务印书馆出版。今"读秀"数据库影印收录。	为课程自编，随后出版。
文艺心理学	朱光潜	1934	清华大学	文艺心理学（研究生课程）	1936年作为教材出版。今《朱光潜全集》第1卷收录，安徽教育出版社1987年版。	原有著述，用作讲义，随后出版。
域外音韵论著述评讲义	罗常培	1934	北京大学	域外音韵论著述评	部分发表，如《高汉本的中国音韵论著提要》（《益世报》读书周刊，1935年第6期），《评吴尔坡齐利的中国音韵学》（《人文科学学报》1937年第1卷第2期，未整体出版。	为课程自编，部分发表，未出版。

(续表)

名称	著者	使用时间	施用院校	施用课程	出版与存藏	类型
四声三问	陈寅恪	1934	清华大学	不详	校内印行,后发表于《新华学刊》第9卷第2期。今《金明馆丛编初编》收录,生活·读书·新知三联书店2001年版。	为课程自编,发表,新近出版。
诗名著选、十六家诗抄	朱自清	1934	清华大学	历代诗选	校内印行,未出版。今《朱自清全集》第7卷收录,江苏教育出版社1990年版。	为课程自编,新近收入个人全集出版。
语音学概论	岑麒祥	1934	中山大学	语音学	1939年中华书局修改后以"语音学概论"为题出版,今有科学出版社1959年版。	为课程自编,修改后更名出版。
中国文艺思潮史略	朱维之	1934—1935	协和大学、沪江大学暑期学校	中国文学史	1939年由开明书店出版。今《民国丛书》第1编第61卷收录,上海书店出版社1989年版。	为课程自编,随后出版。
欧洲文学概论	舒舍予	1934—1936	山东大学	欧洲文学史	校内印行,未出版。仅存第31章"立体主义及其他",今《老舍画传》北京燕山出版社1997年版有介绍。	为课程自编,未出版。

(续表)

名称	著者	使用时间	施用院校	施用课程	出版与存藏	类型
汉魏六朝乐府文学史	萧涤非	1934起	山东大学	乐府文学史	为黄节先生指导下在清华大学完成的毕业论文,1934年修改用作讲义。人民文学出版社1984年出版,新近有人民文学出版社2011年版。	将毕业论文用作讲义,新近出版。
诗论	朱光潜	1935	北京大学	诗论	1943年出版,出版社不详。今《朱光潜全集》第3卷收录,安徽教育出版社1989年版。	旧有著述用作讲义,随后出版。
诗文评钞	朱自清	1935	清华大学	中国文学批评	校内印行,未出版。今《朱自清全集》第12卷收录,江苏教育出版社1990年版。	为课程自编,新近收入个人全集出版。
中国文学批评研究讲义	朱自清	1935	清华大学	中国文学批评	依据学生刘晶雯课堂笔记整理成书,天津古籍出版社"老讲义"丛书收录,2004年出版。	学生笔记整理出版。
作家的条件	汪静之	1935	上海暨南大学	小说通论	在安徽大学《小说研究讲义》的基础上修改而成,1936年由商务印书馆出版。今"读秀"数据库影印收录。	修改原有讲义继续使用,随后出版。

(续表)

名称	著者	使用时间	施用院校	施用课程	出版与存藏	类型
校雠学	向宗鲁	1935起	四川大学	校雠学	1944年由商务印书馆出版。今"读秀"数据库影印收录。	为课程自编，随后出版。
国故论衡疏证	庞石帚	1935起	四川大学	中国文学批评	以古代元典（刘勰《文心雕龙》）和同时代学术经典（章太炎《国故论衡》）为教本，围绕教本撰写《国故论衡疏证》作为讲义，1935年起四川大学校内印行。今有商务印书馆2008年版。	配合教本自编讲义，新近出版。
中国历代文艺文选	蔡尚思	1935起	沪江大学	中国历代诗文选	1936年起沪江大学校内印行，未出版。今"读秀"数据库影印收录。	为课程自编，未出版。
中国声韵学史纲	魏建功	1935起	北京大学	声韵学	1935年由北京大学出版部出版。今《魏建功文集》第1卷收录，江苏教育出版社2001年版。	为课程自编，随后出版。
小说闲话	赵景深	1935起	复旦大学	中国小说研究	1937年由北新书局结集出版。2011年三峡出版社以"古典小说闲话"为题出版。	为课程自编，随后出版。

附录　本书涉及民国大学中文学科讲义简况表 | 303

(续表)

名称	著者	使用时间	施用院校	施用课程	出版与存藏	类型
小说论丛	赵景深	1935 起	复旦大学	中国小说研究	1947 年日新出版社以"小说论丛"为题出版。今"读秀"数据库影印收录。	以经典著作(鲁迅《中国小说史略》)为教本,自编讲义,随后出版。
中国诗歌原理讲义	赵景深	1935 起	复旦大学	中国诗歌研究	校内印行,未出版。现存不详,沈津《书丛老蠹鱼随笔》中有对讲义的介绍,中华书局 2011 年版。	为课程自编,未出版。
宋五家诗钞	朱自清	1936	清华大学	宋诗	校内印行,未出版。今《朱自清全集》第 7 卷收录,江苏教育出版社 1990 年版。	依据古籍(吕留良《宋诗钞》)选编而成,新近收入全集。
新诗讲义	废名	1936—1937	北京大学	现代文艺	1944 年北平新民印书馆以"谈新诗"为题出版,1946 年废名重返北大续编四章,陆续发表。今《废名集》第 4 卷收录,北京大学出版社 2009 年版。	为课程自编,随后出版。

(续表)

名称	著者	使用时间	施用院校	施用课程	出版与存藏	类型
基本国文选文	吕思勉	1937—1938	光华大学	国文	校内印行,未出版。今《吕思勉遗文集》收入删节本,华东师范大学出版社1997年版,新近《文学与文选学》收入全本,上海古籍出版社2010年版。	为课程自编,新近收入文集。
中国文字学	陈梦家	1937—1944	西南联大	文字学	未出版。新近有中华书局2006年版。	为课程自编,新近整理出版。
尚书通论	陈梦家	1937—1944	西南联大	尚书	1957年由商务印书馆出版。著作分通论、专论、讲义三部分,其中第一、三两部分为授课讲义。新近有河北教育出版社2000年版。	为课程自编,后整理出版。
中国文字学概要	杨树达	1937起	湖南大学	文字学大纲	校内印行,未出版。今《杨树达文集》第9卷收录,上海古籍出版社1986年版。	为课程自编,新近收入个人文集出版。
训诂学纲要、训诂学小史	杨树达	1937起	湖南大学	训诂学	校内印行,未出版。今《杨树达文集》第9卷收录,上海古籍出版社1986年版。	为课程自编,新近收入个人文集出版。

(续表)

名称	著者	使用时间	施用院校	施用课程	出版与存藏	类型
淮南子证闻	杨树达	1937起	湖南大学	淮南子	1936年完成，在湖南大学用作《淮南子》课程讲义，1942年修改出版，出版社不详。今《杨树达文集》第11卷收录，上海古籍出版社1986年版。	原有著述用作讲义，修改后出版。
古籍校读法	余嘉锡	1937	辅仁大学、北京大学、中法大学、北京师范大学	古籍校读法	辅仁大学、中法大学校内印行，铅印本今藏于国家图书馆古籍部，索书号：目15/955。今《余嘉锡古籍论丛》收录，北京图书馆出版社2010年版。	为课程自编，新近收入个人文集。
新文学略说	林庚	1937	北平师范大学	新文学史	未出版。《中国现代文学研究丛刊》2011年第1期发表，由潘建国整理。	为课程自编，新近整理发表。
甲骨文蠡测撷要	杨树达	1937起	湖南大学	甲骨文	1945年湖南大学校内印行，未出版，现存不详。	为课程自编，未出版。

(续表)

名称	著者	使用时间	施用院校	施用课程	出版与存藏	类型
中国文法要略	吕叔湘	1938—1940	云南大学	中国文法	讲义扩充后,商务印书馆1942年出版上卷,1944年出版中、下卷。今《吕叔湘全集》第1卷收录,辽宁教育出版社2002年版。	为课程自编,扩充后出版,用作教材。
汉字与汉语的关系、中国文字学发展史	周祖谟	1938—1946	辅仁大学	文字学	校内印行,未出版。天津古籍出版社"老讲义"丛书收录,《周祖谟文字音韵训诂讲义》,周士琦主编,天津古籍出版社2004年版。	为课程自编,新近整理出版。
中国训诂学发展史	周祖谟	1938—1946	辅仁大学	训诂学	校内印行,未出版。天津古籍出版社"老讲义"丛书收录,《周祖谟文字音韵训诂讲义》,周士琦主编,天津古籍出版社2004年版。	为课程自编,新近整理出版。
古代汉语的字音	周祖谟	1938—1946	辅仁大学	音韵学	校内印行,未出版。天津古籍出版社"老讲义"丛书收录,《周祖谟文字音韵训诂讲义》,周士琦主编,天津古籍出版社2004年版。	为课程自编,新近整理出版。

(续表)

名称	著者	使用时间	施用院校	施用课程	出版与存藏	类型
孙子章句训义	钱基博	1938起	国立师范	孙子	1939年作为精忠柏石室丛书出版。1942、1947年增订版由商务印书馆出版。今有华中师范大学2011年版。	为课程自编，随后出版。
中国现代语法	王力	1938起	西南联大	中国现代语法	1939年编写完成，上部1943年由商务印书馆出版，下部1947年由商务印书馆出版。今《王力文集》第1卷、第2卷收录，山东教育出版社1989年版。	为课程自编，随后出版。
汉语诗律学	王力	1938起	西南联大	诗法	1947年整理完成《汉语诗律学》，1958年由新知识出版社出版。今《王力全集》第14、15卷收录，山东教育出版社1989年版。	为课程自编，修改后出版。
词余	吴梅	1939	武汉大学	词学	1939年武汉大学校内印行，未出版。今藏于武汉大学图书馆特藏部。	为课程自编，未出版。

(续表)

名称	著者	使用时间	施用院校	施用课程	出版与存藏	类型
词学研究	詹安泰	1939	中山大学（研究生课程）	词学研究	1940年整理完成《词学研究》，"文革"中部分遗失，剩下七章今收入《詹安泰词学论稿》，广东人民出版社1984年版。	为课程自编，整理后部分收入个人文集。
宋诗钞略	朱自清	1939	西南联大	宋诗	未出版，现存不详。	依据古籍（吕留良《宋诗钞》）选编，未出版。
新文学运动讲义提纲	周扬	1939—1940	鲁迅艺术文学院	新文学	校内印行，未出版。1986年《文学评论》第1、2期连载该讲义的引言和第1、2章。	为课程自编，新近整理发表。
中国小说史	许寿裳	1939—1941	华西大学	中国小说史	手稿，未印行亦未出版。今陈洪主编《民国中国小说史著集成》第10卷收录，南开大学出版社2014年版。	为课程自编，未出版。

(续表)

名称	著者	使用时间	施用院校	施用课程	出版与存藏	类型
中国文学史讲义	钱基博	1939—1942	国立师范	中国文学史	先后完成《先秦两汉魏晋南北朝文学史》《唐代文学史》《宋金元文学史》，明代部分使用1933年出版的《明代文学史》为教本，《清代文学史》个人撰写但"文革"中全部遗失。1993年由中华书局依据国立师范学院铅印讲义出版。	为课程自编，新近整理合并出版。
修辞学讲义	吴世昌	1939—1946	西北联大、中山大学、桂林师院、重庆中央大学	修辞法	未出版。今《吴世昌全集》第10卷收录，河北教育出版社2002年版。	为课程自编，新近收入个人全集出版。
文字学讲义	吴世昌（与许寿裳合作）	1939—1946	西北联大、中山大学、桂林师院、重庆中央大学	文字学	未出版。今《吴世昌全集》第10卷收录，河北教育出版社2002年版。	为课程自编，新近收入个人全集出版。
要籍目录讲稿	吴世昌	1939—1946	西北联大、中山大学、桂林师院、重庆中央大学	要籍目录	未出版。今《吴世昌全集》第10卷收录，河北教育出版社2002年版。	为课程自编，新近收入个人全集出版。

(续表)

名称	著者	使用时间	施用院校	施用课程	出版与存藏	类型
词论	刘永济	1939起	湖南大学、武汉大学	词学	武汉大学内部印行,未出版。1981年上海古籍出版社依据武汉大学铅印讲义结合刘永济批注出版。	为课程自编,新近整理出版。
国学讲述	毛常	1940	为浙赣铁路局职工授课	诸子学	未出版,现存不详。今《毛常教授传略》对该讲义有所介绍,《江山文史资料》第2辑。	为课程自编,未出版。
校雠广义	程千帆	1940—1945	金陵大学、四川大学	校雠学	未出版,"文革"期间遗失,1978年南京大学重开校雠学,回忆旧稿编写讲义,学生笔记经程千帆修订,成书《校雠广义》由齐鲁书社出版。今《程千帆全集》第1、2、3、4卷收录,河北教育出版社2000年版。	为课程自编,未出版。
民族诗歌论集第1、3卷	卢前	1940	国立女子师范学校、广播电台向民众广播	民族诗歌专题讲座	1940年由重庆国民图书出版社出版。今"读秀"数据库影印收录。	为课程自编,随后出版。

附录 本书涉及民国大学中文学科讲义简况表 | 311

(续表)

名称	著者	使用时间	施用院校	施用课程	出版与存藏	类型
毛诗说	曾运乾	1940 起	湖南大学	诗经	校内印行，未出版。1990 年岳麓书社根据讲义和学生笔记整理出版。	为课程自编，新近整理出版。
文字学讲义	管雄	1940 起	重庆中央大学	文字学	未出版，现存不详。其中一篇《文字的公用》曾在《读书通讯》公开发表，今"大成"老旧刊全文数据库影印收录。	为课程自编，未出版。
校雠目录学纂要	蒋伯潜	1941	西南联大		1941 年应朱自清邀请赴西南联大任教前编写完成该讲义，但因交通阻塞未能到达昆明，邮寄给朱自清一稿，1944 年由正中书局出版。新近有北京大学出版社 1990 年版。	为课程自编，未使用，随后出版。
七绝通论	邵祖平	1941	重庆中央大学	诗词	以"七绝诗论"为名刊于《文史》杂志，后与《七绝诗话》合编出版。今有华龄出版社 2009 年版。	为课程自编，合并出版，后被他人(沈祖棻)用作讲义。
杜甫诗法十讲	邵祖平	1941	中央大学师范学院	专家诗	未出版，现存不详。	为课程自编，未出版。

(续表)

名称	著者	使用时间	施用院校	施用课程	出版与存藏	类型
文学论	李广田	1941起	西南联大	文学概论	1946年在清华大学授文学概论时做过修改并最终成稿,"文革"期间遗失。第一部分前三章在云南大学保卫科找到。今《李广田文集》第4卷收录,华夏出版社2000年版。	为课程自编,未出版,部分内容新近收入个人文集。
陶诗杜诗讲义	钱基博	1942	国立师范	陶渊明、杜甫诗歌	未出版。今《钱基博集》第一批书目收录,华中师范大学出版社2007年版。	为课程自编,新近收入个人文集。
七绝诗话	邵祖平	1942	四川大学	诗词	1943年由中国文化服务社成都分社出版,后与《七绝通论》合编出版。今有华龄出版社2009年版。	为课程自编,随后出版,为他人(沈祖棻)用作讲义。
卜辞研究	容庚	1942	北京大学	古文字学	1942年北京大学校内印行,石印本今藏于国家图书馆古籍部,索书号/古200/953。今《容庚学术著作全集》收录,中华书局2011年版。	为课程自编,新近收入个人全集。

(续表)

名称	著者	使用时间	施用院校	施用课程	出版与存藏	类型
神话与古代文化	闻一多	1942	云南省地方干部培训团课程		未出版。今《闻一多全集》第3卷"诗经编"收录,湖北人民出版社2004年版。	为课程自编,新近收入个人全集。
"《红楼梦》与现代生活""注意爱情之人生观""爱情之实况""甄士隐与贾雨村"等	吴宓	1942	西南联大	"《红楼梦》讲坛"七讲	未出版	未出版
文学发凡	程千帆	1942—1944	金陵大学（成都）	文学概论	校内印行,未出版。1948年开明书店以"文论要诠"为题修改出版。今"读秀"数据库影印收录。	为课程自编,修改后出版。
聂考尔《戏剧理论》	陈瘦竹	1942—1947	江安国立剧专	戏剧批评	未出版,今《陈瘦竹戏剧论集》收录,江苏教育出版社1999年版。	翻译外国理论著作(聂考尔《戏剧理论》)用做讲义,新近收入个人文集。

(续表)

名称	著者	使用时间	施用院校	施用课程	出版与存藏	类型
诗经片谈、太白古体诗散论、论杜甫七绝、韩愈诗之修辞、李贺三题、论小李杜、宋诗略说、论王静安、说长吉诗之怪、漫议S氏论中国诗、古代不受禅佛影响的六大诗人、知、觉、情、欣赏、记录、理想	顾随	1942—1947	辅仁大学	诗选	叶嘉莹根据1942—1947年课堂笔记整理而成,《顾随全集三讲录卷》收录,河北教育出版社2000年版。	学生笔记整理出版。
论语六讲、文赋十一讲	顾随	1942—1947	辅仁大学	文学名篇导读	叶嘉莹根据1942—1947年课堂笔记整理而成,《顾随全集三讲录卷》收录,河北教育出版社2000年版。	学生笔记整理出版。

附录 本书涉及民国大学中文学科讲义简况表 | 315

(续表)

名称	著者	使用时间	施用院校	施用课程	出版与存藏	类型
驼庵文话	顾随	1942—1947	辅仁大学	习作	叶嘉莹根据1942—1947年课堂笔记整理而成,《顾随全集三 讲录卷》收录,河北教育出版社2000年版。	学生笔记整理出版。
中国文学史讲授提纲	李嘉言	1942—1950	西北师范大学、河南大学	中国文学史	1951年起河南大学校内印行,未出版。今"读秀"数据库影印收录。	为课程自编,未出版。
中国文学史	姚奠中	1942起	安徽师专、四川白沙女子师范学校、贵阳师范学院、云南大学	中国文学史	长期校内印行,未出版。现存解放初期编写文学史讲义残稿,四部分,《姚奠中讲习文集》第5卷"残稿篇"收录,研究出版社2006年版。	为课程自编,未出版。
神话与诗	闻一多	1943	中法大学	神话与诗	未出版。今《闻一多全集》未刊稿目录中有同题提纲。	为课程自编,未出版。
中国文学史稿	闻一多	1943	中法大学	中国文学史	未出版。今《闻一多全集》第10卷"诗经编"收录,湖北人民出版社2004年版。	为课程自编,新近收入个人全集。

（续表）

名称	著者	使用时间	施用院校	施用课程	出版与存藏	类型
春秋大义述	杨树达	1943	湖南大学	春秋大义	1943年由重庆商务印书馆出版。今《杨树达文集》第11卷收录，上海古籍出版社1986年版。	应抗战需要开设课程，为课程编写讲义，随后出版。
中国戏剧简史	董每戡	1943—1949	东北大学、金陵女子文理学院	中国戏剧史	1949年由商务印书馆出版。今《董每戡文集》上卷收录，广东高等教育出版社1999年版。	为课程自编，随后出版。
楚辞辨名、离骚文例	胡小石	1943起	云南大学	楚辞	校内印行，未出版。今《胡小石论文集》收录，上海古籍出版社1982年版。	为课程自编，新近收入个人文集。
词心笺评	邵祖平	1944、1948	四川大学、重庆大学	长短句	校内印行，未出版。今有复旦大学出版社2011年版。	为课程自编，新近出版。
广校雠记	张舜徽	1944—1946	北平民国学院	读书指导	1945年起校内印行，未出版。今《张舜徽集》第1卷收录，华中师范大学出版社2004年版。	为课程自编，新近收入个人文集。

(续表)

名称	著者	使用时间	施用院校	施用课程	出版与存藏	类型
孙子今说	钱基博	1945	湘中前线为战士讲座	孙子兵法	未独立出版。1947年商务印书馆出版《孙子章句训义》增订版附录收录。	为课程自编,收入个人文集。
杜诗精义	邵祖平	1945	四川大学	专家诗	发表于1945年《东方杂志》第41卷第1期。今"大成"老旧刊全文数据库影印收录。	为课程自编,随后发表。
史通笺记	程千帆	1945起	武汉大学	史通	校内印行,未出版。今有中华书局1980年版。	以古本(浦起龙《史通通释》)为教本,自编讲义,新近整理出版。
中国文学专书选读讲义	刘文典	抗战时期	西南联大	中国文学专书选读	学生郑临川将刘文典讲授温飞卿、李义山作品时的课堂笔记整理成文,以"先师谈诗录"为题发表于《名作欣赏》1985年第3期。	学生笔记整理发表。
中国文学史导论	罗庸	抗战时期	西南联大	中国文学史导论	五华学院1947年编印《五华月刊》收录。今"读秀"数据库影印收录。	为课程自编,随后发表。

(续表)

名称	著者	使用时间	施用院校	施用课程	出版与存藏	类型
笳吹弦诵传薪录	罗庸	抗战时期	西南联大	中古、唐宋文学研究类课程	根据学生郑临川课堂笔记整理而成,上海古籍出版社2004年版。	学生笔记整理出版。
习坎庸言	罗庸	抗战时期	西南联大	为青年教师和研究生开设的国学系列讲座	毁于一场大火,后根据学生李观高笔记整理成书,1998年由独立出版人李安国在台湾地区发行。	学生笔记整理出版。
鸭池十讲	罗庸	抗战时期	昆明各学校和机关	儒学系列讲座	1943年由开明书店整理出版。今有辽宁教育出版社1997年版。	为课程自编,随后出版。
上古音讲义	罗常培	抗战时期	西南联大	上古音	未出版。今第一部分《周秦古音研究述略》收入《罗常培纪念论文集》,商务印书馆1984年版。	为课程自编,部分收入纪念文集。
韵书研究纲目	魏建功	抗战时期	西南联大	韵书研究	未出版。今《魏建功文集》第2卷收录,江苏教育出版社2001年版。	为课程自编,新近收入个人文集。
汉字形体变迁史	魏建功	抗战时期	西南联大	汉字形体变迁史	未出版。今《魏建功文集》第2卷收录,江苏教育出版社2001年版。	为课程自编,新近收入个人文集。

(续表)

名称	著者	使用时间	施用院校	施用课程	出版与存藏	类型
习作举例	沈从文	抗战时期	西南联大	个体文（白话文）写作	以"习作举例"为题刊发于《国文月刊》第1卷第1、2、3期。今"大成"老旧刊数据库影印收录。	为课程自编，随后发表。
词的讲解	浦江清	抗战时期	西南联大	词	1944年发表于《国文月刊》第1卷第28、29、30期。今"大成"老旧刊数据库影印收录。	为课程自编，随后发表。
闻一多先生说唐诗	闻一多	抗战时期	西南联大	唐诗	根据郑临川课堂笔记整理成文，发表于《社会科学辑刊》1979年第4、5期，1980年第1期。	学生笔记整理发表。
十三经概论	蒋伯潜	抗战时期	上海大夏大学、无锡国专	经学通论	1944年由上海世界书局出版。今有上海古籍出版社1983、1986年版。	为课程自编，随后出版。
音韵学讲义	张清常	抗战时期	西南联大	音韵学	未出版。残稿今收入《张清常文集》第4卷，北京语言文化大学出版社2006年版。	为课程自编，新近收入个人文集。

(续表)

名称	著者	使用时间	施用院校	施用课程	出版与存藏	类型
鲁迅小说讲话	许杰	抗战时期	广东文理学院、建阳暨南大学	小说概论、小说做法、小说论	1951年由泥土社出版，1953年再版。新近有陕西人民出版社1981年版、四川人民出版社1985年版等。	为课程自编，随后整理出版。
现代小说过眼录	许杰	抗战时期	广东文理学院、建阳暨南大学	小说戏剧选读	1945年由福建永安立达书店以"现代小说过眼录"为题出版。今"读秀"数据库影印收录。	为课程自编，随后出版。
音乐文学运动、文艺复兴期欧洲文学所见之中国	朱谦之	1946	中山大学	艺术系列讲座	第1篇由《朱谦之文集》第2卷收录，福建教育出版社2002年版；第2篇情况不详。	为课程自编，新近收入个人文集。
汉书艺文志释例	张舜徽	1946—1948	兰州大学	汉书艺文志	1946年编写完成，未出版。1988年整理成书《汉书·艺文志通释》，1990年由湖北人民出版社出版。今《张舜徽集》第1卷收录，华中师范大学出版社2004年版。	为课程自编，新近整理出版。

(续表)

名称	著者	使用时间	施用院校	施用课程	出版与存藏	类型
中国文学史略稿	李长之	1946起	北京师范大学	中国文学史	1954年出版第1、2卷,1956年出版第3卷。今《李长之文集》第5卷收录,河北教育出版社2006年版。	为课程自编,随后出版。
古文字学讲义	殷焕先	1946起	山东大学	古文字学	未出版,现存不详。	为课程自编,未出版。
杜诗体别讲义	萧涤非	1947起	山东大学	杜诗体别	未出版,现存不详。黑龙江教育出版社2006年出版《萧涤非杜甫研究全集》上卷之"杜甫研究续编"收入该讲义的提纲和引言。	为课程自编,未出版。
中国新文学史稿	王瑶	1948—1950	清华大学	中国新文学史	1954年由新文艺出版社出版。今《王瑶全集》第3卷收录,河北教育出版社2000年版。	为课程自编,随后出版。

参 考 文 献①

一、讲义类

[1] 朱自清.中国文学史讲稿[M].手稿.1947年9月.清华大学档案馆存藏.盒号:231 档号:16011612

[2] 龚道耕.中国文学史略论[M].油印本.1925.国家图书馆古籍部存藏.索书号:79168

[3] 马裕藻.声韵学概要[M].北京大学出版部铅印本.国家图书馆古籍部存藏.索书号:150/92334

[4] 沈兼士.文字形义学[M].北京大学出版部铅印本.国家图书馆古籍部存藏.索书号:100/92464

[5] 朱希祖.中国文学史要略[M].北京大学出版部铅印本.国家图书馆古籍部存藏.索书号:79168

[6] 朱宗莱.文字学形义篇[M].北京大学出版部铅印本.国家图书馆古籍部存藏.索书号:XD8206

[7] 钱玄同.文字学音篇[M].北京大学出版部铅印本.国家图书馆古籍部存藏.索书号:XD8208

[8] 吴梅.词余讲义[M].北京大学出版部铅印本.国家图书馆古籍部存藏.索书号:96396

[9] 陈汉章.尔雅学讲义[M].北京大学出版部铅印本.北京大学图书馆存藏

[10] 魏建功.古音系研究[M].北京大学出版部铅印本.北京大学图书馆存藏.索书号:11390417091

---

① 1.根据本文具体情况,参考文献分为讲义、史传、论著三类;2.因本文未直接参考引用研究论文(绪论部分有述ของ),故未列出;3.讲义类以讲义原稿、学校内部印行本、初版本、独立著作本、全集收录本等为序;4.史传类包括民国大学校刊、校史资料、讲义作者日记、年谱、传记、回忆录等;5.论著类依本文参照程度为序。

[11] 吴梅.曲选[M].第一中山大学出版部铅印本.北京大学图书馆存藏

[12] 刘半农.中国文法通论[M].北京大学出版部铅印本.国家图书馆古籍部存藏.索书号:字220/927

[13] 黄节.诗学[M].北京大学出版部铅印本.国家图书馆古籍部存藏.索书号:147228

[14] 梅光迪.文学概论讲义[M].油印本.国家图书馆古籍部存藏.索书号:106184

[15] 许之衡.声律学讲义[M].北京大学出版部铅印本.国家图书馆古籍部存藏.索书号:61197

[16] 许之衡.曲史[M].北京大学出版部铅印本.国家图书馆古籍部存藏.索书号:79163

[17] 许之衡.曲学及曲选[M].北京大学出版部铅印本.国家图书馆古籍部存藏.索书号:79162

[18] 容庚.金石学[M].北京大学出版部铅印本.国家图书馆古籍部存藏.索书号:古10/953

[19] 容庚.卜辞研究[M].北京大学出版部石印本.国家图书馆古籍部存藏.索书号:古200/953

[20] 郑宾于.中国文学流变史[M].向志学院铅印本.国家图书馆古籍部存藏.索书号:/50245

[21] 徐天闵.古今诗选[M].武汉大学出版部铅印本.武汉大学图书馆特藏部存藏.索书号:002.411788

[22] 钱南扬.戏曲史讲义[M].武汉大学出版部铅印本.武汉大学图书馆特藏部存藏.索书号:002.4118345

[23] 陈介白.文学概论[M].北京大学出版部铅印本.国家图书馆古籍部存藏.索书号:79181

[24] 朱东润.中国文学批评史讲义[M].武汉大学出版部铅印本.武汉大学图书馆特藏部存藏.索书号:002.4112543

[25] 苏雪林.中国文学史[M].武汉大学出版部铅印本.武汉大学图书馆特藏部存藏.索书号:002.411544—22

[26] 谭戒甫.诸子专书研究[M].武汉大学出版部铅印本.武汉大学图书馆特藏部存藏.索书号:002.411182—15

[27] 刘异.目录学[M].武汉大学出版部铅印本.武汉大学图书馆特藏部存藏.索书号:002.4117260

[28] 刘异.国文选读[M].武汉大学出版部铅印本.武汉大学图书馆特藏部

存藏.索书号:002.4117260

[29] 余嘉锡.古籍校读法[M].中法大学铅印本.国家图书馆古籍部存藏.索书号:15/955

[30] 吴梅.曲学通论[M].东南大学出版部铅印本.南开大学文学院资料室存藏.索书号:990215

[31] 吴梅.曲学通论续编[M].东南大学出版部铅印本.南开大学文学院资料室存藏.索书号:990216

[32] 王玉章.南北曲研究讲义[M].复旦大学出版部油印本.南开大学文学院资料室存藏.索书号:990262

[33] 王玉章.中国诗史讲义[M].复旦大学出版部油印本.南开大学文学院资料室存藏.索书号:990267

[34] 蔡尚思.中国历代文艺文选[M].沪江大学出版部铅印本.读秀数据库收录

[35] 李嘉言.中国文学史讲授提纲[M].河南大学出版部铅印本.读秀数据库收录

[36] 姚永朴.文学研究法[M].北京:商务印书馆,1916

[37] 龚自知.文章学初编[M].北京:商务印书馆,1926

[38] 夏丏尊.文章作法(第八版)[M].上海:开明书店,1930

[39] 顾实.中国文字学[M].北京:商务印书馆,1925

[40] 杨树达.高等国文法[M].北京:商务印书馆,1920

[41] 胡怀琛.新文学浅说[M].上海:泰东图书局,1921

[42] 汪怡.国语发音学[M].北京:商务印书馆,1924

[43] 陈柱尊.墨学十论[M].北京:商务印书馆,1926

[44] 范文澜.文心雕龙讲疏[M].天津:天津新懋印书局,1925

[45] 吕思勉.章句论[M].北京:商务印书馆,1926

[46] 黎锦熙.修辞学比兴篇[M].北平:商务印书馆,1936

[47] 赵景深.童话概要[M].北京:北新书局,1927

[48] 方光焘.文学入门[M].上海:开明书店,1933

[49] 刘麟生.中国文学史[M].上海:世界书局,1932

[50] 陈柱尊.老学八篇[M].北平:商务印书馆,1928

[51] 陆侃如,冯沅君.中国文学史简编[M].上海:开明书店,1932

[52] 孙俍工译.诗底原理[M].原著〔日〕荻原朔太郎.北平:中华书局,1933

[53] 孙俍工.唐代底劳动文艺[M].上海:亚东图书馆,1932

[54] 李何林.小说概论[M].北平:北平文化学社,1932

[55] 刘赜.声韵学表解[M].北平:商务印书馆,1932

[56] 容肇祖.中国文学史大纲[M].上海:光明书店,1935

[57] 孔芥.文学原论[M].南京:正中书局,1937

[58] 沈步洲.言语学概论[M].北平:商务印书馆,1931

[59] 张世禄.语音学纲要[M].上海:开明书店,1932

[60] 黎锦熙.国语文法纲要[M].北平:中华书局,1934

[61] 张长弓.中国文学史新编[M].上海:开明书店,1935

[62] 卢前.八股文小史[M].上海:商务印书馆,1937

[63] 王哲甫.中国新文学运动史[M].北平:杰成印书局,1933

[64] 胡朴安.中国训诂学史[M].北平:商务印书馆,1939

[65] 汪静之.作家的条件[M].北平:商务印书馆,1936

[66] 赵景深.古小说论丛[M].北平:日新出版社,1947

[67] 卢前.民族诗歌论集(第1、3卷)[M].重庆:重庆国民图书出版社,1940

[68] 程千帆.文论要诠[M].上海:开明书店,1948

[69] 许杰.现代小说过眼录[M].上海:永安立达书店,1945

[70] 王国维.说文练习笔记[J].刘盼遂整理.国学论丛,1930—2(2)

[71] 王国维.观堂学书记[J].刘盼遂整理.国学论丛,1930—2(2)

[72] 王国维.观堂学礼记[J].刘盼遂整理.国学论丛,1928—1(3)

[73] 王国维.观堂先生尚书讲授记[J].吴其昌整理.国学论丛,1928—1(3)

[74] 邵祖平.杜诗精义[J].东方杂志,1945—1(41)

[75] 罗庸.中国文学史导论[J].五华月刊,1947

[76] 沈从文.习作举例[J].国文月刊,1940—1(1)(2)(3)

[77] 浦江清.词的讲解[J].国文月刊,1944—1(28)(29)(30)

[78] 刘半农.中国文法通论[M].民国丛书.第2编第55卷.上海:上海书店出版社,1990

[79] 黎锦熙.新著国语文法[M].民国丛书.第5编第47卷.上海:上海书店出版社,1996

[80] 胡适.白话文学史[M].民国丛书.第1编第57卷.上海:上海书店出版社,1989

[81] 黎锦熙.比较文法[M].民国丛书.第1编第56卷.上海:上海书店出版社,1996

[82] 郑宾于.中国文学流变史[M].民国丛书.第3编第53卷.上海:上海书店出版社,1990

[83] 王易.修辞学通诠[M].民国丛书.第2编第57卷.上海:上海书店出版

社,1989

[84] 陈柱尊.老子集训[M].民国丛书.第5编第5卷.上海:上海书店出版社,1996

[85] 张世禄.言语学概论.民国丛书.第1编第51卷.上海:上海书店出版社,1989

[86] 朱维之.中国文艺思潮史略[M].民国丛书.第1编第61卷.上海:上海书店出版社,1989

[87] 黄侃.文心雕龙札记[M].上海:上海古籍出版社,2000

[88] 黄侃.黄季刚诗文钞[M].武汉:湖北人民出版社,1985

[89] 林传甲.中国文学史[M].陈平原辑.早期北大文学史讲义三种.北京:北京大学出版社,2005

[90] 朱希祖.中国文学史要略[M].陈平原辑.早期北大文学史讲义三种.北京:北京大学出版社,2005

[91] 吴梅.中国文学史(自唐迄清)[M].陈平原辑.早期北大文学史讲义三种.北京:北京大学出版社,2005

[92] 刘师培.中国中古文学史·汉魏六朝专家文研究[M].北京:商务印书馆,2010

[93] 黄节.黄节诗学选刊[M].北京:中华书局,2008

[94] 黄节.黄节诗学诗律讲义[M].天津:天津古籍出版社,2007

[95] 陈匪石.宋词举[M].南京:江苏古籍出版社,2002

[96] 刘毓盘.词史[M].上海:上海书店出版社,1985

[97] 柳诒徵.中国文化史[M].北京:东方出版社,2008

[98] 顾实.汉书艺文志讲疏[M].上海:上海古籍出版社,1987

[99] 鲁迅.中国小说史略[M].上海:上海古籍出版社,1998

[100] 钱基博.国学文选类纂[M].上海:华东师范大学出版社,2012

[101] 许之衡.中国音乐小史[M].上海:上海书店出版社,2011

[102] 张默生.庄子新释[M].济南:齐鲁书社,1993

[103] 王易.词曲史[M].北京:东方出版社,1996

[104] 陈子展.中国近代文学之变迁·最近三十年中国文学史[M].上海:上海古籍出版社,2000

[105] 高步瀛.唐宋文举要[M].上海:上海古籍出版社,1982

[106] 高步瀛.唐宋诗举要[M].北京:中国书店,2011

[107] 罗根泽.乐府文学史[M].北京:东方出版社,1996

[108] 龙榆生.唐宋名家词选[M].上海:上海古籍出版社,1980

[109] 余嘉锡.余嘉锡说文献学[M].上海:上海古籍出版社,2001

[110] 刘永济.十四朝文学要略[M].北京:中华书局,2010

[111] 汪辟疆.目录学研究[M].上海:华东师范大学出版社,2000

[112] 龙榆生.东坡乐府笺[M].上海:上海古籍出版社,2009

[113] 游国恩.游国恩中国文学史讲义[M].天津:天津古籍出版社,2006

[114] 陆和九.金石学讲义[M].北京:北京图书馆出版社,2003

[115] 罗常培.汉语拼音字母演进史[M].北京:文字改革出版社,1959

[116] 舒舍予.文学概论讲义[M].北京:北京出版社,1984

[117] 陈柱尊.中庸注参[M].上海:华东师范大学出版社,2011

[118] 刘永济.文心雕龙校释[M].北京:中华书局,2010

[119] 朱东润.中国文学批评史大纲[M].上海:上海古籍出版社,2001

[120] 朱芳圃.甲骨学文字编[M].台北:台湾商务印书馆出版有限公司,2011

[121] 商承祚.甲骨文字研究[M].天津:天津古籍出版社,2008

[122] 周作人.中国新文学的源流[M].北京:人民文学出版社,1988

[123] 闻一多.闻一多诗经讲义[M].天津:天津古籍出版社,2005

[124] 曾运乾.尚书正读[M].上海:华东师范大学出版社,2012

[125] 唐兰.古文字学导论[M].济南:齐鲁书社,1981

[126] 唐兰.殷墟文字记[M].北京:中华书局,1981

[127] 岑麒祥.语音学概论[M].北京:科学出版社,1959

[128] 萧涤非.汉魏六朝乐府文学史[M].北京:人民文学出版社,2011

[129] 朱自清.中国文学批评研究讲义[M].天津:天津古籍出版社,2004

[130] 庞石帚.国故论衡疏证[M].北京:商务印书馆,2008

[131] 赵景深.古典小说闲话[M].北京:中国三峡出版社,2011

[132] 陈梦家.中华文字学[M].北京:中华书局,2006

[133] 陈梦家.尚书通论[M].石家庄:河北教育出版社,2000

[134] 周祖谟.周祖谟文字音韵训诂讲义[M].天津:天津古籍出版社,2004

[135] 钱基博.孙子章句训义[M].武汉:华中师范大学出版社,2011

[136] 钱基博.中国文学史讲义[M].北京:中华书局,1993

[137] 刘永济.词论[M].上海:上海古籍出版社,1984

[138] 曾运乾.毛诗说[M].长沙:岳麓书社,1990

[139] 蒋伯潜.校雠目录学纂要[M].北京:北京大学出版社,1990

[140] 邵祖平.七绝通论[M].北京:华龄出版社,2009

[141] 钱基博.陶诗杜诗讲义[M].武汉:华中师范大学出版社,2007

[142] 邵祖平.词心笺评[M].上海:复旦大学出版社,2011
[143] 程千帆.史通笺记[M].北京:中华书局,1980
[144] 罗庸.笳吹弦诵传薪录.上海:上海古籍出版社,2004
[145] 罗庸.鸭池十讲[M].沈阳:辽宁教育出版社,1997
[146] 蒋伯潜.十三经概论[M].上海:上海古籍出版社,1986
[147] 许杰.鲁迅小说讲话[M].成都:四川人民出版社,1985
[148] 张舜徽.汉书艺文志通释[M].武汉:湖北人民出版社,1990
[149] 王国维.经学概论讲义[M].艺衡(第二辑).北京:国家图书馆出版社,2009
[150] 林庚.新文学略说[J].中国现代文学研究丛刊,2011(1)
[151] 周扬.新文学运动讲义提纲[J].文学评论,1986(1—2)
[152] 刘文典.中国文学专书选读讲义[J].郑临川整理.名作欣赏,1985(3)
[153] 闻一多.闻一多先生说唐诗[J].郑临川整理.社会科学辑刊,1979(4、5),1980(1)
[154] 陆宗达.声韵学[M].陶廖整理.辅仁师法.北京:东方出版社,2011
[155] 萧璋.声韵学[M].陶廖整理.辅仁师法.北京:东方出版社,2011
[156] 萧璋.语文要辑评介[M].陶廖整理.辅仁师法.北京:东方出版社,2011
[157] 唐兰.说文讲读[M].陶廖整理.辅仁师法.北京:东方出版社,2011
[158] 周祖谟.古韵源流[M].陶廖整理.辅仁师法.北京:东方出版社,2011
[159] 周祖谟.等韵源流[M].陶廖整理.辅仁师法.北京:东方出版社,2011
[160] 余嘉锡.读书指导[M].陶廖整理.辅仁师法.北京:东方出版社,2011
[161] 余嘉锡.史通[M].陶廖整理.辅仁师法.北京:东方出版社,2011
[162] 龚道耕.中国文学史略论[M].李冬梅选编.龚道耕儒学论集.成都:四川大学出版社,2010
[163] 沈兼士.文字形义学[M].葛益信,启功整理.沈兼士学术论文集.北京:中华书局,1986
[164] 刘师培.文心雕龙讲录二种[M].陈引驰编校.刘师培中古文学论集.北京:中国社会科学出版社,1997
[165] 吕思勉.章句论[M].文字学四种.上海:上海古籍出版社,2009
[166] 卢前.何谓文学[M].卢前文史论稿.北京:中华书局,2006
[167] 卢前.明清戏曲史[M].卢前曲学四种.北京:中华书局,2006
[168] 罗根泽.何谓乐府及乐府的起源,南朝乐府中的故事与作者[C].罗根泽古典文学论集.上海:上海古籍出版社,2009

[169] 萧涤非.读词星语[M].乐府诗词论薮.济南:齐鲁书社,1985

[170] 詹安泰.词学研究[G].汤擎民整理.詹安泰词学论稿.广州:广东人民出版社,1984

[171] 钱玄同.文字学音篇[M].钱玄同文集(第4卷).北京:中国人民大学出版社,1999

[172] 吴梅.词余讲义[M].吴梅全集(理论卷).石家庄.河北教育出版社,2002

[173] 吴梅.词学通论[M].吴梅全集(理论卷).石家庄.河北教育出版社,2002

[174] 吴梅.辽金元文学史[M].吴梅全集(理论卷).石家庄.河北教育出版社,2002

[175] 吴梅.中国戏曲概论[M].吴梅全集(理论卷).石家庄.河北教育出版社,2002

[176] 林损.中国文学讲授发端[M].陈肖粟,陈镇波编校.林损集.合肥:黄山书社,2010

[177] 林损.文心雕龙讲义[M].陈肖粟,陈镇波编校.林损集.合肥:黄山书社,2010

[178] 林损.永嘉学派通论[M].陈肖粟,陈镇波编校.林损集.合肥:黄山书社,2010

[179] 林损.老子口义[M].陈肖粟,陈镇波编校.林损集.合肥:黄山书社,2010

[180] 陈望道.修辞学发凡[M].复旦大学语言研究室编.陈望道文集(第2卷).上海:上海人民出版社,1980

[181] 陈望道.作文法讲义[M].复旦大学语言研究室编.陈望道文集(第2卷).上海:上海人民出版社,1980

[182] 胡小石.中国文学史讲稿上编[M].胡小石论文集续编.上海:上海古籍出版社,1996

[183] 梁启超.中学以上作文教学法[M].饮冰室合集集外文.北京:北京大学出版社,2005

[184] 俞平伯.读诗札记[M].俞平伯自选集.北京:首都师范大学出版社,2008

[185] 李审言.文选萃精说义[M].李稚甫编校.李审言文集(上卷).南京:江苏古籍出版社,1989

[186] 杨树达.汉书补注补正[M].杨树达文集(第10卷).上海:上海古籍出

版社,1986

[187] 杨树达.古书之句读[M].杨树达文集(第4卷).上海:上海古籍出版社,1986

[188] 杨树达.中国文字概要[M].杨树达文集(第9卷).上海:上海古籍出版社,1986

[189] 杨树达.训诂学纲要[M].杨树达文集(第9卷).上海:上海古籍出版社,1986

[190] 杨树达.训诂学小史[M].杨树达文集(第9卷).上海:上海古籍出版社,1986

[191] 杨树达.春秋大义述[M].杨树达文集(第11卷).上海:上海古籍出版社,1986

[192] 杨树达.淮南子证闻[M].杨树达文集(第11卷).上海:上海古籍出版社,1986

[193] 陈衍.诗学概论讲义[M].陈石遗集.福州:福建人民出版社,2001

[194] 宗白华.美学讲稿[M].林同华主编.宗白华全集(第1卷).合肥:安徽教育出版社,1994

[195] 宗白华.艺术学讲稿[M].林同华主编.宗白华全集(第1卷).合肥:安徽教育出版社,1994

[196] 范文澜.诸子略义[M].范文澜全集(第2卷).石家庄:河北教育出版社,2002

[197] 范文澜.文心雕龙讲疏[M].范文澜全集(第3卷).石家庄:河北教育出版社,2002

[198] 鲁迅.汉文学史纲要[M].鲁迅全集(第9卷).北京:人民文学出版社,1981

[199] 胡小石.甲骨文例[M].胡小石论文集(三编).上海:上海古籍出版社,1995

[200] 胡小石.说文古文考[M].胡小石论文集(三编).上海:上海古籍出版社,1995

[201] 胡小石.李杜诗比较[M].周勋初编.胡小石文史论丛.南京:南京大学出版社,2008

[202] 容庚.金石学[M].容庚学术著作全集.北京:中华书局,2011

[203] 容庚.中国文字学形编[M].容庚学术著作全集.北京:中华书局,2011

[204] 容庚.中国文字学义编[M].容庚学术著作全集.北京:中华书局,2011

[205] 容庚.简体字典[M].容庚学术著作全集.北京:中华书局,2011

[206] 容庚.卜辞研究[M].容庚学术著作全集.北京:中华书局,2011

[207] 钱基博.古文辞类纂解题及其读法[M].傅宏星校订.钱基博集(集部论稿初编).武汉:华中师范大学出版社,2012

[208] 钱基博.韩愈志·韩愈文读[M].傅宏星校订.钱基博集(韩愈志·韩愈文读).武汉:华中师范大学出版社,2013

[209] 傅斯年.诗经讲义稿[M].欧阳哲生主编.傅斯年全集(第2卷).长沙:湖南教育出版社,2003

[210] 高亨.文字形义学概论[M].董治安编.高亨著作集林(第8卷).北京:清华大学出版社,2004

[211] 高亨.老子证诂[M].董治安编.高亨著作集林(第5卷).北京:清华大学出版社,2004

[212] 汪辟疆.中国诗歌史讲义[M].汪辟疆文集.上海:上海古籍出版社,1988

[213] 萧涤非.读诗三札记[M].萧光乾主编.萧涤非文选.济南:山东大学出版社,2006

[214] 姜亮夫.文学概论讲述[M].姜亮夫全集(第21卷).昆明:云南人民出版社,2003

[215] 姜亮夫.文字朴识[M].姜亮夫全集(第18卷).昆明:云南人民出版社,2003

[216] 姜亮夫.中国声韵学[M].姜亮夫全集(第15卷).昆明:云南人民出版社,2003

[217] 姜亮夫.甲骨学通论[M].姜亮夫全集(第15卷).昆明:云南人民出版社,2003

[218] 沈从文.中国小说史[M].沈从文全集(第16卷).太原:北岳文艺出版社,2009

[219] 沈从文.新文学研究—新诗发展[M].沈从文全集(第16卷).太原:北岳文艺出版社,2009

[220] 朱自清.中国新文学研究纲要[M].朱乔森编.朱自清全集(第8卷).南京:江苏教育出版社,1990

[221] 朱自清.歌谣发凡[M].朱乔森编.朱自清全集(第6卷).南京:江苏教育出版社,1990

[222] 朱自清.诗名著选·十六家诗钞[M].朱乔森编.朱自清全集(第7卷).南京:江苏教育出版社,1990

[223] 朱自清.诗文评钞[M].朱乔森编.朱自清全集(第12卷).南京:江苏教

育出版社,1990

[224] 朱自清.宋五家诗钞[M].朱乔森编.朱自清全集(第7卷).南京:江苏教育出版社,1990

[225] 俞平伯.词课示例[M].孙玉蓉等编.俞平伯全集(第4卷).石家庄:花山文艺出版社,1997

[226] 陈寅恪.唐诗校释备课笔记[M].陈美延编.陈寅恪集(讲义及杂稿).北京:生活·读书·新知三联书店,2002

[227] 陈寅恪.元白诗证史讲义[M].陈美延编.陈寅恪集(讲义及杂稿).北京:生活·读书·新知三联书店,2002

[228] 王力.汉语音韵学[M].王力文集(第4卷).济南:山东教育出版社,1986

[229] 王力.中国语文概论[M].王力文集(第3卷).济南:山东教育出版社,1986

[230] 王力.中国现代语法[M].王力文集(第1卷).济南:山东教育出版社,1984

[231] 王力.汉语诗律学[M].王力文集(第14、15卷).济南:山东教育出版社,1989

[232] 苏雪林.中国二三十年代作家[M].沈辉编.苏雪林文集(第3卷).合肥:安徽文艺出版社,1996

[233] 魏建功.古音系研究[M].魏建功文集(第1卷).南京:江苏教育出版社,2001

[234] 魏建功.中国声韵学史纲[M].魏建功文集(第1卷).南京:江苏教育出版社,2001

[235] 魏建功.韵书研究纲目[M].魏建功文集(第2卷).南京:江苏教育出版社,2001

[236] 魏建功.汉字形体变迁史[M].魏建功文集(第2卷).南京:江苏教育出版社,2001

[237] 朱光潜.文艺心理学[M].朱光潜全集(第1卷).合肥:安徽教育出版社,1987

[238] 朱光潜.诗论[M].朱光潜全集(第3卷).合肥:安徽教育出版社,1987

[239] 废名.新诗讲义[M].王风编.废名集(第4卷).北京:北京大学出版社,2009

[240] 吕叔湘.中国文法要略[M].吕叔湘全集(第1卷).沈阳:辽宁教育出版社,2002

[241] 吴世昌.修辞学讲义[M].吴令华主编.吴世昌全集(第10卷).石家庄:河北教育出版社,2002

[242] 吴世昌.文字学讲义[M].吴令华主编.吴世昌全集(第10卷).石家庄:河北教育出版社,2002

[243] 吴世昌.要辑目录讲稿[M].吴令华主编.吴世昌全集(第10卷).石家庄:河北教育出版社,2002

[244] 程千帆.校雠广义[M].徐有富撰.程千帆全集(第1、3、4卷).石家庄:河北教育出版社,2002

[245] 李广田.文学论[M].李广田文集(第4卷),北京:华夏出版社,2000

[246] 闻一多.神话与古代文化[M].孔党伯,袁謇正主编.闻一多全集(第3卷).武汉:湖北人民出版社,2004

[247] 闻一多.中国文学史稿[M].孔党伯,袁謇正主编.闻一多全集(第10卷).武汉:湖北人民出版社,2004

[248] 姚奠中.中国文学史[M].傅如一主编.姚奠中讲习文集(第5卷).北京:研究出版社,2006

[249] 董每戡.中国戏剧简史[M].黄天骥,陈寿楠编.董每戡文集(上卷).广州:广东高等教育出版社,1999

[250] 胡小石.楚辞辨名·离骚文例[M].胡小石论文集.上海:上海古籍出版社,1982

[251] 张舜徽.广校雠记[M].张舜徽集(第1卷).武汉:华中师范大学出版社,2004

[252] 张舜徽.汉书艺文志释例[M].张舜徽集(第1卷).武汉:华中师范大学出版社,2004

[253] 张清常.音韵学讲义[M].张清常文集(第4卷).北京:北京语言文化大学出版社,2006

[254] 李长之.中国文学史略稿[M].李长之文集(第5卷).石家庄:河北教育出版社,2006

[255] 萧涤非.杜诗体别讲义[M].萧光乾整理.萧涤非杜甫研究全集(上卷).哈尔滨:黑龙江教育出版社,2006

[256] 王瑶.中国新文学史稿[M].王瑶全集(第3卷).石家庄:河北教育出版社,2000

[257] 孙楷第.小说史[M].陈洪主编.民国中国小说史著集成(第2卷).天津:南开大学出版社,2014

[258] 刘永济.小说概论讲义[M].陈洪主编.民国中国小说史著集成(第4

卷).天津:南开大学出版社,2014

[259] 许寿裳.中国小说史[M].陈洪主编.民国中国小说史著集成(第10卷).天津:南开大学出版社,2014

[260] 俞平伯.谈中国小说[M](节录).吴福辉.20世纪中国小说理论资料(第3卷).北京:北京大学出版社,1997

二、史料类

[1] 清华大学.清华周刊[N].北京(平):清华大学出版部,1915—1937

[2] 国立中山大学文学院.国立中山大学文学院专刊[N].广州:国立中山大学出版部,1933

[3] 国立中山大学语言历史研究所.国立中山大学语言历史研究所周刊[N].广州:国立中山大学出版部,1927—1929

[4] 国立武汉大学.国立武汉大学周刊[N].武汉:国立武汉大学出版部,1947—1948

[5] 国立山东大学.国立山东大学校刊[N].济南:国立山东大学出版部,1946—1948

[6] 国立四川大学.国立四川大学周刊[N].成都:四川大学出版部,1933—1946

[7] 燕京大学图书馆.燕京大学圕报[N].北平:燕京大学出版部,1932—1934

[8] 厦门大学.厦大周刊[N].厦门:厦门大学出版部,1928—1936

[9] 厦门大学.厦大校刊[N].厦门:厦门大学出版部,1936—1949

[10] 暨南大学.暨南周刊.上海:暨南大学出版部,1927—1929

[11] 国立暨南大学.国立暨南大学校刊[N].上海:暨南大学出版部,1947—1948

[12] 国立山西大学.国立山西大学校刊[N].太原:国立山西大学出版组,1943—1948

[13] 大夏大学.大夏周报[N].上海:大夏大学周报社,1938—1949

[14] 商务印书馆.教育杂志[N].北京(平):商务印书馆,1909—1948

[15] 独立出版社.高等教育季刊[N].重庆:独立出版社,1941—1943

[16] 教育部秘书室.教育部公报[N].北平(京):教育部秘书室,1930—1948

[17] 国立武汉大学.国立武汉大学教职员录[R].武汉:国立武汉大学出版部,1947

[18] 私立北平辅仁大学.辅仁大学一览[R].北京:辅仁大学出版部,1937

[19] 国立北平师范大学.国立北平师范大学校务汇报[R].北平:国立北平师

范大学出版课,1935—1937

[20] 北京大学出版部.北京大学日刊(第1—16册)[C].北京:人民出版社,1981

[21] 璩鑫圭,唐良炎.中国近代教育史资料汇编(学制演变)[C].上海:上海教育出版社,2007

[22] 宋恩荣,章咸.中国民国教育法规选编1912—1949[C].南京:江苏教育出版社,1990

[23] 刘哲民.近现代出版新闻法规汇编[C].上海:学林出版社,1992

[24] 〔日〕多贺秋五郎.近代中国教育史资料 民国编(上、中、下卷)[C].台北:文海出版社有限公司,1976

[25] 清华大学校史研究室.清华大学史料选编(第1—5卷)[C].北京:清华大学出版社,1991—2005

[26]《南大百年实录》编辑组.南大百年实录:中央大学史料选(上、下卷)[C].南京:南京大学出版社,2002

[27] 政协武汉市委员会文史学习委员会.武汉文史资料文库(第4辑教育文化)[C].武汉:武汉出版社,1999

[28] 山东大学校史编写组.山东大学校史资料(第1—7期)[C].济南:山东大学出版社,1981—1988

[29] 党跃琥.川大记忆:校史文献选辑[C].成都:四川大学出版社,2010

[30] 燕大文史资料编委会.燕大文史资料(第1—10辑)[C].北京:北京大学出版社,1988—1997

[31] 王文俊.南开大学校史资料选 1919—1949[C].天津:南开大学出版社,1989

[32] 王学珍,郭建荣.北京大学史料(第1—4卷)[C].北京:北京大学出版社,1993

[33] 萧超然.北京大学校史 1898—1949[M].北京:北京大学出版社,1988

[34] 温儒敏.北京大学中文系百年图史 1910—2010[M].北京:北京大学出版社,2010

[35] 齐家莹.清华人文学科年谱[M].北京:清华大学出版社,1999

[36] 向祚铁,侍卫华.清华大学演义 1911—1998[M].合肥:黄山书社,1998

[37] 江崇廓.清华大学[M].长沙:湖南教育出版社,1995

[38] 左惟.大学之道:东南大学的一个世纪 1902—2002[M].南京:东南大学出版社,2002

[39] 王德滋.南京大学百年史[M].南京:南京大学出版社,2002

[40] 毛正棠,徐有智.中国浙江大学[M].长沙:湖南教育出版社,1990

[41] 吴秀明.浙江大学中文系史[M].杭州:浙江大学出版社,2011

[42] 吴定宇.中山大学校史 1924—2004[M].广州:中山大学出版社,2006

[43] 黄义祥.中山大学史稿 1924—1949[M].广州:中山大学出版社,1999

[44] 复旦大学校史编写组.复旦大学志(第一卷 1905—1949)[C].上海:复旦大学出版社,1995

[45] 薛明扬,杨家润.复旦杂忆[C].上海:复旦大学出版社,2005

[46] 杨家润.抗战时期复旦大学校史史料选编[C].上海:复旦大学出版社,2008

[47] 吴贻谷.武汉大学校史 1893—1993[M].武汉:武汉大学出版社,1993

[48] 谢红星.武汉大学校史新编 1893—2013[M].武汉:武汉大学出版社,2013

[49] 山东大学校史编写组.山东大学校史 1901—1966[M].济南:山东大学出版社,1986

[50] 谢和平.世纪弦歌百年传响:四川大学校史展 1896—2006[M].成都:四川大学出版社,2007

[51] 《四川大学史稿》编审委员会.四川大学史稿(第一卷 1896—1949)[M].成都:四川大学出版社,2006

[52] 张玮瑛.燕京大学史稿[M].北京:人民出版社,1999

[53] 陈远.燕京大学 1919—1952[M].杭州:浙江人民出版社,2013

[54] 徐乃乾.北京辅仁大学校史 1925—1952[M].北京:中国社会出版社,2005

[55] 中法大学史料编写组.中法大学史料[C].北京:北京理工大学出版社,1995

[56] 北京师范大学校史编写组.北京师范大学校史 1902—1982[M].北京:北京师范大学出版社,1984

[57] 南开大学校史编写组.南开大学校史 1919—1949[M].天津:南开大学出版社,1989

[58] 洪永宏.厦门大学校史:1921—1949(第 1 卷)[M].厦门:厦门大学出版社,1990

[59] 张晓辉.百年暨南史 1906—2006[M].广州:暨南大学出版社,2006

[60] 山西大学校史编写组.山西大学史稿 1902—1984[M].太原:山西人民出版社,1987

[61] 河南大学校史编写组.河南大学校史[M].开封:河南大学出版社,2002

[62] 张珊.安徽大学校史溯源[M].合肥:安徽大学出版社,2005

[63] 程杏培,陶继明.上海大学校史[M].上海:上海大学出版社,2002

[64] 陈明章.私立大夏大学[M].南京:南京出版社,1986

[65] 胡适,曹伯言.胡适日记全编(1—6卷)[C].合肥:安徽教育出版社,2001

[66] 鲁迅.鲁迅日记[C].北京:人民文学出版社,1958

[67] 周作人.周作人日记(影印本上、中卷)[C].郑州:大象出版社,1996

[68] 叶贤恩.黄侃传[M].武汉:湖北人民出版社,2006

[69] 钱英才.学术大师陈汉章[M].杭州:浙江文艺出版社,2007

[70] 朱元曙,朱乐川.朱希祖先生年谱长编[M].北京:中华书局,2013

[71] 沈卫威.胡适传[M].开封:河南大学出版社,1988

[72] 曹聚仁.鲁迅年谱(校注本)[M].北京:生活·读书·新知三联书店,2011

[73] 张菊香,张铁荣.周作人年谱 1885—1967[M].天津:天津人民出版社,2000

[74] 曹述敬.钱玄同年谱[M].济南:齐鲁书社,1986

[75] 徐瑞岳.刘半农年谱[M].徐州:中国矿业大学出版社,1989

[76] 章玉政.刘文典年谱[M].合肥:安徽大学出版社,2011

[77] 孙玉蓉.俞平伯年谱 1900—1990[M].天津:天津人民出版社,2001

[78] 李剑亮.夏承焘年谱[M].北京:光明日报出版社,2012

[79] 焦润明.傅斯年传 1896—1950[M].北京:人民出版社,2002

[80] 刘奇.刘师培年谱长编[M].贵阳:贵州人民出版社,2007

[81] 陈希.岭南诗宗——黄节[M].广州:广东人民出版社,2008

[82] 王卫民.吴梅评传[M].石家庄:河北教育出版社,2002

[83] 王攸欣.朱光潜传[M].北京:人民出版社,2011

[84] 庄增述.吴虞传[M].香港:中国文化出版社,2007

[85] 马嘶.一代宗师魏建功[M].北京:文化艺术出版社,2007

[86] 廖菊楝.陈衍及其元诗纪事研究[M].北京:学苑出版社,2011

[87] 陈建军.废名年谱[M].武汉:华中师范大学出版社,2003

[88] 季培刚.杨振声编年事辑初稿[M].济南:黄河出版社,2007

[89] 吴世勇.沈从文年谱[M].天津:天津人民出版社,2006

[90] 傅宏星.吴宓评传[M].武汉:华中师范大学出版社,2008

[91] 袁英光,刘寅生.王国维年谱长编 1877—1927[M].天津:天津人民出版社,1996

[92] 齐全.梁启超著述及学术活动系年纲目[M].北京:中国社会科学出版社,2011

[93] 赵新那,黄培云.赵元任年谱[M].北京:商务印书馆,1998

[94] 蒋天枢.陈寅恪先生编年事辑[M].上海:上海古籍出版社,1997

[95] 浦汉明.浦江清先生传略[G].无涯集.天津:百花文艺出版社,2005

[96] 姜建,吴为公.朱自清年谱[M].北京:光明日报出版社,2010

[97] 闻黎明.闻一多年谱长编[M].武汉:湖北人民出版社,1994

[98] 宋益乔.许地山传[M].福州:海峡文艺出版社,1998

[99] 张维.李广田传[M].昆明:云南大学出版社,1990

[100] 郭胜强.董作宾传[M].南京:江苏文艺出版社,2010

[101] 易新农.容庚传[M].广州:花城出版社,2010

[102] 张晖.龙榆生先生年谱[M].上海:学林出版社,2001

[103] 许志杰.陆侃如与冯沅君[M].济南:山东画报出版社,2006

[104] 陈美英.洪深年谱[M].北京:文化艺术出版社,1993

[105] 王辑国,张谷.国文通才王力[M].北京:北京大学出版社,2008

[106] 王玉堂.杨树达先生事略[G].杨树达诞辰百年纪念文集.长沙:湖南教育出版社,1985

[107] 胡裕树等.方光焘与中国语言学[G].方光焘先生纪念文集.北京:北京语言大学出版社,2003

[108] 傅宏星.钱基博年谱[M].武汉:华中师范大学出版社,2007

[109] 蔡文锦.李审言评传[M].北京:中国文联出版社,2001

[110] 姚柯夫.陈中凡年谱[M].北京:书目文献出版社,1989

[111] 朱东润.朱东润自传[M].北京:人民文学出版社,2009

[112] 王德胜.宗白华评传[M].北京:商务印书馆,2001

[113] 黄丽华.陈瘦竹传略[M].南京:江苏教育出版社,1999

[114] 张蕴艳.李长之学术—心路历程[M].北京:北京大学出版社,2006

[115] 徐有富.程千帆沈祖棻年谱长编[M].南京:南京大学出版社,2013

[116] 朱珩青.路翎:未完成的天才[M].济南:山东文艺出版社,1997

[117] 赵林涛.顾随与现代学人[M].北京:中华书局,2012

[118] 东莞市政协.容庚容肇祖学记[M].广州:广东人民出版社.2004

[119] 陈其泰.范文澜学术思想评传[M].北京:北京图书馆出版社,2000

[120] 邓明以.陈望道传[M].上海:复旦大学出版社,1995

[121] 赵易林.赵景深的学术道路[M].太原:山西古籍出版社,2004

[122] 李伟.曹聚仁传[M].南京:南京大学出版社,1993

[123] 上海鲁迅纪念馆.汪静之先生纪念集[C].上海:上海书画出版社,2002

[124] 许玄.绵长清溪水:许杰纪传[M].太原:山西人民出版社,1999

[125] 张桂兴.老舍年谱[M].上海:上海文艺出版社,2005

[126] 黎泽渝.黎锦熙著述目录[M].北京:书目文献出版社,1996

[127] 黄苗根.姚永朴教学生涯述略[J].池州师专学报,2006(2)

[128] 李岩.许之衡生平事略及其音乐戏曲著述的研究[J].中国音乐学,1999(1)

[129] 虞坤林.赵万里先生活动简表[J].出版史料,2006(1)

[130] 娄育.罗常培先生年表新编[J].中国语文,2008(5)

[131] 游宝谅.游国恩先生年谱[J].江阴师范学院学报,2002(1)

[132] 何旺生.郭绍虞学术年表[J].中国韵文学刊,2008(3)

[133] 萧光乾.萧涤非传略[J].晋阳学刊,1987(6)

[134] 陈伟湛.商承祚先生学术成就述要[J].古籍整理研究学刊,1993(5)

[135] 吴白匋.胡小石先生传[J].文献,1986(2)

[136] 戴言.杨晦小传[J].社会科学辑刊,1986(3)

[137] 陈大庆.吕叔湘先生年表[J].徐州师范学院学报,1994(4)

[138] 余淑芬.目录学家余嘉锡[J].励耘学刊(文学卷),2008(8)

[139] 程金造.高步瀛传略及传略后记[J].晋阳学刊,1983(8)

[140] 黄哲真.林庚年表[J].厦门文学,2008(7)

[141] 彭庆生,方铭.林庚先生著作系年稿[J].淮阴师范学院学报,2003(4)

[142] 于省吾.于省吾自传[J].晋阳学刊,1982(5)

[143] 石楠.苏雪林年表[J].安庆师范学院学报,2006(9)

[144] 杨迎平.苏雪林传略[J].湖北师范学院学报,2005(6)

[145] 丁忱.黄焯先生学术[J].长江学术,2008(1)

[146] 罗立乾.刘赜先生及其《说文》学[J].长江学术,2007(3)

[147] 徐仲佳.张资平著译年表[J].新文学史料,2002(11)

[148] 姜亮夫.姜亮夫自传[J].文献,1980(12)

[149] 傅杰.姜亮夫教授学术传略[J].阴山学刊,1994(2)

[150] 程千帆.刘永济传略[J].晋阳学刊,1982(5)

[151] 章式教,欧公柳.夏承焘传略[J].温州师范学院学报,1994(2)

[152] 张京华,王玉清.陈柱学术年谱[J].广西社会科学,2007(2)

[153] 段怀清.梅光迪年谱简编[J].新文学史料,2007(2)

[154] 谭正璧.谭正璧自传[J].晋阳学刊,1982(6)

[155] 晋阳学刊编辑部.中国现代社会科学家传略(第3、5辑)[C].太原:山

西人民出版社,1983

[156] 梁自洁.山东现代著名社会科学家传略(第1辑)[C].济南:山东教育出版社,1991

[157] 高增德,丁东.世纪学人自述(第1、2、3卷)[C].北京:北京十月文艺出版社,2000

[158] 北京图书馆《文献》丛刊编辑部.中国当代社会科学家(第1辑)[C].北京:书目文献出版社,1983

[159] 浙江省政协文史资料委员会.浙江文史资料(第64辑)[C].杭州:浙江人民出版社,1999

[160]《中国语言学家》编写组.中国现代语言学家(第3卷)[C].石家庄:河北人民出版社,1984

[161] 钟业坤.暨南人(第1集)[C].广州:暨南大学出版社,1996

[162] 〔日〕仓石武四郎著.仓石武四郎中国留学记[M].荣新江、朱玉麟辑注.北京:中华书局,2002

[163] 浦江清.清华园日记(西行日记)[C].北京:生活·读书·新知三联书店,1999

[164] 杨树达.积微翁回忆录[C].北京:北京大学出版社,2007

[165] 萧乾.文学回忆录[C].北京:华艺出版社,1992

[166] 钱穆.八十忆双亲·师友杂忆[C].北京:生活·读书·新知三联书店,1998

[167] 季羡林.忆往述怀[C].西安:陕西师范大学出版社,2008

[168] 张中行.负暄琐话[C].北京:中华书局,2006

[169] 夏晓虹.清华同学与学术传薪[C].北京:生活·读书·新知三联书店,2009

[170] 翁长松.漫步旧书林1877—1949[C].上海:上海远东出版社,2008

[171] 胡先骕.京师大学堂师友记[C].北京:北京大学出版社,1998

[172] 罗尔纲.困学觅知[C].杭州:浙江人民出版社,2000

[173] 陈平原,夏晓虹.北大旧事[C].北京:生活·读书·新知三联书店,1997

[174] 白化文.北大熏习录[C].北京:北京大学出版社,2010

[175] 商务印书馆.商务印书馆九十五年·我和商务印书馆:1897—1992[M].北京:商务印书馆,1992

[176] 王云五.岫庐八十自述[C].上海:上海人民出版社,2007

[177] 西南联大校友会.笳吹弦诵在春城·回忆西南联大(第1集)[C].昆

明:云南人民出版社,北京:北京大学出版社,1986

[178] 云南西南联大校友会.西南联大精神永垂云南·国立西南联合大学昆明建校六十五周年纪念文集 1938—2003[C].昆明:云南教育出版社,2003

[179] 西南联大北京校友会.我心中的西南联大·西南联大建校七十周年纪念文集[C].北京:清华大学出版社,2008

[180] 徐百柯.民国风度[C].北京:九州出版社,2011

[181] 王杰,祝士明.学府典章:中国近代高等教育初创之研究[M].天津:天津大学出版社,2010

[182] 李子迟.晚清民国大学之旅[C].北京:中国致公出版社,2010

[183] 陈平原.民国大学·遥想大学当年[C].北京:东方出版社,2012

[184] 钟叔河,朱纯.过去的大学[C].北京:同心出版社,2011

[185] 黄俊伟.过去的大学与现代的大学[C].北京:群言出版社,2011

[186] 李子迟.大学史记——近代中国的那些大学[C].济南:济南出版社,2010

[187] 岱峻.民国衣冠——风雨中研院[M].北京:北京联合出版公司,2012

[188] 张晓唯.旧时的大学和学人[C].北京:中国工人出版社,2006

[189] 刘宜庆.大师之大:西南联大与士人精神[M].南京:江苏文艺出版社,2013

[190] 刘克选,周全海.大师、大学[C].南京:凤凰出版社,2011

[191] 张宁.穿越时空的民国课堂[C].北京:团结出版社,2014

[192] 潘剑冰.民国课堂:大先生也挺逗[C].桂林:广西人民出版社,2013

[193] 王鑫.重回民国上学堂[C].武汉:湖北人民出版社,2013

[194] 李沐紫.大师讲学记——讲坛上的大师身影[C].济南:济南出版社,2010

[195] 谢泳.教授当年[C].天津:百花文艺出版社,1998

[196] 藏东.民国教授[C].北京:中国妇女出版社,2008

[197] 张意忠.民国记忆:教授在当年[C].北京:北京航空航天大学出版社,2011

[198] 民国文林.细说民国大文人:那些国学大师们[C].北京:现代出版社,2010

[199] 汪修荣.民国教授往事[C].郑州:河南文艺出版社,2008

[200] 张晓唯.大师:民国学人的盛年与黄昏[C].北京:工人出版社,2013

[201] 叶新.往事一抹风流:世说民国学人[C].北京:新世界出版社,2013

[202] 马建强.民国先生[C].桂林:广西师范大学出版社,2013

[203] 蔡登山.民国的身影:重寻遗落的文人往事[C].桂林:广西师范大学出版社,2009

[204] 刘宜庆.浪淘尽:百年中国的名师高徒[C].北京:华文出版社,2010

[205] 朔之北.名家上学记——那时大师如何上大学[C].济南:济南出版社,2010

[206] 徐中玉等.我的大学时代[C].福州:福建教育出版社,2010

[207] 高伟强,余启咏,何卓恩.民国著名大学校长(1912—1949)[C].武汉:湖北人民出版社,2007

[208] 智效民.大学之魂:民国老校长[C].北京:华侨出版社,2012

[209] 张意忠.民国大学校长风范[C].北京:北京师范大学,2012

[210] 穆子月.大学校长记——那个年代的大学校长们[C].济南:济南出版社,2010

[211] 金林祥.思想自由兼容并包:北京大学校长蔡元培[M],济南:山东教育出版社,2004

[212] 冒荣.至平至善鸿声东南:东南大学校长郭秉文[M].济南:山东教育出版社,2004

[213] 吴洪成.生斯长斯吾爱吾庐:清华大学校长梅贻琦[M].济南:山东教育出版社,2004

[214] 孙邦华.身等国宝志存辅仁:辅仁大学校长陈垣[M].济南:山东教育出版社,2004

[215] 黄书光.国家之光人类之瑞:复旦公学校长马相伯[M].济南:山东教育出版社,2004

[216] 张彬.倡言求是培育英才:浙江大学校长竺可桢[M].济南:山东教育出版社,2004

[217] 章开沅.工科先驱国学大师:交通大学校长唐文治[M].济南:山东教育出版社,2012

[218] 刘筱红.追求卓越坚守自由:北京大学校长胡适[M].济南:山东教育出版社,2012

[219] 许小青.诚朴雄伟泱泱大风:中央大学校长罗家伦[M].济南:山东教育出版社,2012

[220] 王东杰.建立学界陶铸国民:四川大学校长任鸿隽[M].济南:山东教育出版社,2012

[221] 夏泉.忠信笃敬声教四海:暨南大学校长何炳松[M].济南:山东教育出版社,2012

[222]徐畅.战士品行学者风范:山东大学校长华岗[M].济南:山东教育出版社,2012

三、论著类

[1]贺昌盛.晚清民初"文学"学科的学术谱系[M].北京:中国社会科学出版社,2012

[2]季剑青.北平大学教育与文学生产:1928—1937[M].北京:北京大学出版社,2011

[3]栗永清.知识生产与学科规训:晚清以来的中国文学学科史探微[M].北京:中国社会科学出版社,2012

[4]张传敏.民国时期的大学新文学课程研究[M].北京:人民出版社,2010

[5]王彬彬.现代大学与现代中国文学[M].上海:上海人民出版社,2011

[6]火源.知识转型与新文学发生[M].北京:中国社会科学出版社,2013

[7]陈平原.教育:知识生产与文学传播[M].合肥:安徽教育出版社,2007

[8]罗云峰.现代中国文学史书写的历史建构——从清末至抗战前的一个历史考察[M].北京:法律出版社,2009

[9]陈雪虎.传统文学教育的现代启示[M].广州:广东教育出版社,2006

[10]戴燕.文学史的权利[M].北京:北京大学出版社,2002

[11]陈国球.文学如何成为知识[M].北京:生活·读书·新知三联书店,2013

[12]陈平原.作为学科的文学史[M].北京:北京大学出版社,2011

[13]罗岗.危机时刻的文化想象——文学·文学史·文学教育[M].南昌:江西教育出版社,2005

[14]沈卫威.大学之大[M].北京:人民文学出版社,2007

[15]沈卫威."学衡派"谱系——历史与叙事[M].南昌:江西教育出版社,2007

[16]高恒文."学衡派"与东南大学[M].桂林:广西师范大学出版社,2002

[17]苏云峰.从清华学堂到清华大学:1919—1929近代中国高等教育研究[M].北京:生活·读书·新知三联书店,2001

[18]苏云峰.从清华学堂到清华大学:1928—1937近代中国高等教育研究[M].北京:生活·读书·新知三联书店,2001

[19]刘小云.学术风气与现代转型:中山大学人文学科述论(1926—1949)[M].北京:生活·读书·新知三联书店,2013

[20]尚小明.北大史学系早期发展史研究(1899—1937)[M].北京:北京大

学出版社,2010

[21] 王李金.中国近代大学创立和发展的路径:从山西大学堂到山西大学1902—1937 的考察[M].北京:人民出版社,2007

[22] 王东杰.国家与学术的地方互动——四川大学国立化进程[M].北京:生活·读书·新知三联书店,2005

[23] 凌兴珍.清末新政与教育转型——以清季四川师范教育为中心的研究[M].北京:人民出版社,2008

[24] 〔美〕叶文心.民国时期大学校园文化(1919—1937)[M].冯夏根等译.北京:中国人民大学出版社,2012

[25] 陈晓恬,任磊.中国大学校园形态[M].南京:东南大学出版社,2011

[26] 姚丹.西南联大历史情境中的文学活动[M].桂林:广西师范大学出版社,2000

[27] 谢泳.西南联大与中国现代知识分子[M].福州:福建教育出版社,2009

[28] 〔美〕易社强.战争与革命中的西南联大[M].饶佳荣译.北京:九州出版社,2012

[29] 左玉河.中国近代学术体制之创建[M].成都:四川人民出版社,2008

[30] 项建英.近代中国大学教育学科研究[M].上海:华东师范大学出版社,2012

[31] 张雁.西方大学理念在近代中国的传入与影响[M].杭州:浙江大学出版社,2009

[32] 陶飞亚,吴梓明.基督教大学与国学研究[M].福州:福建教育出版社,1998

[33] 张雁,孙秀玲,郭晨虹等.中国近代大学的现代转型:移植调试与发展[M].杭州:浙江大学出版社,2012

[34] 赵冬.近代科学与中国本土实践[M].北京:社会科学文献出版社,2007

[35] 王明德等.近代中国的学术传承[M].成都:巴蜀书社,2010

[36] 陈勇,谢维扬.中国传统学术的近代转型[M].上海:上海人民出版社,2011

[37] 王先明.近代新学——中国传统学术文化的嬗变与重构[M].北京:商务印书馆,2005

[38] 罗志田.近代读书人的思想世界与治学取向[M].北京:北京大学出版社,2009

[39] 王汎森.中国近代思想与学术的系谱[M].长春:吉林出版集团有限公司,2010

[40] 李帆.古今中西交汇处的近代学术[M].北京:北京师范大学出版社,2010

[41] 桑兵.晚清民国的学人与学术[M].北京:中华书局,2008

[42] 刘云杉.从启蒙者到专业人——中国现代化历程中教师角色的演变[M].北京:北京师范大学出版社,2006

[43] 林辉锋.马叙伦与民国教育界[M].北京:北京师范大学出版社,2010

[44] 邓小林.民国时期国立大学教师聘任之研究[M].成都:西南交通大学出版社,2007

[45] 王晓清.学者的师承与家派[M].武汉:湖北人民出版社,2000

[46] 吴民祥.流动与求索:中国近代大学教师流动[M].杭州:浙江教育出版社,2006

[47] 张正峰.权力的表达:中国近代大学教授权力[M].福州:福建教育出版社,2007

[48] 李佳.近代中国大学通识教育课程研究[M].杭州:浙江大学出版社,2010

[49] 郑大华,彭平一.社会结构变迁与近代文化转型[M].成都:四川人民出版社,2008

[50] 张斌贤,王晨.大学:社会分层与社会流动[M].北京:北京师范大学出版社,2007

[51] 杨东平.大学精神[C].上海:文汇出版社,2003

[52] 陈平原.中国大学十讲[M].上海:复旦大学出版社,2002

[53] 黄修己.中国新文学史编撰史[M].北京:北京大学出版社,1995

[54] 鲍国华.鲁迅小说史学研究[M].天津:天津社会科学院出版社,2008

[55] 温儒敏.中国现当代文学学科概要[M].北京:北京大学出版社,2005

[56] 郑春.留学背景与现代中国文学[M].济南:山东教育出版社,2002

[57] 吴孟复.桐城文派述论[M].合肥:安徽教育出版社,2001

[58] 王建军.中国近代教科书发展研究[M].广州:广东教育出版社,1996

[59] 汪家熔.民族魂——教科书变迁[M].北京:商务印书馆,2008

[60] 吴小鸥.中国近代教科书的启蒙价值[M].福州:福建教育出版社,2012

[61] 吴永贵.民国出版史[M].福州:福建人民出版社,2011

[62] 陈燕.穿越时空:媒介科技史论[M].石家庄:河北大学出版社,2002

[63] 张景松.近代印刷术[M].台北:台湾商务印书馆股份有限公司,1973

[64] 耿素丽,黄玲.民国期刊资料分类汇编:文心雕龙学[C].北京:北京图书馆出版社,2010

[65] 田正平.中国教育史研究(近代分卷)[M].上海:华东师范大学出版社,2009

[66] 高奇.中国教育史研究(现代分卷)[M].上海:华东师范大学出版社,2009

[67] 舒新城.近代中国教育思想史[M].福州:福建教育出版社,2007

[68] 金忠明,廖军和,张燕等.中国近代科学教育思想研究[M].北京:科学普及出版社,2007

[69] 杨才林.民国社会教育研究[M].北京:社会科学文献出版社,2011

[70] 叶志坚.中国近代教育学原理的知识演进——以文本为线索[M].杭州:浙江大学出版社,2012

[71] 王荣江.近代科学的发生及其相关问题研究[M].北京:中国社会科学出版社,2008

[72] 周建超.近代中国人的现代化思想研究[M].北京:社会科学文献出版社,2010

[73] 〔意〕贝奈戴托·克罗齐.历史学的理论和实际[M].傅任敢译.北京:商务印书馆,1997

[74] 〔法〕福柯.知识考古学[M].谢强,马月译.北京:生活·读书·新知三联书店,1998

[75] 〔美〕麦金泰尔.三种对立的道德探究观——百科全书派、谱系学和传统[M].万俊人等译.北京:中国社会科学出版社,1999

[76] 〔法〕福柯.福柯集[C].杜小真选编.上海:上海远东出版社,2003

[77] 梁启超.中国历史研究法[M].石家庄:河北教育出版社,2000

[78] 谢泳.中国现代文学史研究法[M].桂林:广西师范大学出版社,2010

[79] 〔美〕富勒.智识生活社会学[M].焦小婷译.北京:北京大学出版社,2011

[80] 〔美〕杜威.民主主义与教育[M].王承绪译.北京:人民教育出版社,2001

[81] 〔加〕范梅南.生活体验研究——人文科学视野中的教育学[M].李树英译.北京:教育科学出版社,2003

[82] 〔法〕布迪厄,帕斯隆.再生产[M].荆克超译.北京:商务印书馆,2002

[83] 〔美〕哈佛委员会.哈佛通识教育红皮书[M].李曼丽译.北京:北京大学出版社,2010

[84] 〔英〕贝尼特.文化与社会[M].王杰等译.桂林:广西师范大学出版社,2007

[85] 李佃来.公共领域与生活世界——哈贝马斯市民社会理论研究[M].北京:人民出版社,2006

[86] 王攀峰.走向生活世界的课堂教学[M].北京:教育科学出版社,2007

[87] 余文森.个体知识与公共知识——课程变革的知识基础研究[M].北京:科学教育出版社,2010

[88] 陈谷佳,邓洪波.中国书院制度研究[M].杭州:浙江教育出版社,1997

[89] 〔美〕理查德·鲍曼.作为表演的口头艺术[M].杨利慧,安德明译.桂林:广西师范大学出版社,2008

[90] 孙惠柱.社会表演学[M].北京:商务印书馆,2009

[91] 〔美〕洛德.故事歌手[M].伊虎彬译.北京:中华书局,2004

[92] 林岗.口述与案头[M].北京:北京大学出版社,2011

[93] 〔英〕诺曼·费尔克拉夫.话语与社会变迁[M].殷晓蓉译.北京:华夏出版社,2003

[94] 〔苏〕巴赫金.生活话语与艺术话语[M].李辉凡等译.巴赫金全集(第2卷).石家庄:河北教育出版社,1998

[95] 高玉."话语"视角的文学问题研究[C].北京:中国社会科学出版社,2009

[96] 〔法〕皮埃尔.文本发生学[M].汪秀华译.天津:天津人民出版社,2005

[97] 聂珍钊.文学经典:阅读、阐释和价值发现[M].林精华,李冰梅,周以量.文学经典化问题研究.北京:人民文学出版社,2010

[98] 付祥喜.20世纪前期中国文学史写作编年研究[M].北京:北京师范大学出版社,2013

后　　记

　　完成校对,颇有些恋恋不舍,因为这是一部让我深深体会到学问之乐的书稿。

　　讲义是一个全新的研究对象,从史料搜集整理到提出核心问题,从理论方法的选取到研究路径设计,甚至包括一些词汇的使用和语言风格的把握,都没有太多可借鉴的成果,都需要从头思考反复摸索。因此,来自师长的指导,与同辈学友的讨论,越发珍贵;思考、尝试、再思考、再尝试,让自己的研究慢慢浮出水面,这个过程也格外刻骨铭心。师友为伴,思考尝试,学问之乐莫过于此。

　　选取讲义为研究对象,主要源于最初对"教育与现代中国文学"这一研究方向的经验性想象。从求学到工作,自己从未离开过学校,始终保持着教育参与者的身份,加之没有系统研习过教育史、教育思想史,教育在我眼中始终是一项复杂的社会活动和一个个鲜活的场景。在具体的教育活动中、在一个个鲜活的场景里认识教育与文学,建构二者之间的关系,成为我对"教育与现代中国文学"的最初理解和研习起点。而讲义作为教育要素具有的特性恰恰与我的理解吻合,它与教员、学生、课堂、课程、学校等教育要素都直接相关,不仅可以从多个侧面呈现教育活动,还可以作为纽带将各教育要素衔接起来,建构教育活动场景。今天看来,最初的想象性选择恰恰成就了本书的基本特征:回避教育史、学科史、学术史等宏观结论的影响,突出教育的活动性,在具体的教育活动和场景中考察并建构文学与教育的关系。

　　讲义是过去几年我学业生活的关键词,它成就了一部小有特色的书稿,引领我踏入"教育与现代中国文学"这一研究领域,还为我今后从事相关研究积累下很多有价值的经验和认识,这里择要选取两点与大家分享。

一是如何看待教育。"教育与现代中国文学"研究,教育既是研究对象,也是研究角度与方法,看待教育的方式不同,呈现出的教育与文学的关系与面貌也大为不同。若将教育等同于教育史,研究的理论性会更强,结论也会更明确,但这时的文学也更容易沦为教育史宏大结论的一个佐证,其个性很容易被掩盖。若将教育视为一种社会活动,则一定程度上释放了教育可阐释的空间,教育与文学的关联、衔接也更丰富,一些游离于教育史、学科史固有结论之外的现象、片段也有机会浮出水面。但这并不意味着将教育视为活动就十全十美,丰富的可能性、对固有结论的逸出意味着零散和过多的描述。因此,如何看待教育,对"教育与现代中国文学"研究非常重要。

二是以怎样的姿态述史。"教育与现代中国文学"研究涉及教育史、学科史、学术史等多个领域,是带有跨学科性质的历史研究。从相关学科借鉴自然重要,但其特色的突显更需要一种扬弃的心态。摆脱教育史"大一统"的眼光,看到教育的多元性和发展的不均衡性;搁置今天学科史的固有概念与定名,以考察"史前史"的态度进入"历史现场";回避以标志性成果贯穿始终的学术史书写模式,探寻学术成果产生的曲折过程尤其是其中教育的推动,这些都利于彰显"教育与现代中国文学"研究之优长。搁置宏大,目光向下,在历史的片段中探寻教育与文学的互动,在一个个历史场景中建构教育与文学的关系,是一个有益且有趣的述史姿态。

新书付梓,看得见的是对一个问题的集中考察,对一个研究领域的思考揣摩,看不见的是几年来逐步养成的读书人应有的心态和生活节奏,不急不躁,不温不火,每天都做一些,想一想,不拖沓,不突击。新书将珍藏,写书过程的所得将伴我再上路。

后记写罢,恰逢爱人怀孕,脑海中泛起的不是"双喜临门",而是"共同孕育"。愿孩子平安健康,愿下一选题和新生儿一样富于生命力。

2016 年仲夏于南开园